海豚

养育健康、幸福、有学习兴趣的孩子

育儿哲学

[加]希米·康 医学博士 著

赵信敏 沈婵婧 黄晨 译

Shimi K. Kang, M.D.

The Dolphin Parent

A Guide to
Raising Healthy, Happy,
and Motivated Kids

复旦大学出版社

致我三个挚爱的孩子：约书、贾艾沃和吉亚，还有这个世界上神奇的孩子们。

希望你们在千变万化的人生旅途中如海豚一样快乐！

仔细观察自然，你会更好地理解万物。

——阿尔伯特·爱因斯坦

目录

前言   为了看到我们的孩子在生活的每个方面取得成功，更有效的方法是听从专家的引导，而不是指导。引导是最有效的激励方式，这就是一本引导的书。而且，每个孩子和父母都截然不同，生命中唯一的专家就是你自己。   1

第一部分　困境："我知道这不对，可所有人都这么做"   1

   1　老虎统治的世界   3

       很多人不知道的是，蔡美儿的"虎妈"以及"割草机""扫雪机""直升机"和"汽泡纸"父母，都是独裁的父母。无论是过度指导还是过度保护，其实都是父母的不称职，因为他们剥夺了孩子掌控自己生活的意识。

   2　虎式教育的孩子怎么了？   28

       失衡已经时刻占据着孩子们的日常生活。如果孩子花太多的时间在书桌前学习，而不是生活在真实的世界里，他们就无法学会如何在成年时维持工作与生活的平衡。在失衡中长大的孩子甚至不知道平衡是什么感觉。

第二部分　解决之道：与海豚共舞   57

   3　21世纪是海豚的时代   59

       被利益驱动的商业世界正在快速地远离虎式教育模式。全世界的企业都在找寻那些具有"软技能"的人。海豚的生活方式就强调游戏、探索、社会纽带、利他主义、风险、家庭和群体价值的重要性。

4 海豚如何茁壮成长？ 80

　　海豚育儿法是一种哲学，一种生活方式。它不仅教你如何处理与孩子有关的事，也教你如何与孩子相处并过好自己的生活。它的关注点不是让你的孩子变成怎样，而是引导出本已存在于你的孩子和你自己身上的特质。

第三部分　采取行动：以平衡之道赢得 21 世纪的成功　　97

5 最基本的也是最重要的 99

　　人类很奇怪的一点是，尽管我们的思维高级复杂，我们却总是盲目地把生存摆在一些不那么重要的事情之后，比如要把作业做完而不出去锻炼，要在线购物到凌晨而不去睡觉。我们扭曲的优先级极大地影响了我们自然和健康的反馈环路。我们需要重新审视和理解生存的基础。

6 玩是天性 126

　　玩耍与大脑前额叶皮层的发育直接相关，大脑的这个区域负责从无关信息中识别有关的信息，设定目标，抽象概念，做出决策，检测和组织我们的思想和感受，延迟享乐，以及规划未来。正如爱因斯坦所言："玩是研究的最高形式。"我们应该如何去玩？

7 人是社会动物 160

　　我曾经听到一个 10 岁男孩的母亲埋怨说邻居们的孩子都比她儿子小，她说道："我很担心，因为我儿子什么都学不到。我希望他能跟同龄或是比他大的孩子一起玩，这样至少他能学到点新的东西。"她是大错特错了。一个孩子跟比自己小的孩子一起玩要能学到很多重要的社交技巧。

8 海豚育儿锦囊 186

　　温柔的推动、角色示范、辅助和支持、引导和对自立自强的鼓励是父母们用以帮助孩子们朝着健康、幸福和成功发展的强有力工具。如果父母完全控制了孩子的生活，孩子则会失去自由支配和做选择的机会。为了培养孩子的独立性，父母必须放松控制，这是唯一的途径。

第四部分　改变：过健康、幸福、富有内在动力的生活　　209

9　内在动力方能持久　　211

拥有内在动力，你就不会害怕挣扎、犯错误或者失败。我们如何为孩子的健康行为培养动力？人在行为变化之前会经历各种阶段，知道你的孩子所处的阶段可以帮助你了解他们的心态，从而为他们提供正确的支持，让他们成功地做出健康的转变。允许并鼓励合理的风险可以帮助孩子产生内在动力。

10　海豚式教育的孩子有什么特点？　　237

"老虎"也会成功，但只会获得最有限意义上的成功。伴随着他们的"成功"的是不平衡的生活引发的抑郁、心脏疾病、不道德的行为甚至死亡。而"海豚"认为成功还包括健康、快乐、诚信、社会关系、群体联接以及贡献。"海豚"对孩子的期许要高得多。

11　回到人本身　　263

摆脱老虎，并让心中的海豚浮现，这需要一个过程。而就像每个过程一样，我们的动力会发生变化。这一天我可能会遇到一个海豚妈妈，并对自己所做的选择感到高兴；下一天我可能会遇到一个铁石心肠的老虎妈妈，对着我呲牙，我害怕她的孩子会吃了我的孩子，于是我开始复发变成老虎。……每次经受颠簸，你都会变得更加强大，也更能接近真实的转变。

致谢　　279

前 言

直面心中之虎

我们又迟到了。我和儿子总是赶不上他的钢琴课、游泳课和球赛训练。我的脑子永远在打架。我得回邮件,得赶时间节点,还得去采购食品。待办事件清单似乎永无止境。我得给自己来杯咖啡!我是这么想的,可能有的时候我甚至会大声地脱口而出。焦虑开始积累,我的神经拧巴在一起,头上像戴了个紧箍咒。而咖啡只会让这种感觉更加强烈,不过我可顾不上这么多了。当务之急是怎么才能向对我甜蜜招手的瞌睡虫说不。

我扫了眼后视镜,准备换道,却看到儿子平静、空虚而失落地坐在后车座,我的心有点儿碎了——或许还不止一点点儿。

"怎么了亲爱的?"我问道。

"妈妈,"他虚弱地回答,我甚至不太听得到他的声音,"我不想去上钢琴课。我只想回家,我想玩儿。"

我更心碎了。我的儿子整天想着玩儿，就像个小孩，而我就是这样长大的。我给儿子安排的所有的这些学习内容、兴趣小组、夏令营以及活动，正把这个6岁的孩子变成一个过度劳累的中年人——这就如一道闪电击中我心。我怎么了？我最近怎么变成个虎妈了？你知道的，就是那个蔡美儿在《虎妈战歌》中所记述的闻名遐迩的专制式的管教方式：不能玩耍约会，没有选择权，练钢琴时必须心无旁骛，甚至不能上厕所！不知为什么，我也采取了同样的方式，即便这和我曾经所尊崇并信仰的理念背道而驰。那个时刻，就在车里，在难得的清醒之后，我发誓要做出巨大的改变。我要让我的儿子变回孩子应有的样子，而不是一个设定好程序的机器人。我想要重新变成一个人——有活力的、快乐的人，而不是一个机械的无自我意识的人。所以我们放弃了钢琴课。我得承认，我和我的儿子一样，对重新寻回的自由激动不已。

不过，给儿子玩乐的自由，并非取消钢琴课这么简单。那么，该从何开始呢？我总是想和他一起玩乐高玩具，但我俩总是没有时间。所以，我最后把儿子带到了邻近社区的玩具商店去买乐高。小时候我用乐高堆房子，造动物，拼搭一切我能想到的东西，那真是温暖的回忆。但是，到了玩具店，我们却找不到我小时候的那种乐高了。相反，我只能找到那些特定主题的，特别造型的，并附着复杂的说明书和成品照片的套装。现在的孩子在玩乐高之前就知道最后会叠成什么样子。他们根本不需要动用想象力：有星际大战系列、幻影忍者系列以及传奇神兽系列。我只想要简单的、各种颜色的散装乐高，却哪儿都找不到。

始于19世纪30年代的乐高，以制造木质玩具起家，1949年开始制造塑料方块积木。乐高赋予孩子们无限的自由，他们可以堆所有他

前 言

们想要的东西——宇宙飞船、魔法棒、小汽车、长颈鹿,或者是火车站。多年以后,一些道具,比如轮子(1961年)、小人(1978年)开始出现,供孩子们选用,但是乐高方块——具有无穷想象空间的积木——永远是最受欢迎的。

19世纪90年代初,乐高开始贩售主题系列套装,一般在冬季假期之前开售,多半过了新年就停止贩卖。这些套装昂贵且玩法单一。经典的乐高套件一般能流行十年甚至二三十年,而主题套装则往往就风行那么一季。

19世纪90年代中期,乐高引入了新的生产线,比如科技玩具与科技建筑,甚至有了乐高电子游戏。乐高还推广并短期投放新的主题系列套装,期待父母们蜂拥而去,用骇人的价格购买那些套装。那些没有抢到当季套装或者无法负担每四个月就花上100美金用于购买乐高套装的父母们常常觉得自己不够称职。仅2011年乐高就开发了10个新的乐高套装——而且还限时发售。

我和儿子回到家,他拆开自己选择的乐高套装,我们俩都不知道该从何入手来拼装这套模型。挫败不已,我只能让他去找爸爸。随后我们俩一起看着我丈夫像组合宜家复杂家具一样,苦闷地一边对照说明书,一边拼装乐高玩具。乐高再也不是用来"玩"的了!与其说孩子们在玩乐高,不如说他们是在遵照说明书组合乐高,或是看着父母与说明书做斗争。当然,孩子们偶尔会玩玩乐高的星球大战飞船,但多半时间是摆在台子上看看,那为什么不买艘飞船模型摆着就好了呢?它不需要你花上好几个小时才能搭建好,且一时半会儿也不会拆掉,更不需要花上100美金。好吧,我错了——2013年的乐高相较于其他的玩法是一种安全的行为,不过……

儿时的乐高是具有创造性、开发脑力而且充满乐趣的玩具！它使我们乐在其中，我们能自由地拼装所有我们想要的东西；它鼓励我们成为自己的主人，而不是成为说明书的仆人，充满挫折感。这都怎么了？作为父母，为什么我们支持这种倒退的演变？为什么我要买与我的核心价值观相斥的东西？我就不能让儿子到外面挖挖小虫子么？我最后意识到，我不仅可以，而且我应该这样做，因为这才是他真正需要的。

父母所教我的

我很高兴那天能够掉转车头，将钢琴课抛之脑后。我做出这个决定时，脑海中同时浮现出父母和儿子的脸庞。我在很多别的家庭那里看见过儿子那张充满压力的脸——那些天才钢琴少年、体操小将、数学神童们疲惫不堪、虚弱以及无法掩饰的空虚。作为父母——监护人——因为我们的行为而让孩子耗尽了精力，我不禁想起父母所说的："我们的孩子并不属于我们，他们是宇宙的，经由我们的家，在我们的照料之下，开启他们的旅程。"我终于理解这段话的意义——我的儿子不是"我"的财产，我的职责不是控制他，而是引导他。尽管我受过所谓的教育与训练，但我在引导他过有质量的生活时，却做得如此糟糕。这种想法又让我意识到我多么感谢我的父母，他们让我思考我们的生活为何会如此相同又如此迥异。

我的父母从印度的一个小村庄来到加拿大——他们到达这块土地时，贫穷、孤独，没有安全感。母亲从来没有上过学，一年书都没读

前言

过；我则在世界上最顶尖的研究所学习。父亲终日奔于生计，白天读书，晚上开出租车——只有这样才能养活他的家庭；而我努力兼顾三个年幼的孩子、已经年迈的父母、婚姻、家庭、全职的工作、社区服务、亲戚以及朋友，还有其他各种常常是形形色色的、无谓的分心之事。我得监督儿子的一年级数学学习，而我的父母在我19岁得到医学院录取通知书这件事上几乎没有参与什么。为我带来内在动力的，并不是父母的指导，而是他们所灌输给我的价值观。"超越自我"激励我21岁在本地场所公开演讲，为自己的慈善基金募集捐款；"让世界变得更好"让我22岁就在日内瓦的世界卫生组织实习；"发挥你的创造力"促使我为受并发心理及药物滥用问题困扰的青少年们设计创新型项目（全球为数不多的方案之一）；"以身作则"让我担任温哥华儿童和青少年精神健康项目主任时，承接了波士顿一家新型生物技术公司医学副总监的职位。

我从父母那里习得了什么是生活中真正重要的。在成长过程中，我见证着父母谨守的职业操守——这也被我的兄长们践行着——他们的适应能力、创新能力，他们对家庭和社区坚定的承诺。我们家并不总是快乐的，远非如此。与任何家庭一样，我们需要承受压力与混乱，还包括很多严重的问题。尽管如此，作为一个孩子，我一直感受到家庭对我的爱。我知道他们对我在生活的各个领域取得成功抱有很高期望。最重要的是，他们期望我的生活能够超越个人空间，对世界有所裨益。这个信息非常明确，并被写在我家的墙上："乐观快乐地生活，激励他人，共享更为美好的世界。"这样的信息并不是父母之间的战略信条，或是他们作为生活导师教授给我们的，也没有时间或者金钱可用来换得它们。它们得自于他们自身，以及他们作为个人所看重的。

我的童年是很多现在的父母难以想象的（除非他们有类似的经历）。没有计划、辅导、活动安排或者作业监督。事实上，作为大家庭中最小的孩子，我经常被撇在一边自己玩耍。母亲不识字，也就不能辅导我做作业。父亲晚上收工后会让我坐在他开的出租车前排，告诉我怎么清点上上下下的乘客们，以此教授我数学。我没有什么"被安排"好的活动。我自己去学校注册（为了能够更好地融入班级，我选择了Vicky这个名字；等学期都过去大半了，父母才通过成绩单发现这一点）。我把大多数的时间用来阅读，在泥土以及雪地里玩耍。我身边没有什么其他伙伴，或者是玩具，我和我想象中的朋友玩儿。父母想方设法在这个陌生的国家中扎根下来，我则有大把的自由时间来培养自己丰富的想象力，在脑子里构想着一层又一层的故事。

尽管无忧无虑，我的童年并不是毫无责任的。和兄弟姐妹们一起，我学会了照顾自己，为家里帮忙，买生活用品，做预算，和父母一起为不懂英语的亲戚们翻译账单和其他的文件。我总是忙忙碌碌，不过不是忙着各种"活动"。我在现实生活中忙碌着，我被期待在学校中表现优秀，和家庭紧密联系，随时为朋友提供帮助，对社区做力所能及的事，并且永远为我的同胞们做正确的事情。12岁时的一个周五，我问妈妈是否可以不去周日的社区厨房帮忙。表弟周六过生日，而周一我有数学考试，不去的话我就可以利用周日时间留在家里复习了。"我敢肯定，你能够找到方法，在每一件对你来说重要的事情上表现出色。"妈妈回答说。这个信息非常明确，而她是对的：我的确找到了方法。

还是一个孩子时，我对讲故事充满激情，并梦想有一天成为一名作家。不过我相信，对于"毫无优势"的移民孩子而言，追求艺术是奢侈而遥不可及的。幸运的是，我在其他方面——即人类的大脑以及社会互动如何对其产生影响——找到了激情。我最开始是一名学生，随后当了医生，然后是心理学家，最后成为教授人类动机的老师。但我相信，自由与责任定义了我的童年，如果没有这些，我不可能有所成就。

空闲的时间、责任，在孩时赋予我最大快乐并在我成人之时依旧给予我如此有优势的生活经历，那么，为什么我要从我的孩子那儿夺走它们呢？

21世纪的育儿和人类的疯狂

我帮助成千上万的人处理类似压力、家庭冲突、工作与生活的平衡、抑郁、焦虑、上瘾、思觉失调以及自杀的念头这样的事情。结果是，我学会了将真正的心理健康问题和人类的疯狂区分开来。心理健康问题是严重的、普遍的（每4个人中就有1例）以及可治愈的身体状况。人类的疯狂则包括了我们每天都在做的不那么聪明的事情，比如开车时发短信，喝越来越多的咖啡而不是获得足够的睡眠，与我们的配偶争吵（还以为自己会赢），以及吼叫着让我们的孩子安静（然后心感愧疚，再买东西来补偿）。很多时候，这些事情既令人烦恼又难以改变。经过十多年的实践，我能够分辨出这个人是需要做脑电图，尝试新药，或者特殊的谈话治疗，还是只需要一些支持，睡上一觉，或是换个角度看待问题（或者以上全是）。让我惊讶不已的是，和不同国家与文化背景的人接触——从孩童到成人，从无家可归的人到名流人士——

没有哪个群体比21世纪的父母更加疯狂与愚蠢的了。有的时候我感觉就像把萨缪尔·巴特勒的那句"父母是地球上最不应该拥有孩子的人"纹在了脑门上。但我更应该把它纹在手掌上,这样我就能随时看到这句话,因为我也是他们中的一员。

父母会受人类的疯狂折磨,这也情有可原。人类大脑是已知宇宙中最为复杂的存在。大脑中有上千万神经元相互连接,处理我们的每一个想法、行动以及反应。不过人类父母的大脑要复杂得多。原因何在?父母的大脑对于他或她的孩子的每个方面都极其敏感。父母们更加适应自己孩子的声音、气味、面部表情、肢体语言以及身体接触。人类神经科学的最新研究表明,母亲的大脑在她第一次怀孕时发生着显著的变化,神经元连接与重设的数量可以与青春期一较高低。生了孩子的新妈妈的大脑和看到怀孕棒显示阳性的那个时候的大脑,可以说已经是截然不同了。[1]

如果这还不够令人惊讶的话,父亲(或伴侣)也经历了类似但相较微弱的大脑变化,尽管这种变化是由母亲和新生儿的荷尔蒙(由身体释放到空气中的激素)所引发的。但有证据表明,养父母的大脑也会产生类似的变化。不夸张地说,为人父母改变了大脑神经元的连接。这就像重新经历了一次青春期一样,而在我看来,有的时候,它甚至会带来同样(如果不是更多的话)的情绪起伏。我相信,这种对我们孩子的极度敏感就是让为人父母如此艰难的部分原因。没有什么东西比我们孩子的命运更能占据我们的大脑,或者更容易让我们进入恐慌状态的了。不仅如此,我们孩子的大脑也一直在变化,并对我们的每一个面部表情、声音语调、身体语言以及评价评论高度敏感。就是父母和孩子之间这种错综复杂的关联互动,为生命带来各种高兴、悲伤

前言

的瞬间。

育儿的机会与限制

科学告诉我们父母如何积极或消极地影响着孩子的成长,我对此着迷不已。当我意识自己有了虎妈的倾向,我想要知道的是,虎妈教育法是否有用?甚至,在这个语境下,"有用"是什么意思?这是否意味着把孩子送进哈佛?是否意味着让一个健康、快乐、积极的孩子成长为一个健康、快乐、积极的成人?

该如何教育和培养下一代,这种重要决定是该基于确定的事实与科学,还是关于"虎妈"或其他类型父母的个人回忆?要得出结论,我必须扩展自己的旅程,不仅仅考察学习神经科学、行为医学、临床实践,也要结合我的直觉以及深植于心中的价值观念。

你可能会认为,拥有这些知识,我一定有一套绝佳的计划来培养我的孩子。和很多其他父母一样,我经常感到我的直觉和担忧之间的冲突。当我听到孩子的同伴、同学赢了地区拼写大赛,我的恐惧会驱使我把正在明媚的阳光中挖蚯蚓的儿子拽到房间里为学习能力倾向测试(SAT)做好准备——尽管我的直觉告诉我不要这样做!我感觉进退两难。幸运的是,心理医生的工作能帮助我摆脱困境。

压力和精神疾病持续呈现上升趋势,而15岁到24岁之间的年轻人是最容易受影响的群体。[2]到了2020年,抑郁症将会成为西方世界仅次于心脏病的第二大疾病。[3]处方药滥用位列发达国家健康问题之首,而高校里的年轻人是处方药滥用群体中增长最迅速的次群体。[4]

死于自杀的年轻人要比他杀和战争加起来的还多。[5]我们能看到越来越多的孩子遭受紧张、焦虑、睡眠不足和失眠之苦。我们还看到越来越多的孩子由于"过度锻炼"而受伤,在运动中脑震荡,以及因"过度学习"产生诸如肥胖与近视等问题。[6]我知道这些信息是因为我每天都看到它们,而且我知道必须要结束它们。我们等于在残害我们的孩子。

我开始相信,虎妈教育法的一系列行为——过度计划、过度指导、过度指挥、过度催促,以及过度铺路——并不表示"过度养育",尽管虎妈们往往都被这样描述。它们代表了严重的"养育不足"。如果养育表示让你的孩子做好准备,过丰富而有益的生活,虎妈们做的不是太多,而是远远不够。虎妈们并不倡导健康的生活方式;我在自己的诊所里亲眼看到它所产生的结果是多么危险而有害身心。虎妈们并不关心幸福;我目睹了那些郁郁寡欢的老虎们(年轻的、年长的)的最终结果。虎妈们不从生活中学习经验教训;她们只会让孩子们填鸭式地学习应对下一场考试。她们忽视那些我们要向父母、祖父母和其他导师们感恩的东西,即让我们的孩子、社会以及世界强盛而繁荣的价值观。

不要误解,我并无意要指责任何父母。我首先就承认我有虎妈式的行为。我想要强调的是,我们都有希望。父母们并不需要成为控制狂,或者总认为孩子羸弱不堪。幸福而一事无成与成就非凡而痛苦不堪之间,并不是非此即彼。我们完全可能引导孩子们在这个失衡的世界里达成平衡的——既聪明又快乐,有竞争力又有原则,务实且富有激情,技术精湛又脚踏实地,安全而独立,坚执且创新,有事业心而又为人无私,既遵从内心,又乐于服务社会。和所有父母一样,我希望我的孩子们能够爱好音乐与运动，拥有成功而热爱的事业——在自己选择的领域中达到高峰。如果孩子们没有健康的身心与精神，是不可能达成这种平衡的。其关键因素是，创造性、批判性思维、强大的社交能力、积极的性格，以及在一个极度失衡的世界里保持平衡的能力。

所有的孩子都应该有机会脱颖而出，获得幸福并感受生命所赋予他们的意义。我相信我们可以看到更多的孩子，成长为平稳、快乐的成年人，而这取决于我们如何养育他们。虎妈们画地为牢，处处监督，时时保持比分，可人生并不是一场比赛。人生是一场涉水旅程，时而平静，时而动荡，时而艰险。

我们能否在这个星球上生存，取决于我们如何养育下一代。只有21世纪的创新思维能够解决21世纪的问题——但他们必须足够健康，并真正在乎这样做。正如爱因斯坦所说："我们不能用制造问题时的同一水平思维来解决问题。"[7]

为什么要读这本书？

我可以向你保证，和很多其他的育儿书不一样，这本书并不会在你的待办事项列表上增加什么。事实上，我将会帮助划掉很多你可能已经在做的事情，因为做父母可以是很简单的。不过，就像很多看似简单的事情，比如深呼吸、熟睡以及喝足够的水一样，为人父母并不容易。

现在你可能会想，她真的知晓养育秘诀么？我的回答是肯定的，我知道养育的秘诀，你也是。养育的秘诀就是没有秘诀。为人父母不是唯有一法。如果你觉得你找到了某个妙法，等再过几年，你的孩子会改变你的想法，或者你会有另一个孩子，而你要用另一种全新的方式来养育他。

即便你已经知道如何为人父母，并不意味着你会遵照那种方式来进行育儿。很多人知道怎么减肥（饮食健康，多运动）。很简单，不是么？那么为什么肥胖问题蔓延世界各地？为什么会出现一个数十亿美元的减肥产业？那是因为简单并不意味着容易，而想了未必就会做。解决一个问题最简单的方法就是改变维持这个问题的行为。比如解决全球经济危机最简单的方法就是停止过度借贷。解决环境问题的最简单方法就是停止污染。我们知道解决大多数问题的方法；纠结的难点在于持续性地实施解决方案。改变人的行为可不是轻松的事情。如若问起来，大多数家长都能告诉你在他们的孩子、自己以及家庭中起作用的育儿方法。在他们的育儿过程中，大多数父母都经历过平和、幸福以及"成功"的时刻，并知道这些时刻是怎么实现的。困难之处并不在于知道怎么做，而是每天遵照你所知道的行事。

现在，为什么你选择拿起这本书？这个问题和我问那些第一次来我办公室的人有点儿类似："为什么你选择来我这里？"请注意，这个问题包含着"选择"两个字。在我的办公室里，我得到的回答包括"因为我父母逼我来"，"我无法处理这些压力"，以及"我只想要快乐"。我会说："即便你父母逼着你来，你肯定之前抵抗过。"所以，现在，我的问题是，我亲爱的读者，为什么你选择拿起这本书？你面临着生活中的诸多压力，你的书架上（或是电脑里）有那么多其他的书，为什么你选择拿起了这本并进行阅读？

我可以大胆地说，你有意（或甚至无意）地正在实践着育儿。一旦人进入行动模式，剩下的就容易多了。这本书如何能让你进入行动模式？答案是，通过引导，而不是指导。

为了实现我们作为父母的真实意图——看到我们的孩子们在生活的每个方面取得成功——更有效的方法是，听从专家的引导，而不是指导。而这本书就是这样设计的，这是一本引导的书。我并不是什么育儿"专家"，我也不相信有这回事存在，因为每个孩子和父母都截然不同。不过，我的确深入地了解人类动机的艺术与科学，而且我可以告诉你们，最好的激励方式就是引导。我并不是坐在病人的对面，我和他们肩并肩。有的时候我给出一些方向，但是在我进行引导的时候最有效。没有人喜欢被告知该做什么，尤其是涉及你该怎么过日子或者如何养孩子这样很私人的事情时。没有人，没有哪位专家——甚至是父母——可以从外部强加动力。动力必须要来自内部。无论专家多么权威，研究多么惊人，书多么精美，如果无法从个人层面影响你，让你自己想改变，这些都不会起作用。

在生命中，唯一的专家就是你自己。我会提供最新的科研成果和新兴的全球趋势、世界各地以及我的病人和我自身生活的故事。怎么处理这些信息完全取决于你。这本书的目的不是告诉你该怎么做，而是促使你采取行动做你想做的。

这本书遵循行为变化的四步模型——从困境到解决方案，采取行动并形成转型。即便你完全相信虎妈养育法并不适合你，想直接跳到海豚养育法，我还是建议你从第1章开始阅读以获得更多的影响。你可以略过第2章，这章主要例举了反对虎妈教育法的案例。不过，通过系统地阅读困境、解决之道、采取行动这些步骤，最后你将会更好地为达成书末的转型做好准备。

我从健康的生活的基础开始，因为没有健康就无所谓幸福，也不存在动力。从那里开始，我深入展示在我看来21世纪要达成成功与幸福至关重要却被大大忽视的三个领域：玩耍与探索的世界，群体与贡献的重要性，以及内在动力而非外在激励的必要性（后者来自外部刺激，比如分数或是金钱）。我还会探索有助于培养孩子成为健康、快乐、成功的人的关键技能。

在这本书中，我提供"如何做"甚至"如何不"这样老派的有用提示，你可以马上应用到生活之中。在整本书里，我使用老虎和海豚这两个隐喻。就像龟兔赛跑的故事，很多时候，从外面的视角要比深陷其中看得更为清晰。老虎这种比喻已经成为很多父母的常用词汇。从海豚这种动物身上我们受益良多，我希望赋予它们应有之用。它们因为聪悟、社会性、愉悦以及群体意识而为人知晓，而这就是我将要深度研究的。

通过发现内心深处的海豚，并摆脱心中的老虎，我希望能够让全球的父母们重视程序化的活动和非程序化的游戏之间、竞争与群体意识之间、保护与独立之间的平衡。我也希望能够鼓励那些总是从外部驱使孩子的父母们能够给予孩子们更多的机会，来建立他们强大的健康的上进心。只要我们驯服心中的老虎，所有一切其实简单而容易。如果你也曾经看着后视镜里的你，内心清楚地知道，你的儿子或女儿更应该玩耍，而不是困囿于一个又一个的培训班，请你继续读下去。调转车头还不算太晚。

---

[1] C. H. Kinsley and R. A. Franssen, "The Pregnant Brain as a Revving Race Car," *Scientific American*, January 19, 2010, http://www.scientificamerican.com/article.cfm?id=pregnant-brain-as-racecar.

[2] "NAMI on Campus," The National Alliance on Mental Illness, accessed January 15, 2014, http://www.nami.org/Template.cfm?Section=NAMI_on_Campus.

[3] "Mental Health: A Call for Action by World Health Ministers," World Health Organization, 2001, http://www.who.int/mental_health/advocacy/en/Call_for_Action_MoH_Intro.pdf.

[4] "'Get the Facts' Prescription Drug Abuse on College Campuses," National Counsel on Patient Information and Education, accessed January 15, 2014, http://www.talkaboutrx.org/documents/GetTheFacts.pdf; "State Estimates of Nonmedical Use of Prescription Pain Relievers," *The NSDUH Report*, January 8, 2013, http://www.samhsa.gov/data/2k12/NSDUH115/sr115-nonmedical-use-pain-relievers.htm.

[5] World Health Organization, "Suicide Huge but Preventable Public Health Problem, Says WHO," news release, September 8, 2004, http://www.who.int/mediacentre/news/releases/2004/pr61/en/.

[6] M. Quigley, "Educational Baggage: The Case for Homework," *REACT 22* (June 2003), http://repository.nie.edu.sg/jspui/bitstream/10497/4088/1/2003Issue1.pdf#page=7.

[7] http://quotationsbook.com/quote/32470/.

第一部分

困境:"我知道这不对,可所有人都这么做"

The Dilemma: "I Know This Doesn't Feel Right, But Everyone Else Is Doing It"

第 1 章

老虎统治的世界

在临床工作中，我常常受邀介入一些孩子和他们家庭独特的个人生活，这是我的荣幸。有的时候，这种邀请并不直接来自病患本人。一天早上，我的同事让我和他在离家不远的地方会面。警察已经到了。做儿童和青年咨询时，和警察一起工作是司空见惯的事情，不过这次有点儿不同寻常。我被叫来对一个名叫阿尔伯特的14岁少年做评估，他把一名妇女锁在自家的地下室，已被拘押。被锁的不是别人，而是他的母亲。阿尔伯特把母亲关了整整一个周末，母亲非常安全，能拿到吃的，也能使用厕所。她的丈夫从海外打电话回家，却找不到自己的妻子和儿子，于是惊慌失措地报了警。令人意外的是，警察发现阿尔伯特在家里睡大觉，垃圾食品和外带盒子散落得到处都是，一堆游戏光碟堆放在电视机旁。阿尔伯特情绪复杂，他试图反抗以主张权利，同时又对自己的行为心怀愧疚。他向警察坦白了把母亲关在地下室的原因。

"我只想要从她那里解脱出来,压力太大了,我都快要爆炸了。她总是催促我做功课、练钢琴。而一旦这样做了,她又要我做更多的作业、练更多的琴。我知道把她关起来很没意义,可如果不这样的话,我恐怕只能离家出走或是跳桥自杀了。"

这听起来很可怕,不是么?你一定会觉得阿尔伯特的母亲是一个无情、冷酷的虎妈,毁了儿子的生活。和所有的故事一样,每件事都有两面性。这是我和阿尔伯特的妈妈温妮交谈时,她说的:

"阿尔伯特还没有出生之前,我就压力巨大,一心确保孩子会成功。和很多其他孩子一样,阿尔伯特承载着我们所有的期望。在中国,如果孩子没有进入好的小学,就无法进好中学,更不用说好高中、好大学,也就无法获得好的工作,孩子就会一事无成。所以怀孕之前我就开始惴惴不安:我得吃正确的食物来确保孩子的大脑发育。"

"阿尔伯特6个月大时,我就为他进幼儿园做好准备。到了他1岁时,我考察他能否知晓身体部位,分清楚颜色,做简单的计算并掌握一些词汇。对阿尔伯特的关注占据了我生活的全部,我规划他的饮食、活动、课程,并自己进行辅导。不做这些事的时候,我就在他的学校当志愿者,并为如何更好地安排他的活动收集信息。他的学费和进入学校所需要的赞助费用,几乎是我们所有的积蓄。我们投入了这么多,阿尔伯特的表现至关重要。"

"我们知道他压力很大,我们不愿意看到他伤心或者紧张。所以我们给他买最新的电子游戏,买游戏装备、糖果和垃圾食品——所有我们觉得能让他快乐的东西。不过我想这样反而让他不健康——身心都是。他没有规则意识,如果他没有得到想要的东西,就大发脾气来操纵他爸爸、爷爷、奶奶和我。他沉迷于电子游戏,草草地完成作业和练习，然后马上就去玩游戏。他说这是他生活中唯一可以用来放松的了。"

"是的，我能理解他，他把我关在楼下，因为他需要从作业和钢琴中解放出来喘口气。不过我觉得他只是想要玩这个星期刚刚发布的最新电子游戏。我不知道该怎么办才好。他才14岁，现在在学校表现还算不错。不过照这样的态度下去，这种状况可维持不了多久。"

"很显然他已经不怕我了，我们不能老是贿赂他来做各种事情。他失去了自己的动力。我对他的未来忧心忡忡——没有人会喜欢阿尔伯特这样的人。连我都不喜欢他。我们一年以前离开中国，因为我们想要让他拥有不同的经历。但可能一切都已经太晚。我不喜欢他这个样子，我更讨厌我现在这个样子。我真的希望你能帮帮我。"当我和别人说起阿尔伯特和温妮的故事时，人们要么点头表示理解，要么摇头觉得不当。有一些十几岁的病人向我承认，他们也幻想过要把父母关上一个周末！！这种情况的另外一个版本是，2012年一位美国少年苦于父母老是偷偷地在她大学周边跟踪她而提起诉讼，要对父母施行限制令并获得了胜诉。[1]而与此同时，很多父母都幻想着能够摆脱孩子放松一下——哪怕是在自己的地下室里！这种让阿尔伯特和温妮深受其害的"虎妈教育法"很有可能离你并不遥远。让我做一下解释，虎妈并不限定于某个族群，虎妈无处不在。蔡美儿的书的确让很多人把虎妈教育法和东亚家庭联系起来，但是来自所有背景的孩子都有可能成为虎式父母的受害者，他们用心良苦、专制、独裁，杀伤力极大。我看过很多这样的孩子来到我的诊所寻求帮助。你可能试图与这种咄咄逼人的养育方式划清界限，或者为自己开脱而说，我都是由于被错误的信念所驱使，才会认为"竞争"是唯一的途径而不得已为之。

随着时间的推移，阿尔伯特和温妮的情况有所好转。值得庆幸的是，他们都意识到自己是虎式教育法的受害者。温妮并不认为她养育阿尔伯特的方式是正确的，不过觉得"大家都这样做"。温妮开始不再从外部观察该如何做，而是审视内心，反思什么才是对家庭有益的，从而做出了更好的选择。通过与儿子建立亲密关系，并进行角色示范和有效引导，在指导和等待之间实现平衡，她帮助阿尔伯特找到真正健康、幸福和自我激励的道路。

21世纪父母的新压力

和温妮一样，父母们面临着各种现实情况汇聚成的强大风暴，让自己和孩子承担着不必要的压力。有些压力自父母这个角色出现以来就普遍存在，而有些挑战则是21世纪全新出现的，它们拥有着强大的力量，让我们不知所措。父母们都感到压力倍增，转而逼迫孩子们，这也情有可原。

学校入学标准比以往更为苛刻。在过去的一百年里，入学考试对标准化考试成绩、平均成绩，以及参与课外活动的质量的要求一直在稳步上升。如今，"确保"拥有良好的教育，意味着家庭的所有成员都要全身心地投入到从幼儿园到大学入学申请的全过程中。父母们甚至带着孩子们早早地就到他们梦想的校园里参观，所有的时间、金钱以及其他资源投入都是为了让孩子进入理想的学校。当入学之战获胜之后，父母们又要设法支付急剧增长的学费，抽出时间参加学校的志愿服务，并监视孩子的表现，确保所有的一切都有助于帮助孩子进入下一个阶段。似乎这个过程中任何环节有了疏漏，比如进错了幼儿园或是别的什么，就会让孩子的未来千差万别。

接下来是全球化，这引发了发达国家以及新兴大国（如中国和印度）的青年之间的更大竞争。和我们的孩子抢夺大学的入学资格或是工作岗位的，不仅仅是邻居家的孩子，还有来自北京和布宜诺斯艾利斯的孩子们。这意味着我们越来越难以了解孩子们参与竞争所需的行为标准、思维过程和技能水平。我们的孩子能够拼得过那些来自其他国家，只会学习、不会玩耍、擅长记忆的神童、计算高手以及拼写冠军们吗？

技术变革让机遇与挑战并存。汽车制造业、农业甚至是健康领域等重要行业，很快就会由机器主导和管理。技术革新伴随着孩子们成长，他们通过技术获得信息、相互联系。跨入21世纪后，技术是增加还是减少了孩子们的各种机会，我们不得而知。唯一能够确定的是，技术不会一成不变，它不断变化，并深刻地改变着我们。

技术让我们的联系更为便捷，但和所有其他东西一样，技术也具有两面性。孩子和父母们通过手机相互联系，这非常便利（除非这个手机是用来扼杀孩子的独立性的）。也有研究表明，社交媒体可以帮助那些不擅长社交的孩子们感到和世界的联系。[2]所有这些并不都是坏事。不过，作为父母和教育者，我们工作的重要内容就是帮助孩子理解并探索这个世界的本来面目，而扫一眼社交媒体就知道它们离现实多么遥远。父母们不会上传自己劳累的样子，发脾气的孩子，与分居伴侣的争吵。年轻人不会发布他们学习或者和父母共享午餐的图片。真实的世界被仔仔细细地编辑过了。我们所看到的是一个虚幻的世界，我们以我们希望别人看到的样子出现（比如青少年的Facebook上，

40%的人发布他们朋友们聚会的照片[3]）。

如果你想不快乐，那么请沉迷在别人"理想生活"的描述之中。密歇根2013年的一项研究调查了"使用Facebook会如何影响快乐以及人们对自己个人幸福的评价"。[4]两周时间里，研究人员会一天发五次短信，让受邀者回答问题来评估每时每刻的感觉，以及对生活的总体满意度。研究发现，使用Facebook越多的人，对于他们当下的感受和对生活整体的满意度越是持负面态度。受邀者登录的时间越长、次数越多，他们下一次进行联系时的感受会越糟糕。而面对面的直接沟通则不会带来这种负面的感觉。我们真的希望把时间都花在网上，让自己变得更加可怜吗？

随后是媒体。24小时不间断的新闻报道和无时不在的媒体是挥之不去的焦虑制造器。我们总是关注着与我们毫无关系的突发新闻。拐骗儿童案件占据新闻报道的主要内容，并不是因为它们比20年前发生得更加频繁，而是因为它们更吸引我们的注意力，更容易获得收视率。而更为有害的忧虑沁入骨髓，让我们把自己每一天的生活都和媒体上富有魅力的看上去"真实"的人们进行比较。在这个即时通天下的世界里生存，我们何以能成为简单的自我？

广告占据了新的空间，采用着比以往更为微妙的战术。通过电台、电视、广告牌、因特网、商店以及各种媒体上的植入广告，平均每人每天要接触3 000条广告。[5]广告的根本目的就是让我们觉得得到那些呈现在眼前的商品是我们所必需的。它首先引发我们的忧虑与不安，然后把商品作为解决手段提供给我们来消除这种感觉。我们最后留下了"多就是好"的心态。广告和营销也为我们父母"专业化"贡献良多（想想父母哪里需要什么专家呀？！）。比如《小小爱因斯坦》，通过强大的营销手段和父母之间的口耳相传，成为2000年代早期家家户户的必备品。《小小爱因斯坦》被鼓吹能促进儿童的智力，甚至能够避免神经元死亡。然而，事实上，《小小爱因斯坦》以及其他"教育类"视频对孩子都是弊大于利。比如，一项研究表明，观看电视的婴儿比不看电视的婴儿平均每天少学会7个字。[6]但这些研究发现并没有阻止上百万的家长们花费大量的金钱、时间和精力——这些都是有限的——用于他们认为对孩子"最好"的东西上。我们无法不被营销和专家所影响，不是么？要记住，爱因斯坦童年的时候可没看过电视。

家庭结构和职场状况也发生了巨大的变化。美国约有30%的家庭由父母独自抚养他们的孩子。[7]单亲、共同抚养以及缺乏祖辈家庭的支持，这些情况都越来越普遍，而我们的社会结构并没有随之发生变化，为这些家庭提供支持。职场同样变化剧烈：人们和工作场所的联系越发紧密，大约一半的北美人经常把工作带回家。[8]光是自己的工作安排就够忙的了，我们经常不得不催促着孩子们赶快出门，以确保自己可以准时参加会议。历史上第一次，50%的人生活在城市中心，住宅面积普遍狭小。[9]公共空间普遍缺乏，城市化进程带来恐惧，邻里之间互不往来，孩子们无法自由探索。由于缺乏社会联系，偏执行为在城市里更为常见。而我们对此几乎无能为力，不是么？

我们和孩子之间存在着巨大代沟。就定义而言，代沟是父母和孩子之间"快速的文化变革"。由流行音乐、时尚潮流以及政治口号所区分的代沟已经一去不复返。突破性的技术发展和全球性的连接，让我们正经历着人类历史上最为迅速的文化变革。你的孩子比你更擅长使用各种科技吧？如果这样的话，你如何能够在他们的生活中保持权威呢？如果推特是一个国家，那可能是世界上最大的那个。而父母们失落其中，无法理解这个"国家"的语言与习惯。我们的大多数孩子比我们更善于使用智能手机。我们或许是历史上最过时的一群父母，我们几乎无法保持父母的权威，不是么？

或许21世纪最大的挑战是为我们和孩子们实现经济保障。在过去，一个孩子的成长路径非常清晰。你为孩子提供最好的教育，这能让他找到一份好工作，并使他们自给自足，成家立业。不过，由于上文提及的各种因素，如今我们无法确保教育结果。前白宫经济顾问委员会首席经济学家麦克尔·格林斯通（Michael Greenstone）认为，"现在的孩子们赚得不如自己的父母多，而且我认为我们正在为这种发展趋势播种，使之在未来持续下去"。[10]高等教育的价值空间甚至也打了折扣。现在的年轻人被称为"回巢族"（Generation Boomerang）。由于就业前景渺茫，而教育持续时间加长，很多年轻人直到二十好几岁都还在靠父母生活。[11]那些没有大专或大学学位的人，要找到一份好工作越来越困难。而且你此刻掌握的正确的工作技能，很难保证在持续变化的未来依旧有效。你连5年后会有些什么工作都不知道，又如何能帮助孩子掌握正确的工作技能，让她20年后能够找到工作？这些不确定性令人不安；它们促使我们对生活中的一些基本现实产生质疑。即便是我们中最有信心的父母，都会感到困惑和恐惧。

基于以上所有原因，许多21世纪的父母处于恐惧模式之中。我们完全由恐惧所驱动，无法意识到真正的选择。回忆一下你最近做过的5个违背直觉的养育孩子的决定，我估计几乎所有的决定都是由恐惧驱动的。

我认识的许多父母深受马尔科姆·格拉德威尔（Malcolm Gladwell）的《异类》（Outliers）影响，这也是我最喜欢的书之一。我无法计算我是多么频繁地听到用来解释过度计划和过度敦促这种虎式行为的"一万小时定律",他们希望借此创造一个"异类"。这种想法被误解了,因为格拉德威尔所讨论的一万小时锤炼法是在现实中由激情与好奇心所驱动的语境下进行的,而并不是在敦促及威胁下的参与程序性活动。披头士并没有花上一万小时用于预设的音乐课程,而是避免干扰,自由地在舞台上表演,探索新想法。比尔·盖茨并没有花一万个小时向私教学习编程,而是自己自由地研究计算机。而且,一万小时锤炼只不过是复杂的异类方程式中的变量之一,它还包括诸如时间段以及出生年份等其他因素。很多孩子即便就某项活动练习上一万个小时,最后也可能是无果而终。想想看,哪个运动员不是练习上万个小时,可最后总是只有小部分人出类拔萃。

认识老虎的纹理

虎爸虎妈并不只在一些持有极端教养观念的家庭中出现。这种教养类型包括过多的催促、指引、指导、计划以及监督——现在的很多父母都这样做!想象一下,你认识的父母中,谁不是围绕在孩子身边,过度保护孩子,或者过多地代替自己的孩子解决问题?有多少人能够抑止住内心的冲动,不把孩子送到这个补习班那个老师那里?我们知道有哪个孩子不是忙忙碌碌的?

用来描述过度干预的父母的各种比喻(除了虎妈)就已经表明问题的存在。"直升机父母"总是像直升机一样悬停在孩子的上空,随时准备着扑下来代替孩子解决各种问题。"割草机"或"扫雪机父母"

总是提前一步，为子女清除所有障碍，留下一条干净整洁的路。"气泡纸父母"似乎觉得他们的角色就是保护孩子，不让他受哪怕一丁点儿伤害。一位母亲告诉我，每本教科书她都买两套，这样孩子就不需要把额外的书带回家了。他的生活已经被保护到不需要带书回家，他该如何独自面对大学生活呢？

独裁（authoritarian）、纵容（permissive）和权威（authoritative）是三种主要的养育风格。很多人不知道的是，蔡美儿的"虎妈"以及"割草机"、"扫雪机"、"直升机"和"气泡纸"父母都是独裁的父母。无论是过度指导还是过度保护，其实都是父母的不称职。那些既爱指导，保护欲又很强的父母显然属于独裁型父母的范畴，因为他们剥夺了孩子掌控自己生活的意识。

独裁型的父母认为他们知道"什么是最好的"。他们设定规则并发出指令，孩子们没有选择也不能争论。萧百佑，也被称为"狼爸"，就是过度干涉型父母的典型代表。《所以，北大兄妹》一书在中国上架时，作者萧百佑一夜成名。他自称为家中的"皇帝"，他写道："我有上千条规定，包括你该如何拿碗筷，怎么夹食物，怎么拿杯子，怎么睡觉，怎么盖被子……如果你不遵守这些规定，我就必须要揍你。"[12]这听起来有点极端——事实的确如此——但是狼爸与那些认为可以为"成功"开方子并通过逼迫、贿赂或者给孩子洗脑强迫孩子遵从特定的设计路线的父母们没有根本区别。

过度保护的独裁型父母并不仅仅是进行控制，他们全方位管理着孩子们的一举一动。从在婴儿身边寸步不离，确保他们成长过程中不会伤害到自己，到干涉孩子的作业、社交生活，或最后，干涉他们找工作。请不要误会我，过度保护的父母是全身心投入的充满爱的父母。

然而，由于干涉过多，他们并不允许孩子从实践与错误中学习成长——而这是每个人都需要掌握的一项核心技能。由于干涉过多，他们不允许他们的孩子发展内在动力，而内在动力是独立的核心要素。

现在很多最好意的父母恰恰是既爱指导又有极强保护欲的独裁主义者。你可能也是其中之一。

育儿光谱的另一端是纵容型父母，他们和独裁型父母一样失衡，只不过方式不同。我把纵容型的父母比喻成"海蜇父母"，因为他们没有主心骨。他们总是避免对抗，并几乎没有明确的规矩。当需要他们进行说教或是采取一些行动时，很多纵容的父母选择"视而不见"，因为他们想要成为孩子的"朋友"。"海蜇父母"不对那些诸如尊重权威、社交礼仪以及个人价值等方面有明确的期待。他们很可能成为为诸如"不受限青少年派对"敞开大门的父母，甚至会亲自为孩子准备酒精饮料。"海蜇父母"的孩子被证明是不负责任的、冲动的、社交能力低下的，且不太会尊重权威（包括老师、警察或是教练）。他们往往在学校里与工作上表现糟糕，更可能有危险的行为（比如嗑药和酗酒），或步入歧途（或者更加糟糕）。[13]海蜇父母的孩子们常常漫无目的地随处漂流。总的来说，和同龄人相比，纵容式父母的儿女们（童年或成人）往往缺乏自我控制，自尊心弱、能力差、缺乏信心。

尽管所谓的"亲密育儿法"在理论上和纵容有所区别，不过它很容易就会被误用，并使父母演变成"海蜇父母"。我完全同意亲密育儿法的基本原理，认同父母和孩子之间需要强烈的情感纽带。然而，亲密育儿法有其明显缺陷。为了将孩子培养成为具有安全感而情感丰富的成年人，亲密育儿法要求父母在情感上充分支持孩子，并对孩子的需求迅速做出反应。很多亲密育儿法的支持者引证了大量的"著述"，让父母（尤其是母亲）陷入过度内疚和倦怠之中。以我的经验，亲密育儿法的坚定追随者某种程度上成了最没有主见的"海蜇父母"，因为他们对伤害亲子纽带的惧怕近乎执拗。另一个不幸的结果是，有些离婚或感情破裂的夫妇，仍旧以父母的身份共同生活，他们之间在处理负面情绪以及行为时出现令人难以置信的摩擦。在现实世界中，对于人类的情感需求并不是有求必应的，这些孩子们可能会变得放任、随心所欲，或者过于敏感。最糟糕的是，这种父母自己的情绪波动大。他们尽全力在任何时候都即刻反应，他们会觉得无法承受或未得到正确的评价，这导致他们的行为缺乏一致性和可预知性。

很多纵容型和独裁型父母（除了狼爸之类的以外，我们只能希望狼爸越少越好）都有共同之处：他们过度溺爱自己的孩子。无论我们所处的社会经济类型为何，我们总是无法抑制要给我们的孩子"最好"的。不幸的是，最好常常意味着更多，另一个我们用来溺爱孩子的词是"惯"。我们经常会用幽默的眼神自嘲说"我们的孩子被惯坏了"。但是，惯孩子，给予孩子太多是糟糕的想法。当你透露了电影太多的剧情，这部电影会变得毫无疑义；牛奶煮得太久了，不仅会腐败还会变质。"惯"并不是给予孩子的太多，而是缺失了重要的关键的东西。换言之，"惯"是某种忽视。

溺爱孩子等于关爱不足。在溺爱中长大的孩子更有可能缺乏必要的日常生活技能，缺乏责任感。他们更可能缺乏重要的社会技能，发展出过多的自我重要性认同，他们人际界限模糊，需要持续的刺激和娱乐。被溺爱的孩子独立性、自制力以及解决问题的能力都较弱。暴饮暴食、过度消费以及非正常思维（如抑郁）的情况在这种类型的孩子中更为普遍。[14]当这样的孩子长大成人，他们会对我说，"我多希望爸爸妈妈对我说更多的'不'",或是"我希望父母能够让我变得更加成熟"。在溺爱中长大的孩子无法知晓需求和欲望之间的区别。[15]

人类历史上第一次,高经济水平成为年轻人抑郁、焦虑以及药物滥用(substance use)的危险因素。[16]我直接观察过富人们的问题。我相信这是由于富二代们生活在"泡沫"之中,无法适应超越其外的真实世界。高收入的父母多半需要花费大量的时间用于工作或是社交生活,甚至两者兼而有之。由于没有足够的时间与精力,对孩子又缺乏耐心,父母们的愧疚之心驱使他们安排无休止的活动,雇佣贴身陪护来过度补偿孩子,让自己成为纵容的"海蜇父母",对孩子有求必应。另外,在富裕家庭成长的孩子会觉得他们不需奋斗。毕竟,谁会有什么动力来追求已经拥有的东西呢?事实上,富裕已经越来越像一种疾病。这种疾病的症状有时被称为"富贵病",被定义为"一种经由人群传染的疾病。因为人们不断奢求拥有更多,导致出现负荷过多、负债累累、焦虑不安、虚耗浪费;既痛苦不堪,又具有传染性"。[17]富贵的负面影响可能有点儿令人意外,但和我的临床经验是一致的。

此外,有些父母可能有"身份的焦虑",这个术语由英国哲学家阿兰·德·波顿(Alain De Botton)提出,它被定义为"对自身如何被他者察觉的一种焦虑"。[18]关心别人如何看待自己是很自然的事情,事实上,如果一个人对别人的看法毫无感觉,文化(礼貌、同情、友谊)的基石就会崩塌。但是过度关注我们如何被他人看待则反映了内心的不安全感。身份焦虑让我们更关注"你看起来怎么样",而不是"你内心是谁"——而父母试图达成这种外在形象与认同,就会变成独裁而又纵容的"虎式父母"。

纵容型的父母在孩子没有做好准备之前,不经指导就交出了控制权。独裁的虎妈们则完全夺走了他们孩子的控制权。"控制源"（locus of control）是一个心理学术语，用来描述一个人认为什么是控制自身生活的中心。一个人的控制源可以是内在的、外在的，或是介于两者之间的。各种各样"虎式父母"的孩子在过多的外部控制中成长，因此会相信他们的控制源是外在于他们的。这些孩子过于依赖外部环境和外在奖励，即他们缺乏内部控制和自我动力。没有父母会故意剥夺孩子的内在控制感，它无疑是决定孩子一生的幸福与成功的关键。不幸的是，这恰恰是我们很多父母在做的事。

虎崽：缺乏内部控制与平衡

没有内部控制，就不可能存在内在动力。像阿尔伯特（见前言案例）这样的虎崽变得越来越依赖外在奖励以维持动力，因为他们缺乏内部控制。另外，面对新挑战需要自我激励，平衡的生活为此提供了基础，这对于持续的成功非常重要。如果一个人的生活缺乏基本的平衡（比如缺乏睡眠、运动或是社会关系），那么他首先需要重新建立平衡，之后才能建立自我动力来处理新的挑战。阿尔伯特把母亲锁在地下室里，正是他试图重新建立生活中的休息、睡眠和玩耍之间的平衡，尽管这种应对方法太过极端。

在我的职业生涯中，十多年前，如果一个孩子在自己擅长的方面表现出色，譬如被高级音乐学院录取，参加了一场高级音乐会演出，或是获得了教练的单独指导，往往意味着他们全家是幸福而平衡的。我们和他们的父母会一同为他们欢呼，帮他们寻找更多发展与提高的机会。现在情况完全不同了，当我们看到这样的孩子，我们会担心他的行程是否被安排得太满、是否被过度指导或者过度溺爱了。孩子们被逼迫着早早地要有所成就（而且似乎有越来越早的趋势），他们过多地担负着家族期望，很容易变得倦怠、失眠、焦虑，陷入饮食障碍以及药物滥用的泥潭。如今，在我的专业领域中，孩子表现得太好（overperformance）往往被看作是潜在问题的危险信号。

　　让我向大家介绍一下莎拉。事实上，你们已经认识莎拉，很有可能你们认识很多个莎拉，可能你希望你的孩子也和莎拉一样——至少从外在表现上来看。表面上，莎拉符合每个父母理想的孩子形象，无疑在"成功"的道路上大步前进。莎拉的成绩名列前茅，聪明而勤奋。莎拉的其他表现，也是父母们普遍羡慕的：她是学校竞争激烈的游泳队明星选手，被大学预修西班牙语课程录取。她被自己的目标高度驱动：进入顶级大学。但是，在学校、作业、游泳训练以及辅导课的重压之下，莎拉每天只睡5到6个小时。莎拉的成绩从来没有低于A^-，但不知从哪天起，情况开始急转直下。就是那个时候我碰到了莎拉，而当我走近她后，我看得出来，她完全没有走在"成功"的道路上。

　　莎拉的父母并不是典型的"气泡纸父母""割草机父母"或者"直升机父母"。他们充满了爱与关怀，希望莎拉能够追逐自己的梦想，而不是他们的梦想。他们尽全力为莎拉提供追逐梦想的条件，为她闪光的未来铺好道路。莎拉的母亲琳恩曾经被自己的父母逼着学钢琴和数学，对此她深恶痛绝，为了不让悲剧在孩子身上重现，琳恩转而在运动方面发掘莎拉的才能。到了6岁时，莎拉已经得参加一系列密集的体育训练。萨拉的父亲罗伯特则着眼于为他的女儿提供能够保证事业成功的各种教育机会。罗伯特出生在小城镇的一个普通家庭，如今他是一名企业家，事业蓬勃发展。然而他无时不在思考，如果他受到的教育更好——像莎拉受到的学校教育一样好，他可能更为成功。对于父母而言，为莎拉提供这些机会都是出于爱，而看到她在这么多活动中表现出色，让他们对自己和女儿的成绩都非常满意。

那么，为什么看起来莎拉在各方面都表现出色，她却说自己"一事无成"，开始失眠并患上恐慌症，无法集中精神？为什么她开始使用朋友的阿德拉（一种用来治疗多动症的精神刺激剂）来让自己晚上保持清醒继续学习，并能参加早上的游泳训练呢？

你并不需要成为医生就能知道萨拉睡眠不足，如疲劳、精神不集中，加上服用阿德拉和恐慌症，这简直就是灾难。她有严重的健康问题，她心知肚明，但是她根本就没有时间让自己高压的生活停下来，休息休息，睡上一觉或者是寻求帮助。寻求帮助会花费她本来就觉得弥足珍贵的学习和训练的时间。要想发挥她的潜能，根本就没有机会犯错误——至少她是这样想的。

在未能晋级游泳比赛，并服用了大量的阿德拉和奥施康定（一种极容易上瘾的强力止痛剂，萨拉用它来抵抗高强度训练引发的肩膀疼痛）之后，莎拉成为了我的病人。

在第一阶段的治疗中，在父母的陪同下，莎拉说了一些重要信息，我认为这为我们揭示了身为一名虎崽的真实感受。我问莎拉，为什么她觉得进入这所大学"比什么都重要"？

"因为，"她回答说，"如果没实现的话，我的人生就没有意义了。"

莎拉认为外部环境（比如她会考进的大学）决定了她的生活以及她是谁。她的父母显然被她的话吓坏了。好一段时间他们都说不出话来。之后她妈妈对她说，"莎拉，亲爱的，我们从来不逼你做任何事情，是你自己对这些感兴趣的。这是你自己想做的事情。"

"我知道你从来没有开口说过,"她回答说,"但是你所做的以及曾经做过的一切,尤其是每一件让你高兴的事情,不都和这些乱七八糟的比赛有关么?不都是因为它们让我离那个目标更近了一步么?这让你们感到骄傲,也会让你们觉得你们是好父母,让你们可以在朋友那里吹嘘——我也希望你们这样,这并没有什么错。我不是一个不知恩图报的孩子,只是从很小很小的时候,我的生活就已经被'表现得更好'所控制了。"

莎拉继续描述当她还是一个孩子时就得到的明确信息,最为重要的是她总是要逼迫自己成为最好的。莎拉才16岁,可她已经累坏了。

当莎拉说完了之后,房间里惊人的安静。谁还能说些什么呢?她没有出言不逊,她没有责怪父母。她并不是一个非正常家庭的孩子,也不存在诸如早期童年创伤、亲情缺乏、遗传易感性等焦虑及药物滥用的传统危险因素。这里只有一个少女,被令人窒息的压力所压垮,她急切地要达成某个目标,而她自身的水准还远不够实现她脑海中的目标。她越努力,感觉越糟糕。莎拉是一个年轻、聪明、能干、身体健康的女孩,尽管她的父母尽全力让她在自信与关爱中成长,她还是漠视了所有的信息,而只记住这一条:"你只有表现出色,人生才有意义。"

莎拉不过是成千上万遭遇同样状况的年轻一员。她花了两年的时间接受密集的单独治疗和家庭治疗,加上偶尔服用治疗抑郁和焦虑的药物,才完全地改变了生活方式。现在,莎拉关注如何在身体、心理、社会和精神层面达成平衡,并保持稳定性和获得新的自信。她需要这种平衡,才能在高负荷和强竞争的大学环境中生活,更为重要的是,能在她要工作、娱乐并抚养孩子的21世纪里生活。

缺乏平衡的育儿

采集、保护和竞争（尤其是为了我们的孩子）是人类的生物本能。这种驱动力对我们的生存至关重要——而任何缺乏这种动力的父母都是不称职的父母。如果你没有被驱动着为孩子提供所需的资源，保护他们，尽全力帮助他们实现自我——就像莎拉的父母一样——那么很可能是你的失职。但是所有的本能，即便是最健康的本能都有其局限性。吃饭、睡觉以及性都是本能行为，但过犹不及，无论过度追求哪个方面都会带来问题。育儿也是生物本能，缺乏平衡的育儿本能会带来一系列虎妈行为：

- **过度采集**：很多人收集了太多的东西，塞满了他们的房间，而有些人收集了太多的安排，塞满了他们的生活。这种过度采集是父母们每天都在犯的错误。孩子们太忙了！看看他们满满的每周安排，从篮球训练到象棋比赛到辩论队，谁都会累坏的。孩子们花费太多时间在各种活动和提高班上。不难理解父母总想要给孩子最"时兴"的。但我们忘记了人还需要休息、放松、花时间吃饭，以及带着对周围世界的好奇心来学习。剥夺了孩子对这些需求的反应意味着否认他们生存的基础，并会严重影响他们的积极性。所有父母都知道睡眠不足是什么滋味。想想看，缺乏足够的休息，谁还有什么"动力"做任何事情？！很多父母告诉我，如果不让孩子们一直忙碌，孩子们会无聊或者变得焦虑。这些父母设定自己的孩子需要通过忙碌来应付无聊和焦虑，而无聊和焦虑本来就是生活的组成部分。拥有某项爱好或者运动专长非常好，但是忙碌得没有时间享受生活就太糟糕了。

- **过度保护**：无论是冲进燃烧着的房子，还是与灰熊对视，或者是跳入冰冷的河里，父母会做任何事情来保护自己的孩子。然而，很多人却没有勇气让自己的孩子去冒险。他们过分保护孩子，让他们免于经历生活的起起伏伏，让他们远离困境、错误与失败。的确，世界有时很不公平，充满危险。但是，我们忘记了，置身于逆境，通过尝试与犯错，这个真实的世界让孩子们学会享用终身的生活技能，保护自己免受伤害。那些被过度保护的孩子无法发展出适应力或是解决现实生活的自我动力，而这些显然都是在现实生活中带来成功的因素。

- **过度竞争**：生活中没有什么比获胜的感觉更好了，更令人陶醉的则是看着自己的孩子表现出色。看着你的女儿和其他选手并肩冲过终点线，或是儿子紧蹙眉头思考该怎么下一步棋，可能是你最难耐心中强烈情感的时候了。不惜一切代价逼迫你的孩子要获胜，或者把生活的时时刻刻都视为竞争，对任何人都毫无助益。我们很容易会忘记人类是完全社会化的，我们不可能永远都是"第一名"。我们也属于我们的社会，人人平等，通过"给予与接受"这种特定方式，保持相互联系并对他人有所贡献。我们渴望社会联系，渴望群体，渴望归属感和贡献感，这种渴望程度不会亚于成功。高竞争性的虎爸虎妈和他们的孩子经常过着孤单而失衡的生活。老虎本质上不是社会性的动物；它们是孤独的猎食者，不需要社会联接,杀戮才是它们的本性。在自然界,老虎适合独居生活,然而对于人而言,想要拥有一个充实而成功的人生,孤独地争当第一是远远不够的。

当然,采集、保护以及竞争在一定程度上都是必要的行为,这里的关键是要把握度。这些行为自身并不具有破坏性,但过度了就不行了。为什么虎式父母会把自然的行为变得如此极端而不健康?都是因为恐惧。

当我们感到威胁,我们本能地会通过战斗、僵立不动(freezing)或是逃离来回应。当虎爸虎妈们过度采集、过度保护以及过度竞争时,这只不过是本能反应的"现代版"。过度竞争显然是我们本能地用于"战斗"的。过度保护我们的孩子相当于"僵立不动",我们不允许他们有根据自己的判断进行反应的可能性,因为这意味着他们可能会犯错。所以我们用气泡纸把孩子包裹起来,或者为他们扫除障碍,过度安排我们的行程让我们无暇分心,这就是我们"逃离"21世纪父母的压力的方式,而不是选择与它们正面交锋。

很多21世纪的父母都在恐惧模式下行事,与战斗、僵立不动或逃离之外的其他直觉分离。我们被自己的恐惧所驱动,无法意识到真正的选择。回想一下你刚刚做过的5个违背直觉的育儿决定,哪些不是由恐惧所驱动的?

生活失衡的后果

应对恐惧的快速"灵药"是控制。表现是父母最容易掌控的东西,所以我们对其尤其关注。我们越来越渴望看到我们的孩子表现出色,孩子们越早表现出色,我们感觉越好。这就像上瘾一样。

我曾在波士顿麻省综合医院的成瘾精神分部担任研究员。从那时开始,我就对行为的驱动、刺激、奖励的因素,以及引发成瘾的原因做过深入的研究。我们通过寻找负面结果、失控行为以及欲求来确定成瘾。通过与成瘾的青少年及其父母十多年的工作接触,我们从自己和其他父母身上都看到了几近成瘾的行为。

和很多成瘾者一样,父母控制这种强迫性的需求有其明确的原因——由来已久的紧张与21世纪空前的压力致命地结合在一起所产生的恐惧。和很多成瘾者一样,控制我们孩子的欲望一开始就很令人着迷。让我们承认吧,有一个"完美"孩子的感觉棒极了。不过,我们和很多其他成瘾者一样,我们寻求这种控制,主要的原因是它消除了令人讨厌的感觉——比如说,恐惧。尽管通过控制可以暂时消减我们的恐惧并让人感觉舒适,和其他的瘾头一样,这种快感会稍纵即逝。我们的直觉、逻辑、情感以及平常的感觉都被这种恐惧和控制之间的循环所绑架,并把我们身上的某些老虎成分逼迫出来——你我概莫如此。很多父母在这种瘾嗜中进进出出(比如在我刚当母亲的几年里),有些人则成功脱离(多么令人欣慰!),但仍旧有可能会复发(我的孩子还没有到青春期!……),而很多人则沉溺于此。

我看到孩子和父母们被这种自我强加的压力逼得焦虑、失眠、滥服药物乃至患上抑郁症。我看到年轻人的身体不能再糟糕了,因为他们每一分钟都用来学习和训练。我也看到年轻的身体被过多的训练所蹂躏。我的一位病人大腿应力性骨折,因为她的父母认为,强调在田径场和训练中的疼痛能够向她的教练展示她拥有"坚强的意志"。另一个病人即便已经身患二级脑震荡,他的父母依旧坚持让他参加曲棍球比赛,因为他眼看就要晋级了。

我看到年轻的孩子们因为花了太多的时间在父母的敦促下辅导、学习和训练,而与社会隔离。我看到其他一些人则把大量时间用于在高度程序化的活动中进行应酬(简历看起来会很漂亮!),却没有发展出实质性的社会纽带。我曾经有一个17岁的病人,每天都参加各种各样"领导力"的活动,却没有一个真正的朋友。我曾经和来自这样家庭的孩子接触,所有家庭成员从来没有坐下来一起吃饭,相互交流,因为每个人都太忙了,太累了,以及/或者他们已经无法彼此相处。我治疗过的病人,他们实现了自己珍视的目标——比如说被选入舞蹈学院、进入运动队,或者被自己梦想的大学录取——但是他们这样并不快乐。他们告诉我,他们觉得自己只是随着生活起起伏伏,而不是真的过生活。如果这还不算负面结果,我不知道还有什么算是了。

我也曾经和这些孩子的父母会面。几乎所有人都否认自己是任何形式的控制型父母。这种反应并不奇怪;否认正是为人父母(以及成瘾)的正常现实。事实上,否认不正是当父母的先决条件么?如果知道所谓的养育一个孩子(且不说怀孕和分娩)是怎么回事后,他们还会义无反顾投入其中么?有些父母,和成瘾者一样,会承认他们偶尔会失控。有一位母亲告诉我,她曾经在女儿16岁生日时对自己许愿,不要再谈及关于分数、长笛练习、努力学习或者任何与表现有关的话题。

但她就是无法控制自己。有些人会说，没有什么时候可以歇口气。无论是圣诞节、光明节[19]、排灯节[20]或者春节，父母们总是无法抑制住他们对于训练、作业或者对某种类型的表现、某种"计划"的期待。

其他父母也向我承认，无论他们的孩子表现多么出色，他们总被一种无法抗拒的而且往往是非理性的欲望所驱动，希望孩子们表现得更好（成瘾者总是想要更多，这也与其类似）。女儿在考试中拿了高分，妈妈就给她报名参加高阶班。儿子足球踢得非常出色，爸爸马上雇了位私教让儿子踢得更好。老师称赞了女儿的戏剧天分，父母立刻把她的视频寄给演出机构。他们都通过这种方式转换心中的欲望。儿子要作为代表致毕业告别词，在他着手写发言之前，他的父母就已经开始为他谋划毕业后该如何有更好的表现了。

就像戒瘾一样，当他们的孩子没有在学习、训练、表演或者计划他们的生活，父母们就会感到焦虑与不安；他们热切渴望孩子要重回"正轨"。我们就像患上了过度食欲症，只有孩子做一些我们认为会提高他们成绩的行为，才能填充我们心中的空虚感。

问题在于：与上瘾一样，这些行为让我们和我们的孩子走上了不健康乃至自我毁灭的路。我们不可能为孩子的未来安排一切，我们也无法控制他们的所有行为。相反，我们应理性地相信，育儿是一个逐渐放手的过程，并为我们的孩子在现实生活中做好准备——不仅限于学习、训练以及操练。在那个世界里，他们可能会犯错误，会摔跤，但是他们会学会"理出头绪"，并重新振作起来。

知道给我们的孩子重新带来平衡的原理，和采取行动让每天的生活平衡，完全是两码事。育儿可以说是在保护孩子和放手这两种冲动的紧张关系中，在做出的每一个育儿决定中努力达到平衡。引导我们的，是我们对孩子的爱，以及我们坚定地、发自内心地、真诚地希望他们过最好的生活。我认为虎爸虎妈们的初衷是好的——他们爱自己的孩子，希望给他们最好的——却做了错误的事。这是我在我的诊所天天看到的最讽刺的事情：希望孩子当凤头，最后却成了鸡尾；想要孩子收获更多却反而让孩子颗粒无收。虎式父母想给孩子"最好"的，结果却反而是最糟糕的。

---

[1] K. Perry, "Ohio Judge Orders Stalking Parents Away from Daughter," *USA Today*, December 26, 2012, http://www.usatoday.com/story/news/ nation/2012/12/26/judge-orders-stalking-parents-away/1791795/.

[2] A. M. White and S. Swartzwelder, *What Are They Thinking?!: The Straight Facts about the Risk-Taking, Social-Networking, Still-Developing Teen Brain*. New York: W.W. Norton, 2013.

[3] A. Hasham, "Survey: Teens on Facebook More Likely to Do Drugs," *Thestar.com*. August 25, 2011, http://www.thestar.com/life/ parent/2011/08/25/survey_teens_on_facebook_more_likely_to_do_ drugs.html

[4] K. Kross, P. Verduyn, E. Demiralp, J. Park, D. S. Lee, N. Lin, S. Holly, J. Jonides, and O. Ybarra, "Facebook Use Predicts Declines in Subjective Well-Being in Young Adults," PLoS ONE 8, no. 8 (2013). doi:10.1371/ journal.pone.0069841.

[5] American Academy of Pediatrics, "Children, Adolescents, and Advertising," *Pediatrics* 118, no. 6 (December 2006): 2563-2569. doi:10.1542/peds.2006-2698.

[6] D. A. Christakis, "The Effects of Infant Media Usage: What Do We Know and What Should We Learn?" *Acta Paediatrica* 98, no. 1 (2009): 8-16. doi:10.1111/j.1651-2227.2008.01027.x.

[7] U.S. Census Bureau, "Single-Parent Households: 1980 to 2009," U.S. Census Bureau, Statistical Abstract of the United States, 2012, http:// www.census.gov/compendia/statab/2012/tables/12s1337.pdf.

[8] "Half of Americans Bring Work Home," LiveScience.com, January 13, 2010, http://www.livescience.com/9796-americans-bring-work-home .html.

[9] United Nations Population Fund, State of the World Population 2007: Unleashing the Potential of Urban Growth, New York: United Nations Population Fund, 2007.

[10] E. B. Smith, "American Dream Fades for Generation Y Professionals," *Bloomberg News*, December 21, 2012, http://www.bloomberg .com/news/2012-12-21/american-dream-fades-for-generation-y- professionals.html.

[11] C. Cakebread, "Boomerang Kids: 51 Percent of Canadians 21-24 Live at Home," *Chatelaine*, November 11, 2011, http://www. chatelaine.com/living/budgeting/boomerang-

kids-51-percent-of- canadians-21-24-live-at-home/.
[12] L. Lim, "And You Thought the Tiger Mother Was Tough," NPR, December 14, 2011, http://www.npr.org/2011/12/14/143659027/ and-you-thought-the-tiger-mother-was-tough.
[13] National Institute on Alcohol Abuse and Alcoholism, Parenting to Prevent Childhood Alcohol Use. n.p.: National Institute on Alcohol Abuse and Alcoholism, July 2013, http://pubs.niaaa.nih.gov/publications/ adolescentflyer/adolFlyer.pdf.
[14] "Overindulgent Parents Harm Their Children," Relationship Matters.com, July 11, 2010, http://www.relationshipmatters.com/ overindulgent-parents-harm-their-children/.
[15] J. Rigby, "Stop Overindulging Your Children," Family Life.com, accessed January 15, 2014, http://www.familylife.com/articles/topics/parenting/ foundations/character-development/stop-overindulging-your-children.
[16] A. Inoue and N. Kawakami, "The Japan Work Stress and Health Cohort Study Group, Interpersonal Conflict and Depression among Japanese Workers with High or Low Socioeconomic Status: Findings from the Japan Work Stress and Health Cohort Study," *Social Science & Medicine* 71, no. 1 (July 2010): 173-180, http://dx.doi.org/10.1016/j.socscimed.2010.02.047.
[17] J. de Graaf, D. Wann, and T. Naylor, *Affluenza: How Overconsumption Is Killing Us*, San Francisco, CA: Berrett Koehler, 2014, 1.
[18] A. De Botton, *Status Anxiety*, New York: Pantheon, 2004.
[19] 又称哈努卡节、修殿节、献殿节、烛光节、马加比节等，是一个犹太教节日。
[20] 又称万灯节、印度灯节或者屠妖节，是印度教、锡克教和耆那教"以光明驱走黑暗，以善良战胜邪恶"的节日。

第 2 章

虎式教育的孩子怎么了？

医院急诊室里什么事情都有可能发生。一天晚上，正好是实习医生汤姆当班，一位深受幻觉困扰的病人在妻子的陪同下来到诊所。我让汤姆记录病人的简单病史，考虑可能的病因，并在45分钟内向我报告。90分钟过去了，汤姆还是没有动静，所以我放下我的病人，去看看怎么回事。当时的场景令我颇为不适：汤姆站在病床前询问，而病人正在抽泣，面红耳赤，看上去很痛苦。我马上接手，并迅速结束了问询。我得知这位先生正在忍受癌症治疗带来的疼痛，并在问询时多次提出过是否可以走动走动。我把汤姆叫到一边，问他是否注意到病人很痛苦。

"我看到了，"他说，"但我得把抑郁症的各项对应内容都过一遍，在没有完成之前我不想结束问询。"

我发现汤姆对患者缺乏同情，这非常令人不安。在完成临床工作后，我和他坐下来，试图给他一些指导。我让他回顾晚上的一切，并询问是否有什么问题。汤姆完全无视这位病人的情况，而是焦急地询问最终的流转测试会涵盖哪些内容。事实上，那天晚上我们还看到了很多特别的案例——有个病人患有额叶脑肿瘤，一个人因吸食大麻引发精神病，还有一位病患是深度的"性成瘾者"——但是似乎谁都没有让汤姆产生好奇心。事实上，我的观察是，汤姆并没有好奇心，也缺乏同情心、创造力、解决问题的能力，甚或是沟通技巧！当我向一些同事问起他时，我发现很多人和我存有同样的印象。尽管很多人都试图向他教授和病人沟通的注意事项，患者和指导医生仍旧对他抱怨不少，汤姆很有可能无法通过实习。我的一些同事觉得奇怪：汤姆因为在一项研究项目中名列前茅而得以进入医学院，他还是个高水平的小提琴手——这些都表明他是个勤奋的人，自律且智商很高。很多人可能觉得这有点不符合常理，我却完全没有感到意外。

  在我十多年的教学生涯中，汤姆这种类型的学生在医学院学生中的比例越来越高，在其他专业的研究生中也是如此。这些年轻人被称为"脆酥"（crispies）——他们的自我激励（self-motivation）因为过于劳累而变得脆弱不堪——以及"茶杯（tea pot）"——被"气泡纸"包裹的学生们如此羸弱，第一次面对挫折就败下阵来。"脆酥"和"茶杯"是风险规避型的，他们疲惫不堪、高度紧张、僵硬死板——这和刚刚踏上智力旅程的年轻人的典型形象正好相反。那些在GPA、考试成绩以及某些课外活动上表现出色的人，反而缺乏社交能力、同情心，缺乏与人合作以及创造性解决问题的能力。一大早就吵醒父母，或者是在家庭会议中讨价还价，以保证他们尽可能实现自己的活动安排，这都是这个群体的普遍行为。他们无法随机应变、应对生活压力，无法处理突发问题。一位学生在我上完课后告诉我："现在很多年轻人并不关心概念，我们只想知道考试内容是什么。"在教授激励技巧时，我被问道："我们为什么要学习激励技巧？我们是医生——难道不是我们说什么病人就做什么吗？"（是的，没错，我们只要说"减肥""戒烟"或是"多运动"就够了）

很显然，汤姆是一个聪明的年轻人，但是一旦进入到需要自主应对和团队合作的现实世界，他就无法应对。由于表现糟糕以及由此导致的信心不足，汤姆最后离开了医学院。你可以想象，离开医学院无疑迫使汤姆去面对一生中最困难的时光。我非常希望他健康、快乐、成功。然而，在缺乏适应力这点上，我很担心他。

身与心：生活失衡的可靠指南

当我看到像汤姆这样的孩子和年轻人，我总是被他们失衡的生活所震惊。人体生物学是非常神奇的。每个人都拥有一套复杂且几乎万无一失的身体警告信号系统，在我们失去平衡时提醒我们。但是，若我们忽视这些警告，就有可能引发灾难。我们该吃饭的时候，会感到饥饿；该睡觉时会感到劳累。当我们忘记或者忽视这些生物信号，我们会得到警告，会觉得不舒服。比如，如果我们不好好吃饭，就会血糖过低，变得烦躁、易怒，感到身体不适。当我们睡得不够，就无法集中精神。如果我们继续忽视这些警告，生物系统就会失调，抑郁、焦虑、成瘾以及糖尿病的风险都会大大提高。生物信号直接与我们对话，这些提醒、信号、警告以及失调告诉我们，我们的身心失去了平衡。然而，很多人，包括我，直到我们累倒了或是受伤了，才会想起听身体的话。

我天生患有关节过度活动症，这意味着我的关节比较松弛。柔韧固然好，但身体也需要力量——而我则极度缺乏力量。如果我进行一些早期干预，并加强肌肉训练，结果会截然不同，但父母和我自己都没有意识到这一点。相反，青春期荷尔蒙让我的关节更加糟糕，我膝盖脱臼了6次，有一次走着走着就脱臼了。30岁时我从自行车上摔下来，左肘、左肩以及左肋骨骨折。我进行钉骨，并做了两次手术，但是最后还是患上了旋转肌撕裂症、滑囊炎以及慢性疼痛。

30岁时我本应该多运动并定期进行理疗，但是我没有这样做，于是膝盖以及左肩膀的疼痛悄无声息地进入了我的生活。我给自己开消炎药来缓解疼痛。最后，由于坐得太多，加上缺乏足够的运动，各种陈病旧疾卷土重来，慢性疼痛综合征完全打垮了我。我的右腿因使用不足而萎缩，并引发臀部循环不畅，致使我只能使用左下半身。同时，左肩周围更加虚弱，带动后背和右颈部疼痛。我完全失衡了，在疼痛得到控制之前，我可以说在生活的各个方面都寸步难行（名副其实地）。通过注射激素、理疗、针灸以及运动治疗等强化治疗，我花了好多年的时间才让身体机能重新开始运作。恢复元气后我开始以全新的视角审视自己的生活。原来的我饱受慢性疼痛的折磨，担心从此瘫痪在床而绝望至极，现在的我更加关注自己的健康，要过平衡的生活。人体的各个部位既独立运作，又彼此联系。我们身体的各个部件都需要平衡，无论是核心要件还是附属部位，无论是在强度还是灵活性上，概莫能外。在儿童和青少年时期，这些要素都应该保持着最佳状态，这点非常重要，这是身体发育的黄金阶段。

人脑也需要整合、平衡，拥有强大的核心，需要力量与灵活性并存。童年和青春期是身体快速发育的时期，大脑也在这个时期迅速发展。事实上，人类的大脑直到二十多岁才完成所谓的"发育期"，女性是23岁，男性为24岁（的确，男生要成熟得晚一些，这是事实）。年轻的大脑需要更多的休息和娱乐活动。和身体一样，早期扎根在脑海中的模式很难在以后的生活中被纠正。让我来和你说说泰勒的故事，他失衡的生活已经影响到他的精神健康。当还是个小孩时，他就很焦虑。他可能从他母亲那里继承了这种性格，妈妈总是担心"如果……该怎么办"以及"别人怎么看"。她总是在泰勒身边，确保他在自己的视野范围内活动，并避免他遭遇危险。泰勒的父母逼着泰勒打高尔夫球，因为这是一项安全的运动，他也很早地表现出了天赋，并在大学入学申请上富有优势。尽管泰勒并不那么喜欢高尔夫，他还是遵从父母的决定，一方面他似乎没有其他选择，另外他也不想让父母失望。泰勒的父母不知道他并不开心。这个家庭很少把不适表现出来——爸爸妈妈都习惯于看起来非常"完美"。对于泰勒的大多数问题，他们或者掩盖不见，或者迅速地帮他解决。这种方法在泰勒小的时候很奏效，但是当青春期来临，泰勒的过度谨慎、缺乏解决问题的能力以及喜欢把情感内化就成了问题：面对生活中各种纷繁的活动——比如作文考试、打高水平高尔夫赛、结识新的朋友以及在公开场合发言等——他开始感到恐慌。每次他觉得恐慌，就更加没有信心，也变得越发焦虑，在公众场合尤其如此。泰勒没有告诉任何人，他开始喜欢独处，因为这样让他更有安全感，并开始在电子游戏和大麻里寻求慰藉。

15岁那年，泰勒在一次重要的高尔夫锦标赛上怯场了。他的教练失去了冷静，当着大家的面批评泰勒。泰勒完全无法面对这种情况，他干脆完全放弃了高尔夫。即便只是想起来要面对教练，或者是去往高尔夫课的路上，泰勒都会迅速陷入恐慌。他觉得自己让父母彻底失望了，他们为了自己打高尔夫牺牲了那么多，但是除此之外，他不知道还可以怎么办。

泰勒的恐慌感、焦虑感以及孤独感变得越来越强烈，他吸食更多的大麻来寻求舒解。这些都使他无法自励、无法集中精神，并引发了记忆力衰退。毫无意外，他的成绩受到了影响。18岁时泰勒去了一所他觉得"不太好"的大学，但是他还是觉得自己无法适应。他没有去处理痛苦背后的诱因——他的焦虑，相反，泰勒在公共场合酗酒，平日吸食更多的大麻，以此来自我治疗。他完全失去了平衡，生活极度不健康，心中时常莫名地恐慌。他无法入睡，无法集中精神，最后泰勒远离家庭与朋友。直到他被这种严重的焦虑彻底击溃，甚至无法走出自己的卧室，他才意识到他已经患上了重度抑郁症。他的抑郁症持续了两年，治疗方案包括严格的药物控制；通过进行单独治疗，以提高个人处理能力与解决问题能力；进行家庭治疗，以解决对父母的悔恨之感；以及进行集体治疗来提高社会自信。当恢复健康后，泰勒开始用全新的视角看待人生。经历过抑郁症令人绝望的折磨后，他现在对于如何处理不确定性、解决问题、调节情绪以及过一种平衡的生活有了更好的理解。

我想通过泰勒以及自己的案例来解释我们的大脑是如何像身体一样运作的，同时阐明两者都需要达到某种平衡。泰勒的焦虑和我的关节松弛症一样：由于没有及早处理这些问题，后续就会引发大麻烦。如果我早点进行肌肉强化训练，泰勒早点建立自信，我们都会从中受益。青春期的生物化学变化让我们都出了问题，我的情况是脱臼，而泰勒的状况则是陷于恐慌。我们都因为一件小事而让本来就破弱不堪的自己散了架：我因为自行车事故导致粉碎性骨折，而泰勒则是源于与他的教练产生的冲突。很早就有失衡的信号出现，但我们漠视它们，我们自己进行治疗。我们继续原来的路径，直到糟糕的状况迫使我们无法在既定的路上走下去。我们都需要花费大量的精力来重新获得平衡。我们都不是有意变得失衡的，这是父母们最不愿意看到的事情。但是，缺乏对问题的重视和必要的修正，这种失衡悄悄进入我们的生活，让我们举步维艰。最初，这种失衡可能以某种方式帮助孩子和父母们，比如泰勒的谨慎让他避免伤及自己，且让他成为从来不惹麻烦的乖孩子。之所以发生这样的状况，是因为我们忙着变得强大，却忽视了自己的弱点。生活失衡的状态越早出现，要进行纠正就越困难。如果这种不平衡在儿童时期就已产生，身体和大脑就都很难得到平衡的发展，遭遇疾病、疼痛、伤害的可能性就更高。

平衡——身体上和精神上的——是我们认为理所当然的事。试想一下人行走或者骑自行车所需要的不计其数的神经元及其连接，另外，大脑必须时刻关注并校准身体，以确保在走路与骑车时保持平衡。尽管熟练掌握之后，保持平衡看上去很简单，但简单并不意味着容易。我们往往在失去了一些东西之后才会意识到校准的复杂性。我们的身体和大脑会自动调整来保持平衡，这种想法是对的，但那是因为它们作用就是给我们发送信号，提醒我们失衡了。而是否听从这些信号并做出调整以重新获得平衡，这完全取决于我们自身。如果我们选择了不，那么必然就会倒下。

失衡已经时刻占据着孩子们的日常生活。如果孩子总是被保护起来，他们就无法学会自我保护。如果孩子花太多的时间在书桌前学习，而不是生活在真实的世界里，他们就无法学会如何在成年时维持工作与生活的平衡。如果孩子花了太多的时间用于学习或训练，而不是进行适当的休息，他们将无法放轻松。如果孩子老是被指导，而没有足够的机会自己来解决问题，他们很难面对并解决自己的问题。在失衡中长大的孩子甚至不知道平衡是什么感觉。

我想我们大多数人都直觉地知道平衡之于身体的重要性，但却忽略大脑也需要这种平衡。想象一下，一个8岁小孩拥有一个训练过度的身体，比如强壮的肱二头肌，那是多么奇怪的图景。你为人父母的直觉告诉你这有点儿不对劲儿。你可能会说那些肱二头肌看起来不"自然"，你可能还会质疑要练出这种肌肉的负荷训练是否有利于孩子的健康。我们作为父母，直觉地知道拥有力量是好事，但是拔苗助长是不对的。孩子的大脑发育也是如此。把一个8岁的孩子送去举重训练室无疑会阻碍他的发育，而逼迫孩子远离自然的儿童活动，去参加各种比赛，从长远来看也会减缓他们成长的步伐。

虎式教育的不良后果

过度采集的虎崽生活太忙碌

缺乏睡眠、阳光、运动和营养让16岁的桑杰疲于应对各种高规格的比赛、各种形式的志愿者活动以及备考SAT测验。当他来我的诊所时，他因为要看医生而心烦意乱，备感羞愧，因为每个人都觉得他"太强了"。我发现他在产生自杀念头前的3个月时间里，每天只睡5个小时。他和他的父母都知道睡眠的重要性，但是他没有足够的时间来完成每天的任务。他的父母很关心他，也为此担忧，但是他们并没有引导他去取消一些活动。相反，他们轮流陪着他，为他煮咖啡，还任由他直接趴在书上睡着。当他成绩开始下滑时，他们甚至请了一位经验丰富的老师来辅导他的晚间作业。

桑杰并不需要辅导老师来提高他的成绩，他是个聪明的小伙子。他需要的是睡眠。但是他过度重视每一个机会，并想确保自己在各方面名列前茅，他睡得越来越晚，失去了清晰思考的能力，这反而让他表现更加糟糕，陷入恶性循环。他觉得自己快要疯了，最后可能得到精神病院去，而在我看来，如果他不补充睡眠的话，这是完全有可能的。他很难相信简单的睡眠能解决他的问题，此前他总是为了更"重要"的事情牺牲睡眠时间。当我对桑杰解释说，缺乏睡眠和长期吸烟一样会影响健康，他同意尝试着多睡一些时间。4天内，他就体会到自己在情绪、精力、专注力以及注意力方面的显著提高。在2周之内，他就恢复到原来的状态。他对我一再致谢，感谢我挽救了他的生活，而我所做的只是建议他补充睡眠而已，这是个但凡拥有基本的人类直觉的人，无需获得医学学位就可以做出的建议！

另一方面，我遇过不计其数的老虎们——年轻的、年老的——他们在床上翻来覆去无法入眠。他们白天太忙了，要睡觉才有一点时间处理白天积累的众多情绪，很多这样的病人告诉我，他们处理入睡焦虑的方法就是让白天更忙，希望上床的时候能够借着疲乏马上入睡。

有些父母让自己的孩子从早忙到晚，几乎没日没夜。有报道显示，东亚主要国家与地区——中国、韩国、日本、中国台湾——90%的孩子患有近视。相比较，北美亚裔青少年的近视率仅为10%~20%，这充分说明近视的高发率并不是来自遗传。

研究人员认为，这是由于学习过度，而接触自然光的时间太短，因而引发眼睛过度疲劳。[1]儿科医生也发现了佝偻病开始在东西方重现，维生素D缺乏是其成因，而维生素D需要通过直接接触阳光方能获得（我想电子游戏在这里估计也是难逃其咎）。如果孩子们整天呆在屋子里学习或者玩游戏，他们不可能有时间到户外去。缺乏新鲜空气和阳光，会带来严重的后果。

整天呆在屋子里必然缺乏运动，也就很容易发胖。自上世纪80年代以来，肥胖儿童增加了两倍，且没有放缓的迹象。儿童肥胖已经日益成为欧洲和东方国家的严重问题，最新的研究表明，孩子程序性、久坐不动的活动时间与肥胖之间存在着直接联系。[2]

孩子中患糖尿病的比例也在上升。可以想象，越来越忙碌，吃快餐，在乘车去往不同活动的途中吃晚饭，这些都与糖尿病与肥胖症相关。

忙碌也导致了极端行为（如果不是怪异的话）的出现。比如说，有些中国学生一边打点滴注射氨基酸，一边复习准备高考，因为这样他们就不需要浪费时间去吃饭了。[3]支持者——是的，我惊讶于居然有人会支持这种疯狂的行为——说打点滴省去了学生们去餐厅吃饭的时间，让他们有更多的时间来学习。他们还相信，这样能够增强学生的精力，让他们通宵学习时保持清醒。这让我怀疑，糟糕的生活方式是怎么越发成为损伤孩子身心的正当理由的。无论你是怎么想的，孩子们正在遭受伤害。

过度竞争的虎崽无法参与现实竞争

缺乏社会技能和社会联系 很多父母和青少年更倾向于选择个人运动项目或者独奏乐器，而不是参加运动队、乐队或者是社团，主要是因为他们觉得这样更容易通过自己"获胜"。父母们告诉我，参加游泳、高尔夫或者是学独奏乐器，可以避免团队合作，并能更好地掌控成绩。商学院的老师告诉我，她系里的本科生都不愿意参与团队项目，因为这样会降低他们对分数的掌控能力。试想，有多少从事商业的人是不需要团队合作的？这种短视地、狭窄地关注短期表现的行为严重损害了一个人的长远表现能力。现在的世界和以前一样社会化，甚至可能更为社会化：想一想我们通过智能手机和电脑产生的互联性。强大的社交能力已经成为个人简历的重要组成部分，而虎崽们缺乏这种能力。社交能力和社会联系的缺乏，不仅仅有损就业机会，还有可能会影响虎崽们在其他各个领域获得成功。人是社会动物，正如健康需要睡眠一样，人需要社交技能和社会联系。

身体损伤 孩子们在训练和运动中被逼迫得太紧，就很容易会受伤。急诊室医生看到越来越多的孩子因为过度训练和过度运动而受害。在2008—2009学年，美国高中运动员有40万例脑损伤（脑震荡）案例。[4]1997年到2007年之间，8到19岁参加诸如篮球、橄榄球以及足球等运动的孩子脑震荡的比例增加了1倍多，即便这10年参加这些运动的人数比例在下降。[5]

医生还会告诉你，越来越多的父母并没有听从他们的医学建议，让孩子休息，或者暂时停止运动。这些伤害是严重的，而受伤的孩子没有获得足够的休息就被逼着重新回到冰球场、球场或是任何其他的场地，其后果同样严重。我看到芭蕾演员带着脚踝扭伤回到舞台，看到网球运动员身患滑囊炎重返球场，赛艇运动员忍着腰伤回到水里，还有冰球运动员强忍膝盖疼痛回到冰场。而最令人担心的是曲棍球、篮球、橄榄球、足球、滑冰以及滑雪运动员们。我看到他们因为头部受伤却没有得到正确治疗，而引发失眠、头晕、记忆力衰退、注意力不集中、焦虑以及抑郁。一个患脑震荡的孩子为何会过快恢复运动？通常缘于父母们无法控制他们心中发怒的老虎，要么亲自进一步伤害已经受伤的孩子，要么在其他人这样做时视若无睹。无论你的孩子是否"真的"必须要重回运动场，或者你觉得让孩子恢复健康前在家中休息会遭受来自团队或是教练的"压力"，这对我而言都是令人费解的。我们是父母，如果我们没有把孩子的健康放在头等地位，还有谁会呢？

性格缺陷 虎式父母不惜一切代价要获胜，这会让孩子变得过分任性、自我中心和行为失范。

作弊以及其他不道德行为随处可见，而且也变得越来越普遍。在竞争最激烈的运动中，孩子们常常被施以压力，竭尽全力成为第一名。年轻的球员会把对手球队中最好的球员扑倒，尽管这样可能会造成严重的伤害。媒体上几乎每天都在报道职业运动员的作弊丑闻，但是我可以用第一手资料告诉你，在高中以及大学里，由于较为宽松的监管，运动员更容易作弊或使用违禁药品，也更容易摆脱惩罚。我常常怀疑，那些行事霸道的父母，总是纠缠在他们的孩子身边，监督着孩子的每一个动作、吃下的每一口东西，他们真的会是最后一个知道的人吗？我并不是说所有的父母都鼓励这种行为，但至少不在少数。

运动中的作弊不过是不道德行为中的冰山一角。不久以前，一百名哈佛学生被指责在家庭作业式考试中作弊。在中佛罗里达大学，超过一百个学生手里有期中考试的影印本，他们没有一个人因为作弊而感到后悔。回到1940年，20%的美国大学生承认曾经在高中作弊；到了2010年，这个数字上升到75%~98%。[6]

最近，我和安妮聊天，她从教30多年了。她说，现在教师都不能给学生打低分，更别说对他们的作弊行为进行说教了，尤其是当他们的父母是虎式父母时。安妮告诉我，她发现马克在一次考试中作弊，所以没让他及格。马克的父母反而由此指责她。她和马克的父母讨论这件事情，认为这对于马克来说是一次极好的教育机会，因为这样不会对他造成严重的后果（他才九年级，测试分数不会对他的奖学金或者大学入学申请带来影响），又能让他吸取教训。然而，他的父母太担心自己的名誉，以及由此对他儿子的成绩单可能产生的影响，所以他们向学校投诉，要让整个事情保密。在压力之下，学校与老师都不得不赋予这门课较小的权重，以确保对马克的成绩不会有切实的影响。更重要的是，关于作弊的描述都从他的档案中去除了。在整个事件中马克没有感受到什么压力；是他的父母代为承担了焦虑、压力和解决问题的代价。更耐人寻味的是，马克承认自己考试作弊，并责怪他的老师"小题大做"，让他的父母感到他是真的"受够了"。这个例子表明了虎式父母的获胜心和不惜代价保护孩子的心态，那些诸如尊重、责任和道德的价值观都土崩瓦解了。

即便是当志愿者也会带上作弊的印记。很多年轻人参加志愿者活动只是为了丰富大学入学申请材料，他们甚至会直接告诉你这点。那些为了"漂亮的简历"而参加志愿活动的人并不知道，很多面试官一眼就能看出他们的想法。最糟糕的是，那些功利地参加志愿活动的人，无法体会对社会做出了贡献后所获得的那种幸福而美好的情感。

药物滥用和成瘾　在10多年的工作中，我看着越来越多年轻的尖子生们服用处方药来提高自己的成绩。弗吉尼亚大学一项研究发现，20%的大学生承认至少因非医学原因服用过一次如阿得拉和利他林等刺激性药物，最常见的原因是"可以提高学习成绩""让学习更有效率"以及"能更加清醒"等。[7] 为了学业服用处方药的学生数量远远超过为了其他理由（诸如聚会娱乐或减肥）的学生。以我对刺激性药物滥用、依赖和流通这个话题深入的研究与教学，非常可悲地发现情况正在变得越发严重。我看到孩子们使用处方药来延长学习时间，提高打橄榄球的力量和跑步速度，用处方药来减肥以参加赛艇和芭蕾舞，或者仅仅是帮自己抵抗住难以置信的压力与繁忙的日程安排。

咖啡因是刺激性药物中最为常见的，它可以在短期内提高表现，但是从长远来看，会摧毁整个系统。比如让大脑自然睡眠周期失调，让年轻人无法入睡（即便他们不再服药也是如此）。刺激性药物很容易成瘾，并让人的生活完全失去平衡。我见过太多聪明而勤奋的虎崽们，在使用刺激性药物来提神、提高运动表现以及学习成绩后，毫无意识地，他们都开始上瘾了。

心理健康问题、自残、自杀 大学里越来越多的学生涌入心理咨询室接受心理健康服务，而种种迹象表明需要这些服务的学生数量一再迅速增长。从20世纪早期至今，罹患诸如青少年抑郁症等心理健康问题的人数已经增加了5倍。据研究表明，1938年到2007年美国大学生心理健康问题急剧加重。[8]与20世纪三四十年代的大学生相比，在抑郁症、轻度躁狂症（燥郁症的一种）、偏执症、精神病态性偏倚等疾病的临床数量上，现在大学生的患病比例要高得多。现在超过特定分数而需要被精神病隔离的年轻人是原来的5倍之多。研究证据有力地表明，这些结果并不是由于反应偏差引起的，即不仅仅是因为大家比以前更倾向于接受抑郁了。这项研究的作者说，这项结果恰恰"契合了一个文化转变的模型，即由以内在目标（如群体、有意义的生活和归属感）为准则转变为以外在目标（如物质主义和身份地位）为准则"。[9]

这些结果都没有令我意外，因为日复一日我目睹这些现象变得越来越严重。但这些趋势中最令人不安的，是自我伤害。我看到太多的年轻人用割腕、燃烧等自伤行为来伤害自己，包括自杀未遂或者自杀。自我伤害是典型的应对精神压力的方式。通过伤害自己，体内的内啡肽一开始会上升，这种人体分泌的激素可以帮助减轻伤口疼痛。一项2011年的研究跟踪了8所美国大学的学生，发现15%的参与者曾经割伤、烧伤或者用其他途径伤害过自己。这种行为在夜间最为常见，而这个时间段本应该是学生们躺下来睡觉的时候。[10]

自杀有时候是逃离压力的最极端而悲惨的方式。在2012年秋天，就在新学期开始之前，坐落在纽约北部美丽的康奈尔大学东海岸校区的七座桥梁被装上了铁丝网。原因是在2010学年时，6名学生自杀，3名从这些桥上一跃而下。校长戴维·J·斯科尔顿（David J. Skorton）说，自杀不过是"冰山一角，它表示我们的校园，以及其他校园里，都面临着精神健康问题的巨大挑战"。康奈尔很快就变成了人们口中的"自杀大学"，但很显然它不是唯一一所需要应对类似问题的学校。事实上，康奈尔大学的自杀率和北美其他高校不相上下，但比世界上很多其他大学要低一些。[11]

在中国，大学生自杀率飙升：他们的自杀率是没有入学的同龄人的2到4倍。[12]在韩国，在一年内第四个同学在学校里自杀后，韩国科学技术院学生会做了如下发言："日复一日，我们被逼进无情的竞争环境之中，这让我们窒息。因为要完成作业，我们甚至不能花上半个小时和这些有困难的同学们待在一起……我们再也不能自由地欢笑了。"[13]

如果你问印度的大学管理者，他们会告诉你，自杀的现象非常严重。研究发现，2006年有5857名学生自杀，而到了2010年，这个数字增长到了7379人。[14]

当然，自杀是一个非常复杂的问题，单一因素不可能触发自杀。事实上，年轻人中所有精神健康问题都是多种因素相互作用的结果，比如基因、儿童早期经历、外伤、脑部伤害、个性、荷尔蒙、药物滥用以及环境。我并不是说虎式父母需要为年轻人的所有痛苦承担责任。可能这样说更为准确一些，我们很多人所过的失衡的"虎式"生活是造成不快的主要因素。

最令人沮丧的是，最聪明、最有才华的年轻人，却是自我伤害和自杀风险最高的。在年幼的时候就在学习、运动以及音乐等方面表现出色的孩子们，被挑选出来，被班级、老师以及令人难以置信的期望所压迫。他们的自我意识很快依赖于成绩。他们的控制源完全来自外部。这些"高成就者"认为任何形式的失败——考试、竞争或者友谊——都是灾难，而不是宝贵的学习经历。他们不知道如何应对失败，而这本应是生活的自然组成部分，因为他们从不允许失败。另外，很多人告诉我，父母和其他人对于自伤行为视而不见。他们说"只要我……（填入：拿了好的分数、加入足球队、拿到钢琴金奖等），我就可以想做什么做什么了"。不幸的是，没有人愿意阻止这条明星之船，即便这船在慢慢地沉没。

作为一名心理医生，我近距离且频繁地目睹了自杀的破坏力。这些故事和数字真的只是冰山一角。无论这个数字是高是低，哪怕是失去一个年轻而聪明的生命，都是这个世界不能承受的。整个世界都和他们的父母一起凭吊这些早早地无意识地离开我们的孩子们。

虎式父母如何弄巧成拙

日复一日,从长远而言,虎式父母让自己的孩子日益远离他们所期盼的成功。我指的不仅仅是事业成就,还包括生理上、心理上以及社会和精神的健康与幸福。

金苏永(Su Yeong Kim)是德克萨斯大学人类发展与家庭科学副教授,她花费了8年时间来跟踪美国的300个华裔家庭。[15]她想要了解为什么虎式教育能在美国华裔家庭中起作用,却会伤害非亚裔的孩子们。

事实证明,虎式教育并不适用于任何人。金发现很多在美华裔父母并没有像人们读了《虎妈战歌》后所想象的那样,每个人都是独裁的虎妈。[16]更为重要的是,严格、情感上内敛的美国华裔父母的孩子们和其他种族的虎式父母的孩子们一样悲惨而没有方向。被金归类为"虎式父母"的孩子,相较被标记为"支持性的""轻松"的父母所养育的孩子而言,学习成绩更差,受教育程度更低,并有更多的精神失调以及与家人疏远的问题。无论是通过学习成绩、教育程度还是家庭融合程度来衡量,在支持性家庭中成长的孩子发展结果最理想。这些孩子没有什么学业压力,不需要像他们的虎式同龄人那样忍受抑郁的痛苦以及与父母的疏离。金的研究毫无疑问地表明,虎式父母花费了大量的精力,结果却得不偿失。

虎崽并未为21世纪做好准备

自19世纪初普鲁士王国推出第一套国家出资的义务教育系统后,

学校的基本结构和教育方法就几乎没有什么变化。它强调服从、责任以及军事防御——它大获成功，迅速在整个欧洲和北美推广开来，并在这些地方成为现代学校的基础。毫不奇怪地，我们的孩子完全在为两个世纪前所面临的知识挑战做准备。

19世纪以及20世纪的绝大多数时间，信息无法像现在这样触手可及，而掌握知识最多的人是最被尊崇的人。分数与等级是找出掌握知识最多的人的简单的手段。因此，学校开始重视分数，父母也是如此，他们经常逼迫孩子拿到最好的分数。这在一百年前完全说得过去。

技术和机器催生了传统的分班教学和用分数划分智力等级，如今，也是它们让传统教学模式变得过时。由于技术的发展，教育不再仅仅是教人知道标准答案，还包括教人提出正确的问题。19世纪的教育模式让孩子成为机器。事实上，计算机这个词表示的是电子计算器出现之前进行复杂数学运算的人们。19世纪时，聪明的男人们（到了第二次世界大战时，还包括妇女们）会坐着用铅笔和纸来进行大型计算，现在这份工作则由计算机来承担。逐渐地，机器变成了人的榜样，"她简直就和机器一样厉害"是一种赞美。问题在于，人不是机器，在变成机器方面，我们永远不会比机器做得更好。机器可以比我们更快地拼写、计算以及搜索信息。21世纪的孩子需要掌握的是计算机所没有的认知技能：想象力和创造力，以及协作、批判性思考、沟通和创新的能力。

我们并不需要知道所有的数据，但我们必须能够区分数据的好坏。我们不需要回答每个问题，但我们必须知道如何在茂密的信息森林里寻找到正确的答案。我们不可能指望自己做好每一件事情，但是我们当然可以期待吸收别人的工作成果而不是窃取它们，来实现成功。合作、阐释以及道德——这些是机器不会做的事情，是我们的孩子应该掌握的。

技术迫使我们比以前思考得更为广泛与博远，这点日益明显。15年前还没有Google、Facebook以及Twitter，现在你却无法想象没有它们的世界。可能现在还不存在的公司在10年之后会至关重要，它们的名字可能会进入字典（或者可能是Dictionary.com）。5年前，人们甚至都没有听说过社交网络管理员、用户体验设计师或是电子人类学家。想想看，2014年上一年级的孩子大约在2029年完成大学学业。我们怎么可能通过教授19世纪的技巧，来让孩子们为21世纪的职业生涯做好准备，而那个时候的技术现在可能还只是梦想？这就是实际发生着的——我们给予他们的工具是他们不需要的。

谈到这里，你可能会说："整个系统可能已经过时了，但是这是我的孩子所身处的系统，所以他们必须要忍受它。"不过，好在情况正在发生变化。大学校长们都在着手思考为何会招来越来越多"脆酥"和"茶杯"式的学生？又该如何改变现状？他们意识到是录取过程存在严重缺陷，因为它往往鼓励19世纪的应试高手，而不是21世纪的思考者。

南加州大学与教育维护组织（Education Conservancy）2011年的联合报告提出了令人信服的观点，呼吁重新调整录取程序。[17]该报告对现有的高校与大学录取程序进行了严厉的批评，作者写道："把标准化考试的成绩作为衡量学术能力的最高标准，造成了分数比学生是否真正学习到知识或者得到发展更为重要的后果，并催生了与考试、考前准备以及考前指导相关的数十亿美元行业的兴起。"[18]另外，作者认为录取程序"强化了这样的观念，即获得心目中学校的录取通知书是学习的终极目的，而不是另一次学习旅程的开始——这种观点让高中系统中广泛存在的作弊与赌博现象日益加剧，同时也弱化了在大学里有效教学的需求，大学学习的重要性大大下降"。[19]他们还呼吁增加新的测试模版，通过考察学生个人学习欲望来测评他们是否为进入大学做好了准备。

幸运的是我们正处于巨变的开始。令人讽刺的是，虎式父母的强大动力之一是让他们的孩子获得职业保障，而正是在这点上，虎式父母们将事与愿违。

虎崽在21世纪的职场中表现欠佳

虎式教育的最大承诺是，这是在竞争日益激烈的世界中获得成功的正确方式。孩子们将进入的职场世界与我们的世界截然不同，不过并不是虎式父母模式所预期的那样。技术将世界全面连接起来，21世纪是全球竞争的世纪，也是越来越社会化的世纪。超过1 500名世界上顶尖的首席执行官们认为，21世纪最为重要的领导特质就是创造力[20]，而这正是被虎式父母所扼杀掉的特质。

雇主们抱怨新招聘的年轻员工或年轻的毕业生们不会创造性地思考、解决问题，无法相互协作。在精心润色的个人简历中所宣称的全面发展的个体并不一定真实存在。这种不一致性是由于所谓的"全面发展"被虎式父母们错误解读了。"全面发展"已经不是一个人基于自己自然的兴趣去探索不同的领域，而是由父母驱动的要求。虎崽在一项活动中所要探索的，不过是这项活动的指导说明。对于申请高中、大学或者研究所的虎崽们来说,"全面发展"其实就是实践另一次由成人指导的丰富简历的活动。

不同的经历——音乐或是集体运动——有助于提升个人品质,提高创造力,让人思维敏捷,所有这些都能提高生产力与创新性。但是如果参与这些活动的动力完全来自外部,与之联系的正向特质就不会提高。到了学生进入高校或者研究生院,才来发展这些特质已经为时过晚。不快乐、紧张、焦虑、尚未做好准备面对真实的世界,现在年轻人被称为"权利一代"(Generation Entitled)或"Y(为什么)一代"——"为什么我不能得到我想要的?"你可能会说,有史以来,人们就对下一代的缺点直摇头。"现在的孩子"总是让他们的长辈异常头疼。但是这回,长辈们可能是正确的一方。最近的研究表明,从量化上看,"Y一代"与他们的前几代存在着差异。"Y一代"认为群体参与度、自我接纳度的重要性要比财富的获得、个人形象以及名声低得多。这些年轻人——也被称为"千禧一代""我一代"或者是"权利一代"——在捐赠给慈善机构、保护环境,或者参与社会活动等方面的意愿较低。正面地看,"千禧一代"更加外向(尽管这并不意味着有更好的社交技能),性别歧视程度低,也比前面几代偏见更少(除了涉及超重人群时)。有趣的是,偏见较少和同情心关系不大,而与宽容关系较大。[21]"Y一代"对于权利的强烈意识正在职场中带来实际问题。雇主们经常抱怨"Y一代"的员工们总是趾高气扬,认为自己可以不受规则限制,不认为他们应该要"完成职责"。诸如美林和安永等公司实际上就雇佣了专业顾问来训练他们的"千禧一代"员工。[22]这些顾问也有解雇他们的权力和可能性。一项研究表明,这一代人宁可待在家里,也不愿意接受一份他们看不上的工作,而他们认为30岁才是他们搬出父母房子的合适年龄（很显然，这两方面也是相互联系的）。[23]

很多年轻雇员无法"跳出盒子思考"以解决问题，他们甚至会让自己的父母与公司讨论聘用合同，为他们请病假，这让公司的商业领袖和人力资源管理者们头疼不已。管理层发现很多年轻人非常缺乏合作能力，因为他们或者求胜心切，或者缺乏重要的社交技能，或者两者皆是。一家顶级公司的首席执行官告诉我："很多应征者的个人简历堪称完美，很多人还在学术、音乐和运动上取得优异成绩；但是只有他们善于合作或者创新时这些才有意义。否则，这反而可能对他们不利——这表明他们生活在缺乏真实体验的某种幻象之中。如果我从某个应征者那里感受到这点，我一定不会录取他。"21世纪的雇主远远就能看出来应征者是不是一只老虎，这点毫不夸张。

虎式父母的个人成本

陷入了虎式文化的我们有着最好的出发点，但显然我们并没有为孩子做正确的事。那么我们自己呢？我们从虎式生活中有所获益么？显然没有。

我差点失去我最珍爱的女儿。我和丈夫当时已经拥有了两个健康的孩子。但拥有"第三个孩子"的念头却始终萦绕在我的脑海中。可惜我们的生活排满了日程，养育孩子的精力和金钱成本已经极高。我丈夫（务实的那一个）的想法很清楚："不，我们的生活已经太紧张，成本太高了，我们不可能养得起第三个孩子。我们会发疯，会崩溃的。"

在理智上，我认同他的看法。我们的生活已经没有空间来再养一个孩子了。正是这一点刺激了我：我们的生活已经完全失衡。如我对丈夫所说的："如果我们的父母可以成功地养大5个孩子，我肯定也能够养好3个。我并不知道我们该怎么办，但是我相信我们可以做到。"为了实现这点，我们必须要驯服心中的老虎。

妈妈总是告诉我，如果是我内心纯粹而清楚地想要的东西，而不是为了外部的原因，我总能设法找到方法来实现。我纯粹而明确地想要第三个孩子，而不是出于什么外部原因。事实上，我知道第三个孩子将会大大扰乱我所重视的所有外在：我的职业（两次产假后，我所申请的项目已经松散不堪），我的相貌（上一次怀孕后我就没有减掉新增的体重，而在过去的4年里我明显看起来劳累了许多），我的财务状况（现在谁还养得起3个孩子？），我的房子（只会越来越乱），我的社会地位（我们会成为无人邀请的不堪重负的拥有3个孩子的家庭），甚至我的朋友。而且，再一次怀孕显然不会对我的婚姻、我糟糕的膝盖与后背以及我的睡眠有什么帮助。

我想只有当你全心全意想要某样东西，你才会愿意坦诚而深入地去思考，是什么阻挡了你。我意识到阻碍我要第三个孩子的，正是我自己，以及我为自己和家庭所创造的不可持续的生活。当然，我的丈夫也难辞其咎。事实上，他比我更想要拥有掌控的感觉（他的父辈都是军人）。但是，我是这座城市的儿童与青少年心理健康的医疗总监，我是自我激励的专家。我应该知道更好的方法，而不是做一些对我的家庭毫无意义甚至造成伤害的事情。第一个孩子出生后，身为一名紧张的新妈妈，出于恐惧，我开始了虎式教育。随后出于盲目和懒惰，我延续着虎式教育。尽管这耗费体力、耗费金钱，虎式教育并不需要情感投入。虎爸虎妈们被忙碌的生活所缠绕，他们总是离孩子们一步之遥。身为虎式父母，我们把脆弱、同情的那一面以及对孩子无条件的爱冰冻冷藏。虎式父母勤奋却不聪明，如果他们聪明的话，他们就会密切地注意真正重要的东西，并理解眼前所为让父母和孩子都付出了太多代价。

我巡视内心，向自己和丈夫坦诚，我们正过着失衡的虎式生活。为此，我们决定改变我们的生活来重获平衡。这并不容易，而且有时还非常可怕。但是生活就是涉水之旅（而不是比赛之旅），时而平静，时而起伏，有时需小心谨慎，而大多数时候需要我们逆水前行。但是我们会和我们三个孩子（包括我可爱的女儿）共同面对。

虎式家庭养育孩子需要付出很多代价。首先，所有的培训和辅导都需花费大量金钱，而支付这些费用会带来很大压力。而且，载着孩子们到这里、那里以及所有参加游泳比赛、上音乐课或辅导课的地方都需要时间，这意味着放弃了赚钱的时间，做家务的时间，处理其他关系、婚姻、家庭的时间，以及属于"自己"的时间，还有最为重要的，和你的孩子有效相处的时间。虎式家庭里的情况可能是爸爸带着儿子参加一项活动，而妈妈则带着女儿参加另一项活动，其结果是，家庭成员过着平行生活，房子变成了客栈，而不是真正的家。另外，虎式父母经常不堪重负，尤其是在他们的孩子处于青春期时，而这正是孩子们需要父母的重要时期。在这种生活方式下，孩子、父母尤其是整个家庭都遭了殃。我自己体会过这种痛苦，也看到太多其他人遭受这样的痛苦。从各个方面来看，无论是我自己的观察，还是来自我身处健康、教育、科学和研究领域的朋友们，尤其对于父母和孩子们而言，问题正变得越来越严重，它必须被改变，而且它可以被改变。

驯服心中之虎

如果虎式教育没有效，而且如果它正以或显现或隐蔽的方式伤害我们的孩子（以及父母），我们该如何为孩子做好准备，成功面对21世纪呢？是否存在更好的模式，能够让孩子健康、快乐、自励，并成为对世界有益的真正成功的领导者呢？

当然有！但是在我告诉你这个模式之前，我必须问你一些难以回答的问题，这样可以帮助你做好准备，驯服你心中的老虎，或是赶走身边的老虎。这是你的自测题：

- **什么是你对孩子的真正期待**？你可能对他们有着很高的期望，拥有一份好工作，过好的生活。但是你是否期待他们幸福？期待他们用自己的创造力来创新？期待他们有道德感，有社会责任？如果你的期待只与他们的表现或者短期成功相关，你是让他们只需要满足于眼前利益，却牺牲了可能获得持续成功的机会，来长远地丰富和提高他们的生活质量。
- **你是否有攀比的冲动**（几乎谁都这样，所以不必为此感到羞愧）？某种程度上，外在的东西——房子、汽车、孩子的着装、孩子的表现等——是我们用来衡量自己的标准。对于有些家庭而言，有个在常青藤的孩子就像是开着法拉利上路，或者提了个路易威登的包。它能说明你——你的成功，你的洞察力，你的品味以及你的支付能力。攀比是对被遗忘或被冷落的恐惧。它把我们调成了冲刺模式：我们要的太多，我们忙于应对。

- **你想变得完美么？** 谁都想变得完美，媒体——以及社交媒体——把完美展示成理想的、可实现的。当然，问题在于我们想要实现的完美是对现实的扭曲。完美是实现成功的神秘而巨大的障碍。完美主义者通常恐惧失败，这使他们不愿意犯错误或者不愿意尝试，并让他们避免承担风险，让他们隐藏自己的脆弱，而正是脆弱才让人"真实"。

- **你的孩子太忙了么？** 孩子参加一些活动非常好，但是多少才合适——或者说在一项活动上花费多少时间才是适量的？难道不应该给孩子们自由活动的空间么——让他们休息，让他们自己思考，甚至只是发呆？现在的孩子拥有的自由时间只有30年前的一半。[24] 很多父母告诉我："但是这些活动都是孩子自己要求的——他们求着我给他们报名！"那是因为他们在两到三岁就被排满了各种活动，这就是他们所知道的。他们不知道如何休息，或者打发无聊的时间，他们在放松、玩乐或者独自学习上缺乏想象力。

- **孩子的生活过度程序化了么？** 看到你的孩子能够得到需要的辅导或指导非常好，但是如果它代替了学习过程，并占据了孩子们自我探索的时间，那就是另外一回事了。过于程序化的生活是令人窒息的，而每件事情都被指导，就没有创造的空间，也让孩子失去了思考问题并解决它的能力。

- **你是否把孩子逼得太苦了？** 当然，每个孩子都需要鼓励，正面的赞赏。不过，逼得太紧会阻碍孩子的自我动力。最后，他们会憎恨你为他们做好的安排，更糟糕的是，他们可能无法发展自我意识，培养内在动力。

- **你总是萦绕在孩子身边吗？**所有的孩子都需要被关注，被保护，获得帮助，有的时候需要被拯救。你是鼓励孩子离开你，自己独立，还是依赖于你？你是否包揽了本应由孩子从中学习成长的事情，比如选择穿什么衣服，上什么课，以及选择何种职业？
- **你是否为你的孩子铺平了道路让他们不需要自己承担责任？**当然，为孩子的成长奠定好的基础是应该的。但是你是否介入得过于迅速或频繁？如果这样的话，你可能剥夺了孩子面对逆境、体验自然结果、自己搞清楚状况，并学习如何应对挑战的机会。

可能上述的事情你都没有做，但是还是觉得哪里不对。那么，你可能不是那只老虎。孩子们会对自己做这些事，它弥漫在整个文化之中。对浪费时间的恐惧，追求完美，想要不输于他人，希望拿到高分，以及希望赚到大钱，这样的现象随处可见。结果是，很多年轻人并不需要父母的逼迫自己就会盲目地追求外部驱动的目标，其代价是牺牲心理健康、生理健康以及社会健康等内在目标。一位母亲告诉我："我的孩子就是老虎。"

无论从哪个方面看，虎式文化不具有可持续性，而且对于孩子、父母乃至整个社会而言都是不健康的。为人父母并不是意味着与我们周边的现实世界开战，而是意味着要驾驭它们，这样才能为孩子最大限度地提供各种可能的机会。为了实现这点，我们必须冷静、专心、坚强、有适应性。如果你想让孩子变得健康、幸福、自我激励（哪个父母不想呢？），你必须把老虎撵走，迎接海豚。

---

[1] W.Pei-Chang,T.Chia-Ling,W.Hsiang-Lin,Y.Yi-Hsin,K.Hsi-Kung, "Outdoor Activity during Class Recess Reduces Myopia Onset and Progression in School Children," *Ophthalmology*

120, no. 5 (May 1, 2013): 1080-1085. doi:10.1016/j.ophtha.2012.11.009.

[2] "Physical Activity and Sedentary Behavior's Association with Body Weight in Korean Adolescents," Pubmed.gov, February 23, 2013, http:// www.ncbi.nlm.nih.gov/pubmed/22805715.

[3] "Students 'Drugged' in Class Ahead of Gaokao," *China Daily*, August 5, 2012, http://www.chinadaily.com.cn/china/2012-05/07/ content_15227568.htm.

[4] E.Yard and R. Comstock,"Compliance with Return to Play Guidelines Following Concussion in U.S. High School Athletes, 2005-2008," *InformaHealthcare* 23, no. 11 (2009): 888-898.

[5] L.Bakhos,G.Lockhart,andR.Myers,"Emergency Department Visits for Concussion in Young Child Athletes," *Pediatrics* 126, no. 3 (2010): 550-556; http://www.cdc.gov/traumaticbraininjury/pdf/BlueBook_factsheet-a.pdf.

[6] "Academic Cheating Fact Sheet," Stanford University, accessed January 15, 2014, http://www.stanford.edu/class/engr110/cheating.html.

[7] K. Lunau, "Campus Crisis: The Broken Generation," *Maclean's*, September 5, 2012, http://www2.macleans.ca/2012/09/05the-broken-generation/.

[8] M. Twenge, B. Gentile, C. N. DeWall, D. Ma, K. Lacefield, and D. R. Schurtz, "Birth Cohort Increases in Psychopathology among Young Americans, 1938-2007: A Cross-Temporal Meta-Analysis of the MMPI," *Clinical Psychology Review* 30, no. 2 (2010): 145-154. doi:10.1016/j.cpr.2009.10.005.

[9] Ibid.

[10] J. Whitlock, J. Muehlenkamp, A. Purington, J. Eckenrode, P. Barreira, G. B. Abrams, T. Marchell, V. Kress, K. Girard, C. Chin, and K. Knox, "Nonsuicidal Self-Injury in a College Population: General Trends and Sex Differences," *Journal of American College Health* 59, no. 8 (2011): 691-698; K. Lunau, "Campus Crisis: The Broken Generation," Maclean's, September 5, 2012, http://www2.macleans.ca/2012/09/05/the-broken-generation/.

[11] R. Grenoble, "Chinese Students Sign 'Suicide Waivers' Before Starting College," *Huffington Post*, September 18, 2013, http://www .huffingtonpost.com/2013/09/18/chinese-students-suicide-waiver_n_ 3948310.html.

[12] X.Li,"OnChineseCollegeStudents'Suicide:Characteristics,Prevention and Crisis Intervention," *International Journal of Higher Education* 1, no. 2 (2012): 103, http://www.sciedu.ca/journal/index.php/ijhe/article/ view/1579/810.

[13] M.McDonald,"Elite South Korean University Rattled by Suicides," *New York Times*, May 22, 2011, http://www.nytimes.com/2011/05/23/world/ asia/23southkorea.html?pagewanted= all&_r=0.

[14] A.Mukherji,"Student Suicides Soar 26% in 5 Years, Education System Blamed," *Times of India*, November 2, 2011, http://articles.timesof india.indiatimes.com/2011-11-02/india/30349474_1_student-suicides-education-system-higher-education.

[15] S. Y. Kim, Y. Wang, D. Orozco-Lapray, Y. Shen, M. Murtuza, "Does 'Tiger Parenting' Exist? Parenting Profiles of Chinese Americans and Adolescent Developmental Outcomes," *Asian*

American Journal of Psychology 4, no. 1 (2013): 7-18.
[16] Ibid.
[17] USC Center for Enrollment Research, Policy, and Practice, A Call for Individual and Collective Leadership. Los Angeles, CA: USC Center for Enrollment Research, Policy, and Practice, 2011, http://www.usc.edu/ programs/cerpp/docs/CERPP_ConferenceReport_FINALforprint.pdf.
[18] Ibid.
[19] Ibid.
[20] IBM, Capitalizing on Complexity. Somers, NY:IBM, 2010, http://public.dhe.ibm.com/common/ssi/ecm/en/gbe03297usen/GBE03297USEN.pdf.
[21] J. Twenge, E. C. Freeman, and W. K. Campbell, "Generational Differences in Young Adults' Life Goals, Concern for Others, and Civic Orientation, 1966-2009," *Personality Processes and Individual Differences* 22, no. 5 (2012): 1045-1062, http://www.apa.org/pubs/ journals/releases/psp-102-5-1045.pdf; A. G. Walton, "Millennial Generation's Non-Negotiables: Money, Fame and Image," Forbes, March 19, 2012, http://www.forbes.com/sites/alicegwalton/2012/03/19/millennial-generations-non-negotiables-money-fame-and-image/.
[22] "The 'Millennials' Are Coming," *60 Minutes*, May 23, 2008, http://www.cbsnews.com/news/the-millennials-are-coming/.
[23] Jason Dorsey, interview on The Early Show, *CBS*, November 13, 2011, http://www.youtube.com/watch?v=K7HiQxnLMyo&feature=related.
[24] S. Hofferth and J. Sandberg, *Changes in American Children's Time, 1981-1997*, Ann Arbor, MI: Populations Studies Center at the Institute for Social Research, University of Michigan Institute, 1999, http://www .psc.isr.umich.edu/pubs/pdf/rr00-456.pdf.

第二部分

解决之道：与海豚共舞

The Solution: Swimming with the Dolphins

第 3 章

21 世纪是海豚的时代

韩国已与朝鲜对峙50多年了。在朝鲜半岛,韩国军人被困在一场意志较量中,对象是这个星球上最难以捉摸的政权领导的世界最庞大军队。非法核试验、海军入侵、无故发动的炮击在韩国已是司空见惯。首尔这座急剧扩张的现代化大都市,拥有接近一千万人口,却处于朝鲜的炮火射程之中。南北公路上布满防御工事,韩国的武装力量时刻处于高度警戒状态。这么做的理由很充分,这个国家每日都面临毁灭性战争的威胁。

自然而然地,从导弹防御系统和下一代战士到他们的现代化海军,韩国对于军事防御十分重视,而且这些防御措施都造价不菲。韩国2012年的国防预算占据GDP总量的2.8%,在比例上超过了中国或英、法、德等北约强国。[1]这真是一大笔钱,不过你可以理解一个国家会把资源投在其最为看重的事情上,而避免被歼灭似乎是一个明智的首选。

如果我们能通过一个国家的支出来辨别它的各种事务的优先级，那么韩国人对于学校的态度就极为明显了——特别是进入一所特定的学校。如果学生们没被"对的"教育机构（幼儿园或以上）录取，他们通常会投入整整一年让人紧张又筋疲力尽的补习，以参加重考并争取来年被录取。[2] 2010年，74%的韩国学生都参加过某种类型的课后补习。听闻学生们参加通宵补习班，父母们把床都搬走了，以防止他们睡觉不学习。过劳、压力、焦虑、抑郁、滥用药物和自杀等问题变得极为严重，以至于在2010年，韩国政府不得不出面干预并通过了宵禁法，强制首尔的补习机构于晚上10点停止营业，以期补习生们回家（哪怕家里也没有睡觉的床）。[3] 即便如此，孩子们的生活仍旧耗在睡眼惺忪地周旋于学校与补习班之间。这个国家在补习教育方面的投资是如此巨大而根深蒂固，以至于韩国令人震惊地将2%的GDP花在补习这一项事务上[4]——几乎与这个国家用在同朝鲜对峙的开支一样大。

人们自然要问：这一切都值得吗？所有的时间和金钱，所有这些珍贵的周末和童年阳光明媚的下午，全都用于弯腰驼背地缩在课桌前，而不是在外面玩。为了完成他们明显感觉至关重要的事情，韩国人牺牲了很多。答案是，值得，但也不值得，而我们要从不值得的方面学习的很多。

置身于虎群中的海豚

教育家们都是标准测试的粉丝，特别钟情于国际学生评估项目（PISA）的测试。PISA是在2000年由总部位于巴黎的经济合作与发展组织（OECD）发起的。其主要目标是通过对70多个参与国的15岁学生的知识进行测试，并比较其成绩来评估教育体制。PISA测试每三年举办一次，成绩结果通常被各国政府用来作为衡量与比较本国教育水平的依据。如果你想知道法国孩子是否和德国孩子一样擅长阅读，或是加拿大孩子是否与美国孩子一样擅长数学，PISA都会告诉你。尽管这些测试的目的并不在此。

然而，通过数据，我们可以探讨独裁教育是否是让学生们表现最高水准的最佳方法。快速浏览一下表格3.1，就会发现在科学、阅读和数学领域置身于虎群中的一个令人惊讶的异类。

表格3.1　PISA分数，2009

科学	PISA分数	阅读	PISA分数	数学	PISA分数
中国上海	575	中国上海	556	中国上海	600
芬兰	554	韩国	539	新加坡	539
中国香港	549	芬兰	536	中国香港	536
新加坡	542	中国香港	533	韩国	533
日本	539	新加坡	526	中国台湾	526

来源：OECD, PISA 2009 Results: Executive Summary, 2010, http://www.oecd.org/pisa/pisaproducts/46619703.pdf, Figure 1.

芬兰：驶向21世纪的成功

事实证明，数以百万计的亚洲父母是正确的：如果你拼命训练孩子，他们就能名列前茅。那些不眠之夜所下的苦功夫，以及无数的牺牲，最终都会得到回报。但事实上，学生们不需要使用那些让人筋疲力尽的记忆法或拼命地学习就可以名列前茅。你可能已经注意到芬兰出现在其中两个PISA表格中了，它是其中一个令人惊奇的异类，这并非因为它是前五名参赛者中唯一的一个非亚洲国家，而是因为它有一个截然不同于那些独裁体制的教育体制。

在芬兰，孩子们直到7岁才入学，而且人们高度鼓励孩子们创造性地游戏，每天75分钟的游戏时间已是小学教育的有机组成部分。[5] 由于芬兰人认为教育是一个渐进的过程而非一场竞赛，他们不用标准型测试来评估孩子在进入更高一年级时的进步情况。孩子们很少有作业，直到十五六岁时才开始面临一些考试。唯一的标准化测试（16岁时的大学入学考试）是在高中结业时举行的。不过，芬兰的学生确实会参加其他类型的"测试"。在这些测试中，他们会被问一些简单的问题来评估教师和学校教学的成效。在芬兰社会，教师们都受过良好教育（大部分拥有硕士学位）并且备受尊重。

那么，拥有这样放松的教育方式的国家为何能在PISA测试中有如此良好的表现？这个问题激发了世界各地教育家的兴趣，许多人直奔芬兰研究其教育模式。以下是芬兰政府宣告的秘诀："始终保持知识本位的教育和经济。一个国家为了发展新经济，要让所有国民都准备好，而不只是一部分国民。"[6] 在芬兰，制定教育政策的主要动因是合作而非竞争。而且，学生们从来不会因学术能力的高低不同被分成三六九等，所有的学校也是平等的。在这一体制中，没有私立学校和学校排名。

不难想见，芬兰的教育模式开启了学生们内在的控制源。学生们了解到他们的兴趣是重要的，他们是独一无二的个体，但同时也是集体的一部分。

芬兰政府在每个学生身上的支出是美国政府的70%。[7] 而且在芬兰，学术最强和最弱的学生之间的差距是所有国家中最小的。芬兰学生连续位列PISA榜单的前五位,却无需经历亚洲国家小伙伴们的痛苦和煎熬。相比其他虎式教育体制,芬兰的教育体制更简单、易行,成本更低,也更加健康。这套体制之所以奏效是因为它与人类真正学习和渴望的生活方式同步,即一种重视游戏、探索、社会联系和合作的平衡生活。

如果你担心芬兰模式在我们生存的世界无法立足,那就看一看表格3.1中的国家(和地区)每一千万人中诞生了多少诺贝尔奖得主。以下名单囊括了五项诺贝尔奖(化学、文学、和平、物理、生理或医学)以及之后增补的诺贝尔经济学奖:

- 中国:0.06
- 芬兰:7.6
- 香港:1.39
- 日本:1.49
- 新加坡:0
- 韩国:0.205
- 台湾:0.43

如果我们比较芬兰和韩国每千万人中的诺贝尔奖得主比例,我们看到的不是2倍或3倍,而是73倍的差距!尽管连续位列PISA榜单前五名,韩国在71个国家的诺贝尔奖得主人数排名中仅居于62位。虽然韩国孩子明显是用功、刻苦的学生,但虎式教育却成了成功之路的绊脚石。韩国投入极大成本来提升各项标准指标,诸如生理健康、心理健康、社会适应健康、道德健康和财务健康等,但虎式教育体制在培育思想家方面却失败了。思想家懂得如何交流思想、进行协作,具有创造性和批判性。

全商（CQ）：21世纪的必备技能

商业公司如今可以利用大数据分析自身业绩，这是前所未有的，也彻底改变了雇佣和领导方式。谷歌拥有最庞大的数据库，研究这些数据的时间也最久。2013年6月，谷歌人力运营部的高级副总裁说过这样一段话："我们通过处理所有数据发现诸多事实，其中一项就是绩点和考试分数在雇用高效、有创造力的员工方面毫无参考价值。谷歌曾经以要求所有应聘者出示成绩单、绩点和考试分数著称，但是现在我们不再这么干了……我们发现这些指标不能说明任何问题。"[8]如果成绩单、绩点和考试分数都不能说明任何问题，那什么可以呢？谷歌已经暗示了它想要的是"善于思考没有标准答案的问题的人"。[9]

为了在如今快速发展、高度社会化、竞争极为激烈、全球联通的世界中很好地立足，我们的孩子需要具备21世纪的技能。21世纪技能评估与教育计划（ATC21S™），一个位于墨尔本大学、拥有来自全球60个不同机构的250名研究者的组织定义了21世纪的四项基本技能。这些技能已被植入各地的教育机构和工作环境中，它们是：

- **创造力**。创造力已被当今的商业领袖确定为未来最重要的竞争力。
- **批判性思维**。知道"正确的答案"并不重要，知道如何提出"正确的问题"才重要。
- **交流**。你可以拥有世界上所有的一手信息，但如果你不能在不同媒介上有效地表达你的思想，那这些资源就不再重要了。

- **协作**。不论是在家庭、工作场所，还是全球社区，在团队中工作时能够学习和启发他人是在当今世界中的致胜关键。

我把这一系列21世纪成功者的核心技能称为全商（complete quotient）或者CQ。正如你可能知道的，智商（IQ）代表天生的智力能力，而情商（EQ）代表情绪智力。为了在21世纪获得成功，我们的孩子也需要获得全商。

教育和商业领域出现对全商的期待

杰克·安德拉卡（Jack Andraka）是一名在英特尔国际科学与工程学博览会上荣获头奖的15岁少年。杰克发明了一套癌症检测方法，比现行检测模式快28倍，灵敏100倍，且成本仅为现行的1/28。在一个周遭充斥着未过滤信息的世界，创造性思维真正的贡献不在于记住事物，而是发现事物之间的重要关联。在像癌症研究这样专业的领域中，谁会料想到一个十几岁的孩子能够做出如此宝贵的贡献？这就是全商的力量。

杰克根据自己在谷歌和维基百科中找到的研究信息研发出了初步的检测方法。在设计出检测方法后，他需要通过一些途径检验方法是否可行，所以他又回到了网络。他给数百个研究实验室和研究者写电子邮件，询问他们是否对自己的发明感兴趣。在遭到了大约199次拒绝后，他终于收到了一封最终指引他通往成功的邀请信。杰克上了全世界的新闻头条，他访问了许多著名的地点，如TED大会、位于伦敦的英国皇家医学院甚至是白宫，并在这些地方结交了政要和科学巨擘。

杰克的成功和19世纪的知识没多大关系（例如他在标准测试中的表现），而是更多地源于21世纪的生存技能。他的创造力和批判性思维技巧让他得以研发出癌症检测方法，而他在协作和交流方面的能力又让他成功找到搭档。很多学生都会使用谷歌和维基百科，但是杰克的自我激励和独立思考精神激发他全力探索自己的兴趣。如果他被迫去做些自己不感兴趣的事，我们都知道，这个项目不可能获得现在的成功。杰克这个让世界变得更美好的真挚愿望促使他在面对无数否定时依旧努力前进。

2011年，理查德·布兰森爵士（Sir Richard Branson）在推特上发帖说，他愿意派飞机接任何捐赠2000美金给"解放儿童组织"（Free the Children）的人来与他会面并喝上一杯。[10]一名叫斯泰西·费雷拉（Stacey Ferreira）的19岁少女抓住了这个机遇，她和自己的哥哥斯科特（Scott）以及另外18人乘坐飞机到迈阿密会见布兰森爵士。通过这次捐赠，斯泰西和斯科特不仅帮助了解放儿童组织，还在与布兰森简短会面时抓住了机遇，向他推销自己新的商业构想——MySocialCloud。返回加利佛尼亚后，这对兄妹继续通过邮件和推特与布兰森爵士保持联系。很快布兰森爵士就把这对兄妹介绍给了自己的朋友杰里·莫道克（Jerry Murdock），他是纽约一家风投公司的联合创始人。莫道克最终造访了费雷拉兄妹在洛杉矶的办公室。次日，莫道克宣布他和布兰森将为MySocialCloud投资一百万美金。

数月后，斯泰西·费雷拉在她的纽约大学宿舍里监管所有的营销活动，协调与不同程序员小组的电话会议，管理战略运营，评估用户体验，简化MySocialCloud的视觉呈现。斯科特则一边在南加州大学攻读建筑学学士学位，一边担任起MySocialCloud的首席执行官。

斯科特和斯泰西的故事要放在10年前就是很稀奇的事儿了，放在20年前更是闻所未闻，那时即便是地位显赫的人都未必能够轻而易举地获得这样的机遇。通过社会媒体等渠道，21世纪，这类机会史无前例地敞开大门。那些拥有全商的人最终会出类拔萃。

如今，企业和高校争相吸引杰克·安德拉卡以及费雷拉兄妹这样的人。21世纪的世界提供了多样化的机会，完全不同于19世纪狭隘的"成功之路"。因此，19世纪狭隘的成功途径正迅速被淘汰。印度一所顶级大学的职业咨询师告诉我"现在大学毕业生比过去面临更多的需求和机遇。并不是只有医生、律师或工程师才是好工作。但如果你已经从事这些职业，你最好能够不断创新并且思维敏捷。每天都有许多新的工作涌现，而技术是其主要动因。在下一个10年，成绩将更不重要，而创新和交流将成为关键"。年轻人靠自己使用全商的时机已经成熟，那些勇于行动的人将成为成功者。为了生存，高校和企业已经意识到它们必须调整和创造能够培养全商的环境。这一新的现实正在世界各地助力转变高校的录取程序和企业的面试程序。

英属哥伦比亚大学（UBC）成为加拿大首个将非学术标准引入录取程序中的知名大学。正如该校助理副校长兼教务主任所言："我们越发意识到我们忽略了学生在经验和成就方面的重要因素。即便是他们所面临的挑战都可以成为预测他们未来可以担当的角色的有利因素。"[11]2012—2013学年申请就读UBC的学生都被要求完成一项调查，调查包含5个问题并且需要他们分享个人有意义的经验。

同样地，针对企业圈对UBC的毕业生缺乏重要领导力和人际交流技巧的抱怨，尚德商学院在2004年调整了它的录取政策，在绩点和考试成绩以外纳入了更多元的考核标准。结果，来自企业的抱怨急剧减少，而且，有利于学校发展的是，这种政策吸引了对更广泛的课外活动——如学生自治——感兴趣的学生。[12]

哈佛商学院有一个所谓的2+2项目。被接收进入该项目的年轻人花费两年的时间寻求他们感兴趣的工作机会，接下来的两年进入哈佛商学院的硕士项目。学生们在头两年里可以成为导师，或者享有随心娱乐、探索、交友和协作的完全自由。那么，为何哈佛会设置这样一个项目？该项目意在给学生们机会，通过亲身实践、非程序化的学习培养特殊的21世纪技能，同时追随他们的热情和好奇心。这些学生将他们的全商、创造性思维和实际生活经验带回到课堂中，使其他学生和商学院整体收益。这是个共赢的局面。

作为一名医生和医学院的导师，我很高兴地看到医学院也向着更为重视全商的道路迈进。这是有充分理由的：太多的病人被缺乏同情心、交流技巧和创造新思维能力的"聪明"医生治疗。我们都希望医生能够批判性地分析无穷无尽的可使用数据，并合理地将数据应用到实际情况中。正如我们上文在汤姆身上所见的那样，虎式模式不会让年轻人为成为这种医生做好准备。

如今，许多医学院、法学院、商学院和其他研究生院的申请者都需要接受一组录取官和人力资源官面试，来观察他们交流、协作和批判性思考的能力。每个面试都经过精心且专业的设计，以便使收到的答案能够反映应试者的同情心、创造力、道德观以及解决问题的能力——或者是否缺乏这些能力。

美国医学院入学考试（MCAT）将于2015年之前做出巨大变革。其中包括将人类行为和思想的基础科学结合起来的测试。而且，

MCAT还会增设一个不考核具体知识，但测试推理和批判性分析能力的环节。[13]

美国高校录取基本标准——学术能力测试（SAT）——也在2001年做出了改变。2001年，加州大学（UC）的校长批判SAT的某些环节只测试仅仅极少数学生才会掌握的知识。他威胁说加州大学学院招生时将放弃部分考试内容。2005年，这些问题被解决了。一些考试内容被舍弃，一些其他内容，包括一篇论文和更多批判阅读的问题，被加入测试内容。[14]

被利益驱动的商业世界似乎在快速地远离虎式教育模式。全世界的企业都在找寻那些具有"软技能"的人。耶鲁商学院最近为其MBA项目申请者增加了一门必考的情商测试。[15]该学院的领导力培养计划负责人汤姆·科尔迪茨（Tom Kolditz）说道："我们希望学生们有更强的自我意识。我们想让他们提高管理情绪和影响他人的能力。"[16]圣母大学门多萨商学院采用一个类似的测试，用于在录取学生时发现MBA录取部高级副总监所谓的"未经雕琢的钻石"。还有达特茅斯学院的塔克商学院要求提供推荐信的人为申请者的好奇心和抗压能力打分。[17]

专业技能依然重要，但如果员工不具备全商，他们的贡献将是有限的。英国劳斯莱斯公司的大学研究联络员约瑟夫·克洛克（Joseph Krok）[18]说，"软技能会区分好的大学毕业生和非凡的大学毕业生"；英国石油公司（BP）[19]负责全球招聘项目的副总裁保罗·麦金太尔（Paul McIntyre）补充道："全球许多技术项目在历史上都更侧重技术深度……我们一直在与高校交流软技能的重要性"；一名雇主告诉麦肯锡全球咨询公司："我从未因为业务烂而解雇一个工程师，但我为缺乏团队合作精神解雇过一个工程师。"[20]

对全商无要求的领域越来越少，那些曾经的"安全港"也渐渐需求创造力和合作精神。例如，应聘普华永道的注册会计师工作时可能会遇到这样的面试题：根据应聘者们在烹饪课上的合作情况评估他们的人际交往能力。没错，一节烹饪课！需要同其他人一起合作的工作——尤其是来自不同文化、不同地域、具有不同人口统计特征的人——要求具备虎崽们不具备的技能。

19世纪虎崽们能够蓬勃发展的局面正在发生转向，他们甚至很难获得一个面试机会，更别说在真实的商业世界中存活下来，既然如此，我们的育儿模式也必须随之转变。直觉、研究和数据都告诉我们，具有自上而下领导风格的独裁体制无法让我们在现今的世界中茁壮成长。那么我们为什么还要试图根据同样的旧模式养儿育女呢？

均衡的生活：获得健康、幸福和成功的基础

学校、大学和企业都在发生变化，以支持一种真正激励和推动人类思维的教育模式，这种模式也意在培养更健康、更幸福，并能自我激励的人。

乔治·维伦特博士（Dr. George Vaillant）著名的"格兰特成人发展研究"是其《经验的胜利》一书的主题。[21]该项目历时几十年，针对成年人的长期健康、幸福和成功进行了最为全面的科学考察，是同类研究中首个，也是历时最久的项目。该研究于1938年在哈佛大学启动，现已跟踪268名哈佛大学男性本科生的整个生活轨迹。调查者在

心理学、人类学和生理特征方面的考量范围之广令人震惊，研究包括：智商、主要器官功能、尿床等幼儿行为、人格类型、罗夏墨迹测试分析、笔迹分析、饮酒习惯、脑电图、外观、家庭背景、亲属关系、他们的"唇缝"大小，甚至其"阴囊的悬垂长度"，用以判定何种因素对于人类发展的贡献最大。

被测者每2年填写一次关于他们日常生活和健康的问卷。每5年，研究者从被测者的医师那里获得他们的详细健康数据。只要时机适当，研究者会与个别被测者单独面谈，以获取更多深层次的信息，了解他们对于不断变化的世界和生活的适应情况。数据现在还在收集中，其中30%的被测者已经90多岁了。

维伦特的研究给了我们针对健康、幸福和成功的前所未有的科学洞见。多年以来，一些惊人的（也或许没有那么惊人）趋势被发现了。[22]

- 智力在达到一定水平后就不那么重要了。智商在110—115范围之间的人和智商超过150的人，他们的最高收入没有显著差距。
- 适应能力是成功的关键因素。成熟的心理防御机制，它能精确地预测在接近50岁时这些人能否成为"快乐而富足"的人，即：身体和心理都幸福的人。维伦特将成熟的心理防御机制描述为能够"把柠檬做成柠檬水"，对我来说意味着可以创造性而积极地适应任何环境。维伦特也提到运用利他主义和幽默感处理冲突和压力是这种成熟心理防御机制的特征。
- 6个因素是可以达到"快乐和幸福"群组的预测因子。除了成熟的心理防御机制，还有6个因素可以预测"快乐和幸福"：不抽烟、不酗酒、适当运动、健康的体重和稳定的婚姻。
- 一个人的家庭关系亲密程度对其健康、幸福和成功产生巨大影响。例如，在具有"亲密的家庭关系"测试中得分最高的男人在其收入最高的时候（通常是在55岁和60岁之间）平均每年比分数最低的人多挣141 000美元。这些人不仅在财富上更成功，而且有3倍的机会凭借职业成功入选名人录榜单。而且，在幼时与母亲拥有"亲密的"关系的人（记住，该研究开始于1938年）平均每年比那些有个冷漠的母亲的人多挣87 000美金。相反，幼时与母亲关系很差的人在老年时更易患痴呆症。维伦特的关键收获，用他自己的话说，就是："在格兰特研究上耗尽75年时光和2 000万美金……得出一条5个字的简单结论：'幸福就是爱。'"[23]

这听起来很棒，但是我们怎样能变得"快乐和幸福"呢？很简单：做了就是了。通过适应，我们变得有适应性。通过做利他主义的事，我们变得利他。通过表现热情和同情，我们变得与他人亲近。我们需要"做"所有这些事，因为这会使我们"具备"所有这些特质。然而，只有当我们遵从真实意愿行事时，我们的行为才会塑造内在性格。维伦特的研究和其他许许多多关于幸福、成功、失败和激励的研究都证明了相同的道理：健康第一；幸福是爱与联系；成功需要适应性。为了成为"快乐和幸福"的人，我们必须驯服那只失衡的老虎，拥抱我们内心平衡的海豚。

为什么是海豚？

你可能会问：为什么是海豚式育儿法？为什么不是犬式？或者海象式？或者果蝇式？海豚具有许多特质，合起来就让他们成为了"成功立足于这个复杂世界"的有力比喻。有人说：老虎们没有错！老虎和海豚的对比不是对这些动物本身的评价，正如"龟兔赛跑"的故事也并非关于兔子多么糟糕。对于这个故事的理解不在于兔子总是喜欢吹牛，和对于自己的才能过分自信，而是"我们"容易这么做。我们不会听完就开始对乌龟心生敬意，而是停顿片刻后就意识到如果我们面临一项挑战，我们应该保持冷静、坚持和稳定。换句话说，这个故事不是真的关于动物，而是关于我们。尽管如此，从这个意义上说，老虎与兔子没那么大区别，海豚也与乌龟有某些相似之处。我能向你保证，做只海豚要有趣得多。

人类对海豚的爱恋由来已久。也许是因为海豚是众所周知的世界上最聪明的动物之一。海豚的大脑出奇得大。按相对尺寸来算，其大小仅次于人类大脑，是猩猩大脑的4倍大。大脑容量关乎智力、创造力、学习能力、交流能力和社会联系，而海豚则满怀热情地展示出所有这些品质。海豚还以快乐和聪明著称。它们是真正的社会动物，成群结队地行动和生活。它们通过角色模仿、游戏和引导来教导年轻的海豚。许多人不知道的是，海豚还被认为是世界上最富利他主义和最有合作精神的物种。帮助同类和族群是它们生存的核心特质。

海豚的育儿模式是引导而非指挥，鼓励而非命令，它们善于实例教学。海豚的生活方式强调游戏、探索、社会纽带、利他主义、奉献、家庭和群体价值的重要性。当然，所有这些特质对于人类的育儿模式也是自然的。由于恐惧和不平衡的生活充斥着过度采集、过度竞争和过度保护。把视野扩展到我们自身以外的种群，将有助于提醒我们自己均衡生活的含义。我认为"海豚式育儿""平衡育儿"和"直觉式育儿"是可以相互替代的术语。海豚式育儿模式仅仅要求你和有孩子之前一样，做一个平衡而直觉敏锐的人。

海豚教育：健康、幸福和成功的模式

那么，海豚到底引导怎样的育儿之路，可以真正让孩子们适应21世纪变幻莫测的水域呢？首先，海豚展现出各种21世纪成功所需的必备技能。他们拥有全商！

- 创造力。海豚会制造猎食和找寻食物的"工具"，比如它们在潜入海底觅食的时候会用海绵状物体罩住自己的鼻子。
- 批判性思维。它们能识别和解决各式各样的问题，比如捕鱼陷阱。
- 交流。许多科学家认为海豚们由口哨声、尖叫声和肢体动作组成的交流体系是真正的语言。
- 协作。它们高度社会化，成群结队地猎食、玩耍和生活。

海豚并不总是忙忙碌碌，或者投身竞争。它们玩耍、探索、睡觉、锻炼、社交，以及为族群出力。它们似乎都有自己的个体兴趣——有些玩海藻，有些乘着波涛冲浪玩乐，还有一些与其他的海豚打闹。它们甚至会进行一些复杂的娱乐活动，例如制作水泡圈并在其中穿行。海豚与它们的家庭成员以及族群成员之间有着紧密的社会联系。它们甚至做和其他海豚相同的动作，来表现它们的"友谊"。

海豚们自食其力，但又有社会交往。它们以我们称为合乎道德的方式生存和养育幼崽；它们似乎会毫无所求地互相帮助以及帮助其他物种。众所周知，海豚会保护人类免受鲨鱼攻击，还会拯救搁浅的鲸鱼，这些行为表现了海豚对于本身族群甚至物种以外的生物的责任感和同情心。

此外，你是否知道，处于海洋食物链顶端的虎鲸或者逆戟鲸实际上是一种海豚？！虎鲸是世界上最强大的顶级肉食动物。但和老虎、鲨鱼和北极熊之类独来独往的捕猎者不同，虎鲸是高度社会化和相互协作的，这一点让虎鲸们变得更为强大。

海豚知道这个世界是充满竞争和危险的地方，这也是它们联合起来的原因。虎鲸能轻易地杀掉鲨鱼，而其他海豚会在面对捕食者时通力合作。我喜欢把海豚想象成海洋世界的芬兰人，这并不是因为它们是最具竞争力的，而是因为它们有创造力，会玩乐，还能很好地与其他海豚合作。

海豚也有很棒的适应性。依据其行为，它们能与其他物种建立长期的联系（例如金枪鱼、海龟、人类），并且能适应只捕食本地的猎物。从前，独立的族群甚至会联合起来寻找新的食物来源。[24] 根据海豚的生理适应性，绝大多数海豚生活在咸水中，而一些物种能够生活在淡水中。海豚的身体是流线型的，所以能快速行动（最高可达每小时一百英里）以捕捉猎物或躲避天敌。此外，它们的两只眼珠可以彼此独立转动，一只眼珠直视前方寻找猎物的时候，另一只可以观望周围留心天敌。

同样,面对不断变化的21世纪,人类也必须学会适应。父母和孩子都承受着巨大的压力。拥有适应能力、健康的生活方式、利他主义以及社交能力,海豚们一定能够在维伦特的研究中出类拔萃!作为父母,如果我们能够帮孩子调整并培养这些性格,他们在家,在教室,在会议室和在社会中都会健康、幸福和成功。

一只海豚的自我激励和全商

一名叫夏洛特的学生打电话给我,并留言询问她能否在青少年药物滥用这一课题上做一些志愿研究。奇怪的是,夏洛特并不像大多数联系我的学生那样对申请医学院感兴趣;她是一个热爱法律的本科生。当时我已经有足够多的学生要指导,不想再招人了。不过,夏洛特表达自己独特请求时的热情激起了我的兴趣,于是我给她回了电话。刚和她聊了几秒钟,我就被她的正能量吸引住了。几分钟之后,我已经接受了她在很短时间内精彩地表达出的创新想法。她想比较研究加拿大法定饮酒年龄(19岁)与美国法定饮酒年龄(21岁),探讨其差异可能如何影响学院和大学校园的饮酒状况。尽管我很喜欢这个想法,但我也预见了它会面临的一些障碍,并告诉了夏洛特。谁知夏洛特竟然在电话里快速解决了这些问题。我当时仍然对再招收一名学生犹豫不决,尤其是一名这么年轻的学生。夏洛特一定是从我的语气中发现了这点,因为她立即开始讨论这个项目如何对每个人都是双赢的。她已经挑选了一个法律期刊来提交自己的研究(显然对我们双方都有好处，而且也会有利于许许多多的利益相关者——政策制定者、警察、健康专家、校园管理者）。在10分钟的电话里，夏洛特展现的创造性和批判性思维、交流能力和合作技巧，以及她的正能量和对于负责这一对她自己和这个世界都有益的项目的明确愿望让我无法对她说不！她完全是一只海豚。

　　是的，夏洛特是个富有雄心的海豚，但她和野心勃勃的老虎之间有着天壤之别。首先，她能够独立思考——我从来没有在那些被过度安排、过度指导和过度管理着长大的孩子中看到这些品质。她自己的热情和对于学习的内在动力非常明显。我感到能够指望她在独立研究的同时仍是团队的组成部分。她不是一个心理脆弱的人——她看起来对生活现状很满意，对自己的未来有着清晰的愿景，这让她成为一个相处起来可爱的、令人愉悦的人。最终，她表现得值得信赖、尊重他人和公正，这些都是一个真正领导者的品质。

　　我知道夏洛特打算申请法学院。她的第一志愿是斯坦福法学院，全球最难进的法学院之一！由于我和她的交流如此愉快和富有成效，我觉得和她关系很近了，希望帮助她追求自己的（而非她的父母的）个人兴趣，何况她对此有着莫大的热情。甚至在她请求我写推荐信之前，我就给了她一封。我还把她介绍给了我的弟弟，他曾就读于斯坦福大学和加州的法学院。她太可爱了，我弟弟很快也和我一样做起了她的导师。我优先安排完成一些我们共同研究的项目，这样她就能在一个全国性会议上报告自己为之辛苦努力的科学发现，这在她的申请简历中会是很出彩的一项。给斯坦福写推荐信时，我被要求在创造力、交流能力、创造性思维和合作精神方面评估夏洛特的表现。我在推荐信的最后几行写道："在我教学和指导本科生和研究生的十多年里，夏洛特可以排到我遇到的所有学生的前百分之一，因为她拥有了非常关键的21世纪技能。夏洛特已经获得的成功仅仅是她人生的开始，因为她有着强大的内在动力来继续实践她对法学的激情，为共同体贡献力量——不论这共同体是斯坦福还是更广阔的世界。"就在几个月前，我收到了夏洛特一封生机勃勃的电邮，她刚刚进入了斯坦福法学院。我为夏洛特感到高兴，不过，无论她是否被斯坦福法学院录取，我都坚信夏洛特注定会成功。

不论被海豚教育法培养的孩子是进入最高学府，还是寻找到一条与学业或有关或无关的路，他们能够离开群体，独自冒险，如果愿意，他们还会回来，并最终建立起自己的群体。

如果你曾有过"全商导师""适应力教练"或者"平衡训练营"这样的想法，我请求你把这些都忘掉！好在，茁壮成长是我们的天性，要获得海豚的特质也相当简单——只要我们赶走潜伏在我们心中的老虎。让我们仔细看看海豚是怎样让幼崽、自己和它们的族群获得这些特质，并且乐在其中的！

---

[1] CIA, The World Factbook, accessed January 25, 2014, https://www.cia.gov/library/publications/the-world-factbook/fields/2034.html.

[2] "*Industry Overview— Synovate Report*," Hkexnews.hk, accessed January 15,2014, http://www.hkexnews.hk/reports/prelist/Documents/EMOEDU-20110616-10.pdf.

[3] A. Ripley, "Teacher, Leave Those Kids Alone," TIME.com. September 25, 2011, http://content.time.com/time/magazine/article/0,9171,2094427,00.html.4. Brown and Vaughan, *Play: How It Shapes the Brain*.

[4] C. Kim, "Korean Tiger Moms Scrimp for Tutors in Blow to Spending: Economy," Bloomberg.com, June 14, 2013, http://www.bloomberg.com/news/2013-06-14/korean-tiger-moms-scrimp-for-tutors-in-blow-toconsumer-spending.html.

[5] S. E. Abrams, "The New Republic: The U.S. Could Learn from Finland,"*NPR*, January 28, 2011, http://www.npr.org/2011/01/28/133301331/the-new-republic-the-u-s-could-learn-from-finland.

[6] F. Zakaria, "GPS Special—Restoring the American Dream: Fixing Education," *CNN*, June 11, 2011.

[7] A. Taylor, "26 Amazing Facts About Finland's Unorthodox Education System," *Business Insider*, December 14, 2011.

[8] A. Bryant, "On GPAs and Brainteasers: New Insights from Google on Recruiting and Hiring," *LinkedIn*, June 20, 2013.

[9] Ibid.

[10] D. Wisenberg, "How Young Entrepreneurs Turned a Tweet from Richard Branson into $1 Million," *Entrepreneur*, July 11, 2012, http://www.entrepreneur.com/article/223954.

[11] G. Mason, "UBC Moves to Broaden Student Population," *Globe and Mail*, September 10, 2012, http://www.theglobeandmail.com/news/british-columbia/ubc-moves-to-broaden-student-population/article1360143/.

[12] Ibid.

[13] Veritas Prep, "What Looming MCAT Changes Will Mean for Aspiring Doctors," *U.S.News & World Report*, March 5, 2012. http://www.usnews.com/education/blogs/medical-school-admissions-doctor/2012/03/05/what-looming-mcat-changes-will-mean-for-aspiring-doctors.

[14] "A Brief History of the SAT and How It Changes," *Peterson's*. N.p., January 23, 2013. http://www.petersons.com/college-search/sat-scoreschanges-test.aspx.

[15] F. Di Meglio, "Want an MBA From Yale? You're Going to Need Emotional Intelligence," *Bloomberg Businessweek*, May 15, 2013, http://www.businessweek.com/articles/2013-05-15/want-an-mba-fromyale-youre-going-to-need-emotional-intelligence.

[16] Ibid.

[17] Ibid.

[18] P. Wiseman, "Firms Seek Grads Who Can Think Fast, Work in Teams," *AP*, June 24, 2013, http://bigstory.ap.org/article/firmsseek-grads-who-can-think-fast-work-teams.

[19] Ibid.

[20] Ibid.

[21] G. E. Vaillant, *Triumphs of Experience: The Men of the Harvard Grant Study*, Cambridge, MA: Belknap of Harvard University Press, 2012.

[22] Ibid.

[23] Ibid., 52.

[24] M. Bardo, "Divided Dolphin Societies Merge 'for First Time,'" *BBC Nature News*, July 30, 2012, http://www.bbc.co.uk/nature/18985101.

第 4 章

海豚如何茁壮成长？

当我遇到孩子们的儿科医生周医生时，我惊讶地发现他对待孩子的方式实在是太棒了！他非常聪明，又雄心勃勃，不过我印象最深刻的是他的创造力。他曾一边用吸管来逗我的孩子开心，一边丈量他的头围。当我询问他的出身（在我摆脱询问这类信息的强迫症需求之前）时，我原本期待听到他的精英教育经历，所以当他告诉我自己是在印度尼西亚一个小镇的牧羊农场长大，而且直到10岁才上学的时候，我震惊了（当然，若是在为本书做了所有研究之后听到这些，我根本不会感到惊讶）。

我们都来自非虎式教育的家庭，但是当我遇到周医生的时候，他具备一些我当时还不具备的特质：基于直觉工作的能力。他从不逼迫病人或他们的父母去考虑做什么。相反，他似乎能够让他们意识到自己需要做些什么，而且他的可靠和真挚使你希望在他左右，并倾听他。周医生看起来深受所有走进他办公室的人的爱戴。他也似乎能够适应任何走进他的办公室大门的人。

在与有着各种截然不同问题的各种截然不同的父母打交道的十多年中，我很快发现没有一种方法适用于所有人，甚至是适用于处于不同情况的同一个人。后来我自己有了三个孩子，又意识到我的育儿方法也是同样道理：我的每个孩子在不同时期都有些不同的需求。作为医生和母亲，我也只得不断适应眼前的人和问题。对我来说，要想像周医生那样富有直觉，善于适应，必须面临三个关键性的步骤：（1）我必须发现和坚持自己的真实意愿；（2）我必须引导而非命令；（3）我必须同时做到1、2两点并且保持真诚，这意味着我得了解并且无条件地信守自己的价值观。

在我成为一名母亲之前，我已经做了8年的医生。当我成为母亲时，我立刻发现医生身份让我成为更好的母亲，反之亦然。医生想要帮助他们的病人，而父母想要帮助他们的孩子。我有着想要帮助病人和我的孩子的良好愿望，但是却被身边的负面影响所扭曲。作为母亲，我被在21世纪育儿的压力所带来的恐惧影响。作为医生，我也被恐惧影响——对于漏诊，被病人讨厌，以及被起诉的恐惧。我需要彻底改变自己的思维从而使我的行为做出根本性改变。我得意识到我必须做出这个选择。我还得回归自己想要成为医生和母亲时的初衷。作为医生，我必须重申自己的承诺：让病人变得健康。这才是我的工作，而非减轻自己的焦虑、避免被起诉或成为患者的朋友。当我回归本意的时候，我发现与病人的交流更容易了。

当我把这一认识应用到自己的育儿过程中时，它极大地帮助了我。我清楚地认识并忠实于自己作为一名母亲的初衷——培养一个能在生活各个方面茁壮成长的孩子，而不囿于一条狭窄道路（例如进入某所特定的学校，或者变成我最好的朋友），事情立刻就变得容易多了。我能够不用费力挣扎就做出决定，心中的压力也大大减轻了。

当我牢记初衷时，我以为自己准备好了。然而我并不是总能成功地执行自己的意愿。我经常"告诉"我的病人和孩子该做什么，而不是"引导"他们自己产生行动的渴望。例如，大多数医生希望他们的病人们采取更为健康的生活方式——戒烟戒酒，饮食健康，适当锻炼。然而，有多少医生能真正帮助病人做到这些呢？事实上，如果考虑到与过去相比，糟糕的生活方式带来的疾病，诸如肥胖、糖尿病、心脏病和药物滥用，正在夺去更多人的生命，可以说现代医学是失败的。

那是我作为医生最初的见解之一。我的许多病人——如果不是全部的话——都在饱受不健康的生活方式的折磨。他们缺乏睡眠和锻炼，压力过大，终日忙碌。相应地，我研究了如何才能最好地帮助他们改变自己的生活方式。我发现告诉某人需要做什么，只能对那些原本就已经准备好改变的病人才有效，这些人只占病人总数的20%，甚至更少。这表示80%的病人处于另一个不同的"改变阶段"，通常被称为无意图期（抗拒或不知道）或者意图期（知道但是不行动）（更多有关改变阶段的介绍请参见第9章）。所以，对于医生来说，指挥和指示对大多数的人是完全无效的。对一个病人说"别抽烟，开始减肥，多睡觉，多锻炼"根本不起作用。父母也是如此，对孩子们说"不要游手好闲，用点心，更努力地尝试，改变你的态度"根本没用。

对父母和医生来说，真正管用的是"引导"。引导在指示和不指示间、指挥和不指挥之间、独裁和纵容之间，也是老虎和海蜇之间的平衡。引导可以通过多种形式进行：通过建议，一系列提议的解决方案，或者有时只需等待某些人自己弄清楚怎么做；但是引导"必须"要在让人感受到在支持的关系中进行。引导也是最有效和最有启发性的人际交往方式的基础，不论你是家长、教练、教师、雇主、管理者，或任何需要与他人一同工作的人。逼迫、指挥、禁止、恳求、诱骗，甚至是这些合起来用，都没有引导来得有效。

　　当我开始将引导运用到医疗实践和育儿过程中时，我告诉自己："好吧，我现在有了正确的意图以及正确的方法，我已经搞定了。"错。我的方法对一些病人和一些问题奏效，但不能对所有的病人和所有的问题起作用。由于我是周围极少数专攻青少年成瘾和激励问题的医师之一，我见识了由越发难对付的青少年和他们的父母带来的日益复杂的案例。有时我也会觉得筋疲力尽，并且质疑自己的方法。我能够争取到一些难对付的青少年，但不能争取全部。在我的早期职业生涯中，我永远不会忘记一个我诊治了数月的愤怒的15岁少年对我说："康医生，你就是个浪费时间的笑话。我那位刚搬过来两周的邻居和我一起玩玩街头曲棍球，都比你对我的帮助大。"我几乎无言以对。这对我年轻的病人来说是个好消息，他似乎有了一次突破性的经验，但我不禁感觉到某种挫败。

　　我再一次突破作为医生的局限，寻找真正的影响因素。更多的研究指向了一个既惊人又可预知的答案。我发现这是一个可以应用于人类交际的真理，我本来凭直觉就知道它，但却又将其淹没在我的那些科学技巧之下了。它可以被简单地概括为：我们内在的自己是预测我们激励他人的能力的最强因子。那些最具效力的个人——有效地改变他人生活的父母、理疗师、教师、教练、导师——都有这相同的特质。不论他们接受了多少训练，上了哪所大学，或者获得了多少学位，他们的可靠性、同情心以及善良都使他们具备有效性。对我来说，这既是好消息，也是坏消息。我觉得自己真诚、善良、富有同情心，有着帮助所有病人的意愿，但我仍然不能达到满分，尤其是面对难对付的青少年！

当我努力在真实的自我和行为之间建立起更紧密的联系时，我开始对我的病人表现出更多的同情，做出善良的小手势，更多地微笑，真诚地进行眼神交流，并且为对他们重要的事情留出时间，而不是仅仅考虑我议程表上的事项。我承诺做到真诚，永远不说自己不相信的话，因为那是一种危险的陷阱，尤其是面对那些即便你的意图和方法正确，仍然能够看穿其中虚伪的青少年们。例如，我最终向一个愤怒的15岁少年（以及我自己）承认，他所读的学校（"最顶尖"学校中的一所）与他的天性不符。这所学校对他来说太过死板和程序化，所有否定这一事实的行为都会缓慢"摧毁"他的生活。当我站在他的位置上思考，我就能够体会到他在这个让自己喘不过气的体制下学习是多么地痛苦，并理解，当他发现没有人注意和承认其困境时是多么地愤怒。我能够和善、真诚地对他的困境表达同情，因为我内心相信这点，即便我这么说时他的父母变得很生气。我的同情并没有像他的父母担心的那样导致他辍学，实际上这反而激励了他穿越必要的桎梏，获得了毕业证书，因为他最终感到被理解了。我的同情实际上让他从试图证明自己正确的恶性循环中解脱出来。我的行为不仅帮助我更多地表现真诚、和善和同情，它们也使我变得更加真诚、善良和同情他人。

这点也适用于育儿。我听过许多青少年说："是的，我的父母可能是爱我的，但是我不认为他们喜欢我甚或是了解我。"这些案例中的父母可能并没有向他们的孩子展示同情。孩子们只能够体验到我们展示给他们的育儿行为，而非我们心中所想或我们的真实意图。一些父母觉得他们必须毫无瑕疵地展现出强硬的权威形象，另一些人则觉得他们不能有任何缺陷。然而，通过不流露自己内心深处的恐惧、担忧和脆弱，他们发出了一个信号：这些都是不合理的，甚至不是生活的正常组成部分。当我们没能做到真实，我们就会和孩子产生距离。

权威型育儿的益处

海豚式育儿不仅仅是一种育儿方式。如果你正在阅读本书，你可能会意识到育儿不仅仅是确保孩子们表现良好，在学校获得高分，甚或是和自己父母关系亲密。它是有关于教育出与世界——他们的社群、工作场所、配偶、兄弟姐妹、孩子、父母以及最重要的自己——建立健康关系的孩子；同时也是关于培养出将成为世界重要组成部分，优雅地经历人生的跌宕起伏，最大限度地利用自己在这个星球上有限时光的孩子；最后，它是有关于培养出能以决心和勤奋迎接挑战，能以自己的激情和才能为动力，能为自己的成就感到自豪，能迅速走出困境，并能找到身体、思想和心灵的平衡的孩子。海豚育儿法是一种哲学，一种生活方式。它不仅教你如何处理与孩子有关的事，也教你如何与孩子相处并过好自己的生活。它的关注点不是让你的孩子变成怎样，而是引导出本已存在于你的孩子和你自己身上的特质。

由于海豚育儿法是直觉性的，它"不是"一种需要我们去学习的全新的事物，而只是一些我们需要在自己身上唤醒或者重新关注的事物。

之前在第1章，我讨论了两种失当的育儿类型：独裁式育儿（虎式）和纵容式育儿（海蜇式）。当你想到独裁式和纵容式育儿法的种种严重的缺陷时，你就会发现选择像海豚一样育儿是多么轻松了。这种在独裁式和纵容式育儿中找到完美平衡点的育儿类型叫做"权威式（authoritative）育儿"，它是属于海豚教育法核心的育儿类型。

毋庸置疑，在权威式海豚育儿法中，父母是明显的权威人物（不是作为朋友、个人助理、喋喋不休的人、奴隶或者奴隶监工）。海豚式父母会建立明确的规则和行动参考（而非命令、哄骗、贿赂和强迫），教育自己的孩子们，与孩子们讲道理，回应孩子们的情感需求。他们认为纪律应该是让人信服的、支持的，而不是限制的、惩罚的或被蔑视的。与海蜇式父母不同，海豚式父母执行规则，孩子做了坏的行为，他们不会让孩子们躲过惩罚。又不同于独裁型的虎式父母，海豚式父母表现得非常温暖，并且会传达出规则背后的道理。

权威式海豚育儿法的好处在于：

- 做到温暖和及时回应有助于孩子们形成安全型依恋，并保护他们免受抑郁和焦虑等问题的困扰。
- 设定限制可以降低孩子们从事诸如侵犯、人际冲突和药物酒精滥用等外在行为的几率。
- 交流想法和情感会加强孩子们的同情心、情绪管理和人际关系技巧。
- 鼓励自立有助于孩子形成自力更生的精神、帮助他人的热情和更健康的情绪。
- 对于不同育儿方式的研究不断地显示权威式育儿法为孩子们和父母们提供最积极的结果。

权威式父母培养出的孩子较少出现抑郁和焦虑，有更强的自尊心，被认为更加"亲社会"和善良，并且比独裁型父母或纵容式父母培养出的孩子有更好的生活质量。[1]一项美国的研究显示，拥有权威式父母的本科生们认为他们的父母比同龄人对自己的影响更大。[2]猜猜看还有什么？权威式育儿方式被整个社会实践时是最有益的！

在独裁的老虎和纵容的海蜇间保持平衡可能是很有挑战性的，但权威式育儿是成功的海豚式育儿法的核心。好消息是海豚式育儿法不仅为父母和孩子间的关系带来平衡，它也使生活的方方面面获得平衡。而且只有通过维持平衡我们才能兴盛发展。

创造平衡生活的科学和艺术

大自然因我们凭直觉行动而奖励我们。这些奖励以复杂的神经化学反应方式呈现。例如，当神经化学成分多巴胺被释放，它会立即让我们拥有幸福和愉悦感。我们采取行动，体验到多巴胺的奖励，之后便会在内在驱动下重复之前的行为。这是我们大脑反馈的积极循环的基础，它的运作方式类似如下："做了一些有利于生存的事情＞通过多巴胺的方式得到积极的回报＞感到幸福或愉悦＞获得自我激励来再次做有利于生存的事情。"

由于物种生存是我们生理过程的动因，这个反馈环路让我们保持健康并得以繁衍。要澄清一点：我不是在谈论非自然地激发多巴胺的行为，如毒品和酒精。一些人在他们自然的多巴胺释放因子失去平衡，也就是他们不能继续感到愉悦时，就会求助于这些药物。这些药物非常危险，它们会破坏我们关于自己健康的直觉，强迫多巴胺非自然地激活。例如，可卡因释放出大量的多巴胺，从而剥夺了自然的神经化学程序，而这个程序有助于我们弄清该如何生活。

这些反馈环路在你做了些负面的事儿时也会起作用。在这种情况下，循环会类似如下："做了不利于你生存的事情＞接收到诸如疲倦、紧张和饥饿等神经化学信号＞感觉很糟糕＞理解信号后改变你的行为＞做有利于你生存的事情＞通过多巴胺的途径接收到积极的奖励＞感到幸福或愉悦。"但只有当我们听从天性的安排，这些机制才会起作用。如果我们无视这些信号，则会感到越来越糟，直至最后出现危及我们生存的严重问题。

如果我们能够帮助孩子，让他们自己的生物系统和良性反馈环路紧密相联，父母这项工作就会变得简单多了。平衡和自我激励是与生俱来的，我们生来就有平衡感，会在天性的激励下追求健康和幸福。我们一般不会天生就有糖尿病、肥胖或者高胆固醇；我们一般也不会天生抑郁、焦虑、冷漠或者缺乏动力。大多数的婴儿，即使是那些身患致命疾病（如先天性心脏病）的婴儿都会天然表现出欢乐、爱和好奇心。有时候，孩子们会因为一些我只能描述为活力和精神的东西而显得由内而外地容光焕发。这种光彩无疑存在于所有孩子身上——我们已经在自己的孩子和世界各地的孩子身上看到了这种光彩。

这种光彩有时很难在成人身上见到，但是它通常仍旧存在。当我们与孩子们玩耍，完全沉浸于音乐或体育之中，或者陶醉于大自然的壮丽时，我们会看到和感觉到它。动物们也似乎会散发这种光彩，这也许就是我们为何如此喜爱宠物的原因。如果你曾看到过狗在旷野上奔跑，任轻风吹拂面颊的场面，就会明白我说的是什么了。

那么这种光彩去哪儿了呢？年复一年，我目睹了一个又一个孩子和一个又一个病人的内在光彩变得闪烁、颤抖，有时甚至熄灭。我曾问过自己：我们孩子内心的光彩注定会熄灭吗？这是人类生命的正常过程吗？我最初的想法是：好吧，我们不可能永远做个孩子，成长是自然的。但是成长真的要我们以舍弃生命的活力和精神为代价么？然而，并非所有孩子或者青少年都丧失了生命活力，许多人还维持着活力，还有更多人在变老的时候重获活力。这该如何解释呢？那些光彩照人的人似乎有些共同的特质：平衡、自信、好奇、开放、具有创造力和独立性。那些光芒黯淡的人则过着充满恐惧、焦虑、冷漠、封闭、抑郁、自我厌恶和仇恨的失衡的生活。

尽管复杂，许多普遍的健康问题（如焦虑、抑郁、成瘾等）源于失衡，个人的基因和环境相互作用引发了疾病（糖尿病、肥胖和心脏病也是如此）。我们目前还不能改变自己的基因，但我们能改变自己的环境。如果我们改变了环境，就能改变这些疾病流行的风险。我们越是远离有害的生活方式，越是接近健康的生活方式——尤其是在早期的生活中——就越好。就算你从糖尿病、心脏病和心理疾病中恢复过来，如果继续让自己处于熟悉的生活方式的危险毒素中，你就有可能复发。例如，有糖尿病的人接触糖，有心脏病的人接触胆固醇，有精神疾病的人处于睡眠不足的环境，都会导致更高的复发率。与生活方式相关的疾病在发展中国家不断增长，失衡的生活方式可能是迄今为止对于人类最巨大的威胁。但是，信不信由你，这是一种应对起来很简单的威胁——但是记住，简单不代表容易。

应对生活方式疾病的关键如下：首先，用包括诸如药物、手术或者康复治疗等干预手段控制严重的失衡以消除进一步的风险。接着，通过教育和心理治疗增加关于如何养成正确的技能来让生活方式更加平衡的知识。一旦依靠正确的技能获得稳定、平衡的生活，就可以重回我们生来就遵循的良性反馈环路，但是此刻我们已经与将要到来的信号有了更紧密的联系，这比仅仅治疗疾病要好得多。再次重申，简单，但并不一定容易。

我并非要暗示是我们自己导致了疾病。尽管所有人都容易受到不良生活方式的侵害，一些人由于遗传，患上这样或那样疾病的风险更大，故而比其他有着相同生活方式的人更有可能罹患某些疾病。此外，人们会很容易因为其他种种原因丧失健康和活力。有时一个创伤性事件，比如儿童期虐待或深爱的人的亡故，都会让人突然失去平衡。有时这个导火索是一个恶老板或老师。更多时候，生活中每天的压力已经足够打破我们的平衡。一个幸福的童年有助于树立一个坚强的核心，但是如果经受的打击太沉重，即使是那些有着坚强内心的人也会跌倒，在医学的无数领域——如精神病学、心脏病学和内分泌学中，失衡的生活方式已经成为了病患数量日益增长最主要的因素。

通过平衡的生活方式，帮助孩子们建立一个兼具力量和灵活性的坚固核心，是我们作为父母的责任。海豚直觉地培养孩子，使孩子们养成这些重要品质。海豚不逼迫它们的小崽儿们做任何事；它们为孩子们引导正确的方向。海豚让它们的小崽儿体验自己犯错后的自然后果并从中吸取教训。海豚父母织造安全网来保护它们的小崽儿免受伤害，但是它们仍然给予孩子各种自我纠正的机会。大多数时候海豚父母是和蔼和宽容的，但它们容忍度是有限的。通过追随自己的直觉，海豚父母和它们的小崽儿能够比我们更清楚地听到大自然的声音。它们不违抗自己的生理。因此，它们很少会像我们人类一样失去平衡。

海豚不仅比许多人类更好地凭直觉吃饭、睡觉和锻炼，它们还在日常生活的所有方面追随自然的直觉。人类，尤其是虎式父母，在这一方面做的严重不足。可能让人有些意外的是，在生存基础以外，人类会因其他一些行为而被重重奖励。与普遍存在的误解不同，这些行为不是"奢侈的"，是我们生存必不可少的，否则它们不会引起作为奖励的强大的神经化学成分的释放。这些活动对于适应和蓬勃发展是至关重要的。它们会提高我们的全商，增强我们的幸福感，并激活我们的内在动力。参与以下活动会驯服内在的老虎并有助于给我们的生活带来平衡：

- 自由地玩耍
- 勇敢地探索
- 广泛地社交
- 全心地奉献

好消息是，我们天生就乐于从事这些活动，因为它们回报给我们健康、自我激励、幸福、愉悦和活力。"生命力"是一种有意义、有目的地存在的连续。[3]它是生存和成长的力量。生命力并非只有少数幸运儿才拥有，它存在于每个人的体内。

坏消息是，如果我们无视大自然的指引，不从事这些活动，我们会失去平衡，摔倒和受伤只是时间问题。生命力，以及幸福、愉悦、自我激励和健康都将悄悄溜走。

现在还有怀疑吗？如果是，只要问问自己，是什么让你很自然地感到幸福和欢愉？在你的一天或一生中，什么样的活动会自然地提升你的情绪？如果第一眼不是很明显，那思考片刻，你就会同意是在之前表格中列出来的活动，给你的生活带来了幸福或愉悦感。你是否注意到我说的是"幸福"和"愉悦"而非"良好的感觉"？你能够因为购物、喝一杯啤酒，或者吃了一块巧克力蛋糕而感觉良好。我说的幸福和愉悦是指一种持续超过几分钟或几小时的体验，是一种当你回想起来，会让你的脸上呈现微笑而无负罪或遗憾的体验（看看购物、酒精和蛋糕为何不能达到这样的效果？）。本质上，当你感到幸福或愉悦时，你的大脑就在为你提供关于应该做什么的自然线索。我在说这些时绝不会有半点疑虑，因为这些结论是基于人类生理的。听从那些线索，你就会成为你应该成为的人。我们变成怎样的人是通过我们从事怎样的活动来实现的。

真正的成功：基于平衡和高度期望

你可能会看着上一节的列表说："我的孩子不能把时间花在玩耍、探索、社交或者奉献上，除非他们不想成功。"你可能认为玩耍和奉献是无足轻重的，所以想跳过书中的那些部分来搜寻让你的孩子进入顶级大学的方法。如果是这样，跳过书中的那些部分应该是你最不想做的事儿。但就在那几页中，你会发现是什么建立了坚固的控制源，以及什么能真正地从内部激励人们实现全面成功。

一些人可能会认为事业或者财务上的"成功"恰恰来自失衡。他们指出了所有那些处于自己领域最高地位，并且通过牺牲睡眠、玩乐、友谊和利他主义来获得这一成就的工作狂们。不幸的是，对这些人来说，"成功"感觉起来并不真的成功。那就是为什么我们在这些群体中看到那么多麻烦和疾病——包括抑郁、焦虑、心脏病、腐败、毒瘾、自杀和早逝——的原因。

幸好世界上还存在着另外一种名副其实的成功群体。我们有时可能听说了他们的非凡才能和贡献，但是别无其他了，因为他们只是安静地过着自己平凡而伟大的生活。这一群体不是通过失衡来获得真正的成功，而是通过恪守平衡——不论他们的生活可能发生着什么。精英中的精英是平衡的，他们睡觉、锻炼、玩乐、探索、社交、奉献，并且自我激励。

不难发现虎式父母们实际上对自己的孩子们有着多么低的期待。他们不是在帮助孩子们努力获得真正和全部意义上的"成功"。虎式父母放弃了人类能够达到的最高峰。我们的孩子们有极好的机会来获得生命中的活力和愉悦。但是虎式父母满足于更低的目标。海豚式父母是不会犯这种错误的。

各就各位，预备，跑！

既然我们已经完全理解了21世纪父母的困境，也发现了更好的方法，就让我们潜入海豚育儿法的更深水域吧。

好消息是我们一定能改变我们的行为，我们的育儿方式，甚至我们是怎样的人——不论我们年纪多大了，成长得如何，或者我们的习惯是怎样的根深蒂固。成人大脑的形态和功能是可以改变的，这一观点在过去120多年里一直是科学真理的一部分，但神经可塑性的证据却是更新近且无可争议的。

我们的大脑里有超过一兆的可能的神经连接。这些连接中的一部分关联着我们的习惯——既有正面的也有负面的——其他一些关联着有益的想法和自我束缚的想法。还有无数的连接甚至还没有发生，它们的存在完全是潜在性的。也就是当一些神经元同时不断地激活，导致让它们联系更加紧密的化学变化发生时，大脑可以创造出新的通路。就如森林里的小径被用得越多，就越被人熟知且更容易驾驭，我们的神经通道使用得越多就发展得越好。当我们重复某些行为时，相应的神经通路就开发出更多的树突连接（通道变得更宽阔），有更多的髓鞘（通道变得更顺畅）。我们的习惯和行为就是随着时间推移，神经通路被铺设和使用的结果。当我们采取不同的行为时，我们就"成为"不一样的人。我们把自己的能量放在哪儿，我们就会得到哪一方面的发展。神经可塑性提供了改变的可能和更美好生活的希望。

那么，就让我们开始改变之旅吧。首先，我们将探寻生存的基本要素，这是生命的坚实基础。接着，我们将探索虎崽儿们在争取21世纪的成功时严重欠缺的领域。一旦我们了解了正确的生活方式，就可以进一步学习海豚式父母的育儿技巧，这些技巧对我们掌握权威式育儿方式起到重要作用。之后，我们将回顾育儿和生活的普遍目标——内在动力。最后，我们将思考用直觉作为育儿指南的海豚育儿法，会培养出什么样的孩子？

在整个旅程中，我们将会重新与自己的直觉连接并且适应。我们会引导你完成从过度作为和教育不足的虎式父母，向以指引和角色示范为特点的海豚式父母的转型。最终，你们和孩子们将会更加接近健康、幸福的生活和持久的成功。我为何会说得这么肯定呢？因为我们人类天生就拥有充满活力和愉悦的生活，这是我们注定要达到的，只要我们配合而不是违逆我们的天性。

> **锦囊**
>
> 每天，我在办公室里不仅会开药物处方，还会开出生活必需品指南。不管你信不信，我在处方笺上写上生活方式推荐，如"睡眠""健康饮食""锻炼"和"呼吸新鲜空气"，我也会写下鼓励的话和亲子关系（育儿）策略，如"同情""乐观""注重过程而非结果"，以及"遵循一种平衡的生活方式"。这些处方似乎看起来过于简单，但是它们非常奏效！正如截止日期有助于人们按时完成项目，睡眠、玩乐和锻炼的建议提醒我的病人们，他们既要注意也要善待自己的思想、身体和生活方式。如果你睡眠不足或者没有玩够，我建议你也这样做。写下这样的任务并且把它们当作处方一样对待，能够让你走上正轨和让你集中精神。一些处方是直白的指令，一些是强大的或具有挑战性的问题，还有一些分三个部分呈现：(1) 提供一个有利的环境；(2) 为你孩子的行为做出角色示范，以及 (3) 指引你的孩子按照为成功而开的处方行动。有些时候，你所需要的只是一个有利的环境。
>
> 顺便说一句，这些处方不仅是给你的孩子，也是给你的。在你自己的生活中实现各方面的平衡，是你引导并为你的孩子进行示范的最有力方式（而且，如果你失去了平衡，要想有效地育儿真的非常困难）。
>
> 我的第一份处方是给你的，父母们：
>
> 1. 确定自然的信号。如何通过生物反应来了解你是否失去平衡？有些人会觉得困倦，有些人无法入眠，其他人则会烦躁或者精神萎靡，还有一些人这些症状都有。你呢？你有什么信号？
>
> 2. 确定你可能很容易就会陷入的不良生活方式。如果你一直无视

自然信号，可能产生什么疾病？有些人可能患上身体疾病，有些人则是其他精神疾病，或者两者都有。提示：我们往往很容易受基因的影响患上某种疾病——想想你的亲人们。

3. 确定你可能做得太少，或者根本没有做的基本的生存活动。比如，回想一下你睡了多久，吃多少健康食品，以及做了多少运动。

这就是现在所需要的！纵观这本书的其余部分，你会发现锦囊如何让你在忙碌的生活中实现平衡。好了，准备好了吗？让我们开始行动吧！

---

[1] L. J. Nelson, L. M. Padilla-Walker, K. J. Christensen, C. A. Evans, and J. S. Carroll, "Parenting in Emerging Adulthood: An Examination of Parenting Clusters and Correlates," *Journal of Youth and Adolescence* 40, no. 6 (June 2011): 730-743, http://link.springer.com/article/10.1007/s10964-010-9584-8#.

[2] D. E. Bednar and T. D. Fisher, "Peer Referencing in Adolescent Decision Making as a Function of Perceived Parenting Style," *Adolescence* 38 (2003): 607-621.

[3] "Vitality," Dictionary.com, accessed January 15, 2014, http://dictionary.reference.com/browse/vitality.

第三部分

采取行动:以平衡之道赢得21世纪的成功

Taking Action: Achieving Twenty-First-Century Success Through Balance

第 5 章

最基本的也是最重要的

我的病人史蒂夫是一个赚了很多钱的银行家。但是史蒂夫"成功"吗？他每个工作日有18小时在上班，几乎见不到他的孩子们，尽管他感到自己把他们"供养"得很好。史蒂夫每晚只睡4到6个小时，靠咖啡、健怡可乐和酒精补充能量。他的饮食很糟糕。他成天坐在办公桌前，很少锻炼，体重一直在增长。史蒂夫承认自己不健康，但却没有做出行动，因为他的工作优先于其他一切事情。史蒂夫最终患上了失眠，他的胆固醇和血糖浓度在不断升高，并由于久坐而得了严重的腰痛。经历了数月的失眠、疼痛、压力和焦虑后，他的工作业绩一路下滑。史蒂夫开始靠止痛药度日。一天，在外出差的史蒂夫被人发现猝死在酒店房间里。他的毒理学报告显示，他的血液含有高浓度的酒精和止痛药，以至于验尸官无法最终判定史蒂夫的酒精和药物过量是人为还是意外。

史蒂夫的过世让我们很容易看出史蒂夫哪里做错了。然而，我们中的许多人仍旧犯着史蒂夫曾经每天都犯的错误。我们生活在一个有毒的文化中,需要辛苦工作以维持基本的生活。我们吃着受污染的食物,呼吸着糟糕的空气,我们长时间地坐在椅子上,而睡眠不足已是常规而非特例。为何我们过着这样不健康的生活,为孩子们做出坏榜样?我认为部分原因是,虽然我们很容易知道大病小痛是什么样子,我们对于健康却只有非常模糊的认知。我们经常要到失去健康的时候才知道它弥足珍贵。我们感觉不到它在悄悄远离我们,直至疾病的各种症状在身上扎根。健康没有征兆,在我们心烦意乱之时最有可能失去它。我们有许多描述不同症状和疾病的词汇,但是少有描述健康和幸福的词汇。我相信无论是在生理、心理、社会或是精神上,定义健康的最佳方式是平衡,只有平衡会带来活力,因为健康显然不仅仅是没有疾病。

海豚同所有的动物一样最关心生存。人类很奇怪的一点是,尽管我们的思维高级复杂,我们却总是盲目地把生存摆在一些不那么重要的事情之后,比如要把作业做完而不出去锻炼,要在线购物到凌晨而不去睡觉。我们扭曲的优先级极大地影响了我们自然和健康的反馈环路。为了纠正我们的航线,我们需要重新审视和理解生存的基础,并把这些基础重新置于优先级列表的首位。

这些基础对于成人至关重要,但它们对于正在发育大脑和身体的孩子们更为重要。要想孩子们长大成人后过平衡的生活,必须让他们在平衡的环境中成长。事实上,神经重塑(大脑在形态和功能上的适应)广为人知的基本原理要求具备以下基础要素:睡眠、营养、锻炼和我称为"正念"(mindfulness)的能力——密切关注周围世界的能力。这就是本章要讨论的:最被忽视的人类需求。

你不必成为一名医生了才了解以上处方的好处，也不必等生病了才遵循它们。这些行为是所有人类都应当遵循的。但是在我们深入了解海豚法的观点之前，让我们先来排解这些简单的问题。正如工作场所的IT男会在回答你为什么电脑没有正常工作之前，问你电脑是否连接了电源一样，让我们先处理最基本的人类需要，再解决更棘手的问题。

迈向一个健康、快乐和真正成功的生活方式至少要求两个步骤：（1）甩掉不健康、不平衡的虎式生活；（2）加入一些海豚式（或者平衡的）行为。甩掉老虎可能是你需要做的全部事情，因为健康和平衡是人类生活的内在特质。不幸的是，尽管经过一番绝望的寻找，我们还是没有发现一根可以挥舞着用来召唤健康的魔法棒。通往健康之路需要更多的努力。正如尤达大师（Yoda）所说："你必须忘掉你所学的一切。"以及"别试。做或者不做。没有试试这一说"。

给你的孩子一些空闲时间

每天为你的孩子制定一个停工时间。在此期间，也给你自己一些空闲时间。不要只是等待这段时间出现，要自己创造时间。对的，你可能需要取消一些活动。

你的第一反应可能是"这听起来不错，但是我的孩子喜欢活动，不然他就会无聊"或者"我的孩子看起来并不紧张"。如果你在某个特定的环境中成长，你就会渴求这种环境，因为那是你唯一熟悉的。当然，你的孩子可能会要求从事这样那样的活动，但是这并不意味着她"需要"，可能只是因为她不知道如果不做这项活动该去干嘛。而且这样也并不好。即便她确实热爱自己正在做的每一件事儿，如果她没有停下来休息的时间，就很有可能仍旧处于压力之中——需要连续的刺激和突然崩溃、莫名哭泣及焦虑发作一样，是一种压力的迹象。甚至在我并没有感到压力之时，我的大脑也会告诉我太忙了，你的大脑大概也是如此。对我来说，我会变得心不在焉，甚至会忘记非常重要的事情，比如预约了医生！这看起来似乎并无大碍，但却是大脑感受到压力的症状，我们必须理解，自己疲惫不堪或者感觉疲惫不堪，正是意味着我们的大脑已经不能正常运作了。当我们太过忙碌时，不仅是我们的大脑处于压力之中，我们的身体也一样。当我们感到压力时，我们的身体会释放皮质醇和肾上腺素等应激激素。在短时期里，这些激素可能帮助我们熬过忙碌的日子，但是当我们的身体和大脑日复一日地沉浸在皮质醇和肾上腺素中时，我们品尝苦果的日子也为时不远了。最后，要记住，做出这一决定的不是你的孩子。

当然，在某种程度上，我们都希望自己忙碌，因为这意味着我们是重要的。让我们坦诚点，我们喜欢讨论和在Facebook、博客上展示所有我们在做的好事儿。我们也许还会把不太忙的人评价成懒惰、缺乏动力，或者还没重要到被邀请和参加各种活动。然而，太过忙碌、筋疲力尽和睡眠不足压根儿不是社会地位的象征，它们仅仅表示你已经失控了。

深呼吸和正念

不论它们游了多远，遇到了多大的麻烦，或者有多忙，海豚留心它们的周围环境并且深呼吸。我们人类也要记得，不论生活把我们置于何种境地，都要保持平静地呼吸。

深呼吸会将我们带出战斗、躲避和逃跑的恐惧模式，让我们感到选择的自由。如果我们被恐惧驱使而不顾周遭环境，我们甚至不能存活，更别说保持健康和活力了。

深深的、有节奏的呼吸是保持清醒和自我控制的首要而最强大的关键因素，这一事实已在生理学、心理学和现实生活中得到充分证实。呼吸完全是本能的，但是深呼吸是自主且可控的。深深的、有目的的呼吸会触发我们肺部被扩张的神经末梢，后者会向我们的大脑传递我们一切正常的信号。当我们深呼吸时，我们关闭了自己的自主神经系统（我们的战斗、躲避和逃跑的系统）并感觉到可能的选择。如果我们浅浅地、不受控制地呼吸，我们会积累二氧化碳，从而告诉我们的身体我们正处于窒息状态，需要抗争、躲避和逃跑。接着我们会感到更焦虑、更恐慌或更愤怒。

在我们进食、工作、实践、社交或者表演时深呼吸，会有两种结果。首先，它会自动地让我们放松，我们会更少感到焦虑和挫败。第二，它会让我们控制进食、工作、实践、社交和表演的方式。通过深深的、有控制的呼吸，我们挣扎着完成的任务总会变得更简单。如果我们持续地深呼吸，我们就不可能在生理上体验到焦虑、恐慌或者愤怒。

引导孩子们进行专注的、深深的、受控制的呼吸，会提供给他们一个可终生使用的工具，在他们感到压力、不安、焦虑、担忧、愤怒或者失控的时候派上用场。这个工具会帮助他们调节身心，在解决眼前的问题时思路更清晰。尽管益处颇多，每天我还是会看到不知道如何深呼吸或者直接忘记深呼吸的孩子和父母。

有时，做到有控制的深呼吸并不容易，尤其是在面对焦虑、恐慌和愤怒时。然而，如同生命中的其他种种事情一样，你练习得越多，做起来就越容易。比如，尽管我这20年每天都在谈论深呼吸的好处，但是直到我坚持持续练习才体验到它的强大力量。这里的关键词是"持续地"。许多人可能会说："是啊,我试过深呼吸,但它就是对我不管用。"我曾经也这么想过,不可能一两次深呼吸就能帮我度过受伤、焦虑和愤怒的情绪。我很高兴地告诉你：如果你感到情绪失控,做几次有控制的深呼吸总是能帮助你恢复控制。受控制的深呼吸作为一种自我控制的方式完全是内置于人类生理的。尽管你现在可能不相信它,一旦你开始练习深呼吸,你的生活将会得到改善。如果你继续这种练习,你会看到自己是如何一步步接近掌控自己生活的状态,而不是让生活的各种状况控制你。

练习"正念"的技巧是让自己一直注意维持均匀深呼吸的一个极好方法。正念是一种对当下的积极的、开放的关注。为了本书的目的,我将把正念作为一种练习"密切关注",也就是"意识到我们的内在和外在环境"的方法来讨论。它是一种与我们的视觉、听觉、味觉、嗅觉和触觉等外在感官,以及情感和思考等内在感官相关联的实践。练习正念能简单到只是看看周围并注意那儿有些什么,例如看看你的食物,并注意你要吃什么和吃多少；看着你孩子的眼睛,并注意你看到了什么——一个独立的生命期望得到你的爱和指引。注意孩子的面部表情和听孩子的说话语气,它能告诉你的远比几小时的谈话要来得多。

复杂的神经成像研究显示正念会提高大脑敏锐度。当我们集中注意力的时候,我们的大脑会释放一些称为脑源性神经营养因子(BDNF)的物质——神经重塑必需的关键化学物质。在我们同时处理多种任务的时候BDNF不会被释放出来。因此,如果你没有正念,你就会错过这些难以置信的好处：降低压力,更强的恐惧调节能力,更好的情绪管控能力，更集中的注意力，学习和工作时的记忆力得到提高，对自己的人际关系更为满意，免疫功能、品德、直觉和认知灵活性得到改善。作为一名医师，我想不到在应对生活方式相关的疾病上，还有什么比正念更好的方法。

我一开始有些迟疑，是否该向来求治的青少年病患们推荐正念练习法，担心他们会觉得很"奇怪"并对之产生排斥。让我惊喜的是，当我描述了正念以及和它相关的好处后，许多青少年病人很感兴趣。在某种程度上，孩子们和青少年们比许多成人（往往更多疑且更僵化）更接近直觉。我的一些青少年病人已经加入了冥想、正念或瑜伽课程；让他们的教练或指导师把正念活动加到体育运动的前五分钟里；下载正念指导视频；订阅正念相关的邮件并设置Facebook提醒。许多孩子选择通过每天几分钟的"不插电"来尝试放松，即每天都有那么几分钟把电子、移动设备丢到一边，切断自己匆匆忙忙的思维，专注于自己的呼吸。

许多家长都曾对我说："这不可能发生在我的孩子身上。"然而它就是一次又一次地发生了。无论孩子们尝试了何种形式的正念训练，那些一直坚持下去的孩子收益最多。我看到孩子们和家人不再那么担忧他们疯狂的时间表，或者更好的是，意识到他们的时间表是疯狂的，并明智地选择精简事项。我看到他们的焦虑减少了，情绪提高了。我看到他们的睡眠、注意力和表现都得到了改善，创造力提高了，最棒的是，他们与自己、他人和整个世界有了更好的联系。是正念让我们脱离了盲目运作的状态，让我们更活跃，更清醒。正念最容易的方式就是深深地呼吸。

创造一种有利的环境

当我们的身心都放松时，我们自然地就会更关注我们的内在和外在状态，并且开始进行更有控制的深呼吸。让你的孩子置身于放松的环境和事物之中，例如，呼吸新鲜的空气、亲近大自然、和宠物一起玩耍。大多数孩子会被那些自然地让他们感到放松的东西所吸引，所以有些时候你需要做的只是走到一边去，让他们放松。

以身作则

让孩子看到你重视正念和有控制的深呼吸。每天练习几次舒缓或者深呼吸：早餐时、坐车时、散步时、坐在办公桌前时、躺在床上时，或者在排队买咖啡时。当你感到压力或愤怒时，试着就在你的孩子们面前做有控制的深呼吸，哪怕让你的孩子帮你来做。当孩子看到你在努力，即便这真的很难（而且你仍有可能过早放弃，会恐慌，会发怒），他也会重视并且努力地去做。记住，在压力下，我们更难控制自己的呼吸，这也是为什么更要做深呼吸的原因。

引导孩子走向成功

将深呼吸的好处和浅呼吸的弊端解释给你的孩子听。例如，深呼吸给大脑发出信号，表示我们一切正常，而浅呼吸发出的信号则是我们遇到麻烦了。在实际情况发生时，当场指出浅呼吸的坏处。如果你的孩子显出焦虑或愤怒，（温柔地、充满同情地）让她注意自己的呼吸模式。教她如何通过调整呼吸模式来重新控制自己。你也可以同她一起深呼吸。一开始总是不轻松的，而且可能需要反复练习。要不断地帮助你的孩子做深呼吸，直到变得越来越容易。

正念训练

以下这些简单的训练能有助于培养正念。试着做4到5轮这样的训练，并注意你的身心如何放松。

● 均衡的呼吸。只用鼻子吸气，数到4，接着呼气，数到4——这就为你的呼吸添加了天然的阻力。你可以把目标提高到每次呼吸时数到6至8，并在心中默念此目标：通过平复自己的神经系统和提高注意力来减缓压力。其中的关键就是深深地、缓慢地呼吸（数数时念着一、一千；二、一千，等等）。孩子们何时何地都能这样练习，而且这个训练在他们被飞驰的思绪或焦虑困扰无法入睡时尤其有效。

● 画盒子呼吸。让孩子在深呼吸的时候缓慢地用手指"画"出一个盒子的形状。在从左往上画线的时候吸气，在画顶上的线时屏住呼吸，从右往下画线时呼气，然后在画最下方的线时屏住呼吸。这种训练使得吸气和呼气之间有一次有目的的停顿。试着在考试、演出或做任何有压力的事情前这么做。你还可以用祷告或者陈述的形式进行神经重塑式的"散步"。陈述必须是真实的，面对焦虑的存在但依旧保持乐观。例如可以在往上画盒子的时候说："现在真叫人害怕"，停顿一下，接着在往下画盒子的时候说："但是会过去的"，然后再停顿一下。试试看，你会感到惊喜！

多 喝 水

海豚从通过食物和食物的代谢分解过程（脂肪燃烧的过程会释放水分）中获得水分。水是维持生命的重要物质，人类却经常忽视它，甚至许多人常常处于脱水状态。实际上，三分之二的人没有足够的饮水量。[1]咖啡、茶、可乐、酒精和风味饮料不能代替水。事实上，含咖啡因和酒精的饮料是利尿剂，也就是说它们会让我们排尿从而丢失我们的水分。

人类的身体每天使用四分之二到四分之三的水来完成体温调控、营养物质代谢和关节、器官、组织的缓冲等功能。适当的水合作用为大脑发送我们一切正常的信号，从而使我们能继续从事其他生存活动。它减少我们的烦躁、疲倦、精神迟钝和焦虑。相反，脱水则会导致虚弱、晕眩、精神错乱和迟钝、心悸、动作迟缓，以及昏厥发作。

那么，我们为什么没有喝足够的水呢？一些人只是忘了，一些人从来不知道要喝水而不是什么饮料，还有一些人为了苗条，刻意不喝水。我的一个病人在一次芭蕾舞试镜后因为脱水而昏倒了，当我问她为什么不喝水以及她的父母是否知道她的脱水情况时，她说："当然知道！我就是从我妈那儿得到启发，在试镜前不要喝水的。每次她想穿上一条新裙子之前总是这么做的。"

年轻人使用咖啡因是个日渐严重的问题。对咖啡因的需要显然很庞大——只要环顾周围这些咖啡店就知道了！年轻人一大早就喝咖啡，并且喝越来越多含有大量咖啡因成分的能量饮料。如果可以，请避免咖啡因。（我现在仍致力于此。）如果你确实需要咖啡因，限制使用量：每天一杯六盎司咖啡因饮料，饮用时间最迟不超过三点。

水合作用非常重要。如果你和孩子都脱水，那么你就不能正确地育儿，而你的孩子也不能以一种平衡和冷静的方式回应你的教育。所以，拿起你的水杯倒满它！

营造一个有利的环境

试着扔掉家里所有的含糖饮料（包括盒装果汁）。当我这么做的时候，我的孩子们发了一周的牢骚，之后就再也没提起过这些饮料。

如果你的孩子够不到水龙头，在水槽前放一张板凳或儿童台阶。如果你所在地区的水质不够安全，在你的家里储备丰富的过滤水或瓶装水。让孩子带上他或她自己的水杯去上学和参加课外活动。

成为榜样

多喝水,并且在孩子面前喝水。你每天需要八杯八盎司的水。如果你遵从直觉,就不需要测量。只要在每餐之间饿了的时候,累了、渴了的时候喝水就行。

引导你的孩子走向成功

给孩子解释喝水的好处和不喝水的弊端。在孩子没有喝足够水的时候指出弊端(例如,也许他因为脱水而变得暴躁),在他们喝了足够多水的时候指出好处(例如,可能他在喝水后感到更加精力充沛了)。如果你的孩子累了,问问他是否缺水了,并把水递给他。如果你的孩子看起来活力充沛、能量十足,问问他那天是否喝水了。告诉孩子,含糖饮料会导致脱水,而水才是他或她需要的。让孩子注意自己是否口渴,以及口渴是多么容易被错当成饥饿。

最后,我有一个用来教育孩子关于水合作用的中用不中听的方法。说出来有点尴尬,但我很得意能教给孩子们"小便的科学"。他们知道尿液颜色深说明需要多喝水了,而澄清的黄色尿液才是理想状态。他们监控和比较自己尿液的颜色,实际上这对于他们在实践中发现"平衡"(在这个案例里是代谢平衡)来说是个极好的方法。要是加入嗅觉分析的话就变得有点恶心了,所以我们就先这样吧!

健康饮食

海豚和大自然中的其他动物极少有过度肥胖的。我们几乎从来没有在野外看到肥胖的动物。大自然为营养代谢的生物过程创造了一套几近完美的调控系统。然而,我们中有太多人没有健康饮食,而这正是一种自戕行为。当我们吃健康的食物时,身体向大脑发出"一切正常"的信号,这样我们就能从事其他的活动。当我们没有健康、均衡饮食,我们的身体和大脑就会调节失常,大自然便给我们发送诸如饥饿、疲倦、暴躁之类的警示信号。如果我们持续忽视这些信号,我们变得失去平衡就会生病。

全世界的肥胖人数是1980年的两倍多。而这不仅仅是北美的问题。[2]高血压和糖尿病、体重相关的疾病在全世界兴起。三分之一的成年人有高血压的问题,而这带来各种各样的问题,包括致命的心脏疾病。[3]据预测,到2015年,将有75%的美国人超重,44%的人肥胖。目前,大约三分之二的美国人是超重的。[4]听起来有些让人难以置信,但现已证实超重正在谋害的人数是营养不良的三倍多(除了撒哈拉以南地区)。[5]现在儿童的肥胖率比成人的要低,但在世界各地,这一比率都在飞速上升。

肥胖与许多疾病相关,包括冠心病、2型糖尿病、癌症(子宫内膜癌、乳腺癌、结肠癌)、高血压(血压异常升高)、血脂异常(血清胆固醇或甘油三酯偏高)、中风、肝脏和胆囊疾病、睡眠呼吸中止症、呼吸道疾病、骨关节炎、妇科问题(月经不调、不孕不育),以及焦虑和抑郁。

厌食和暴饮暴食的案例也在增多,以一些饮食紊乱为特征的饮食失调局部综合征也随之增长。摔跤运动员、体操运动员、模特,以及舞者、歌手、演员等演艺者患上饮食失调的几率更大。饮食失调影响着多达2 400万的美国人,全世界的数字则有7 000万。[6]在饮食失调症患者中,90%是12岁至25岁之间的女性。[7]在一所大学校园里接受问卷调查的女性中,有91%的人曾经试图通过节食控制体重,22%的人"经常"或"总是"节食。[8]虽然女性受饮食失调困扰的现象更为普遍，但还是有超过100万的男人和男孩每天都在与这种疾病抗争。[9]

厌食和暴食都是关乎控制的，只是方式不同。暴食的特征是一种由大吃大喝和腹泻排空循环构成的饮食失控。厌食症通常是由可能或已经感到生活失控的人过度控制自己身体造成的。例如，作为我们可想象的经历中最让人无法控制的一种，童年性虐待对所有饮食失调症（以及许多精神疾病）而言都是一个强大的风险因子。完美主义型的父母（也就是虎爸虎妈们）是另一个风险因子。

就我们与食物的关系而论，这真的是一个失衡的世界。我们已经创造了一个大多数人处于正态曲线两端的世界。按照我们的发展速度，我们很快就不会有正态曲线了。即刻悬崖勒马，让孩子与食物保持健康关系是我们作为父母的责任。

营造一个有利的环境

尽量减少或丢掉家里的垃圾食品。用水果、蔬菜、豆类和全麸谷类，烹饪每顿家庭餐食。为了营养而饮食，同时又产生了加强社会联系的附加利益，这就是海豚所做的。

养成一日三餐和三顿固定时间享用零食的好习惯。尽力做到至少有一顿饭全家人在一起吃。一家人一起吃饭最能预示未来的健康和成功。大量研究表明，一周至少五次与家人一起吃饭的孩子，他们沾染不良饮食习惯、体重问题、酒精和药物依赖的风险更小。他们也比经常独自吃饭或不在家吃饭的同龄人在学业上有更好的表现。

成为榜样

向你的孩子显示你是多么重视在固定时间享用均衡膳食的重要性。当着孩子们的面选择健康的食物。你甚至大可告诉他们自己真的很想吃饼干或薯条，但还是选择了吃苹果或香蕉。如果他们看到你大多数时候都努力做到健康饮食，即便你可能偶尔破个例，他们也会知道你对于均衡膳食的重视。

坐到桌边，关掉电子设备，看着你的食物，慢慢地、用心地吃，并且评价食物的味道和品相。让用餐充满交流和乐趣，而不是沦为任务或漫不经心的活动。

最后，问问自己是否把身形和体格大小等同于自我价值，并诚实和勇敢地回答。如果答案是肯定的，努力改变这一想法。我曾经听到一个母亲说，她的女儿不喜欢自己的舞蹈教练，因为她"太重了"。她的女儿一点都不在意她的舞蹈教练有多重，是她的母亲在意。通过在她的孩子面前说这样的话，她在女儿的心里埋下了一个观点——将体格大小和身形与个人价值联系起来是对的。重视体型和身形，但不要过度。如果确实这么想，努力为自己创造一个平衡的身体形象，如果需要就寻求帮助。如果你和食物、饮食、体格、体形都保持健康的关系，你的孩子很有可能也会这样。

引导孩子走向成功

同孩子分享健康饮食的好处和不健康饮食的风险。解释哪些食物是低卡路里但营养丰富的，如水果、蔬菜和全麦谷类。

大多数人仍能享用少量的高脂、高糖、高卡路里食物来作为偶尔的饮食调剂。只要保证你选择的能促成健康体重和好身体的食物多于没有此功效的食物。注意那些可能引发不健康饮食的情况，如在电视机前吃喝或者看电影时漫不经心地吞下爆米花和糖果，并避免为之。

活 跃 起 来

和所有的动物一样,海豚活力十足。海豚偶尔会跃出水面,有时表演特技动作。科学家们不确定这些特技动作的目的为何。它们可能是通过观察诸如觅食的鸟类等水上信号来定位鱼群,与其他海豚交流,驱逐寄生虫,或者仅仅是为了玩乐。不论是何种理由,海豚都与人类不同,它们不会过久坐不动的生活。久坐不动的生活和体重增长密切相关,孩子们和成年人都需要运动。

在人类历史的大部分时间里,我们是在大自然中活动的,而不是坐在桌子前。运动也会释放脑源性神经营养因子(BDNF)。心血管训练,即可以提高基础心率的任何形式的跑步,在治疗抑郁和焦虑的轻微综合征方面同抗抑郁剂一样有效。每周做三次半小时至一小时的运动对于治疗这些疾病很有好处。[10]运动也会提高学习的效率和考试分数,这可能是由于激活了更多与学习和长期记忆有关的神经元。不论是在使更多血液流入大脑,还是在释放提高情绪、增强注意力和记忆力的天然多巴胺、血清素和内啡肽,抑或是在实现以上所有功能上,都没有什么可以替代常规运动。

但是有个问题:竞技体育中的运动并不一定带来健康,孩子们也需要休闲运动(例如散步、跑步、徒步旅行和骑自行车)。我的许多病人在他们的体育联盟里做了不少运动,但仍然会焦虑和抑郁。为什么?当运动与压力、紧张和过度竞争相结合时,其心理学功效就减弱了。当孩子们知道他们的教练和父母在评估他们,而且目的是赢得比赛或"做得更好",而不是得到运动、释放压力或玩得开心,他们就无法体验到休闲运动能带来的情绪提升效果。海豚式父母需要确保他们的孩子得到可以以休闲为目的的运动。"休闲"（recreation）这个词由前缀"re"（再）和词根"create"（创造）组成。我们是通过休闲运动而非过度竞争的运动来达到"再"充电和"再"生。

营造一个有利的环境

如今的父母需要下更多功夫才能营造一个有利体育活动的环境。汽车、电梯、自动扶梯以及"屏幕时间"等现代社会的重要产物导致活动的机会越来越少。不管怎样，创造一种看重常规的户外和室内活动的生活方式并非不可能，尤其是对于一有机会就自然会东奔西跑的小孩子来说。确保将庭院劳动和做家务等简单的事儿变成所有家庭成员的任务。一只好动的宠物（比如一条狗狗）会逼着你到户外去。培养一些户外爱好，比如徒步旅行、骑自行车、游泳、野营，或者随便什么你感兴趣的活动。在当今世界，最重要的是缩减对着电视或电脑屏幕的时间。

减少屏幕时间

如果你希望你的孩子尽可能多地去做体育活动，那么除了减少屏幕时间外你别无选择。当我和父母们说起锻炼时，我最常听到的话是："我的孩子不愿意活动——他们只想看电视、上网和玩电子游戏。"但是这些欲望和孩子们身处的环境有关，孩子们并非天生就不愿活动。尤其是年幼的孩子们，如果不是大人们纵容，绝不可能拥有屏幕时间。

青年人每天平均花费7小时38分钟消费"娱乐媒体"。[11]美国年轻人平均每年花900个小时在学校，但却花1 500小时在看电视。

在童年和青少年时期看电视过多，会产生各种各样的负面结果。一项研究显示，过早接触电视会导致之后的注意力问题。在童年时期用于看电视的小时数与青少年时代注意力问题的各种症状相关。即便在采取控制之后，这些负面结果仍会极大影响人们幼年期的性别和注意力问题、五岁时的认知能力和此后的社会经济状况。而且这些结果也不受青少年时期看电视情况的影响。[12]

此外，开着电视做背景的影响相比之下要轻微一些，但仍然非常重大，比如它会干扰孩子们玩耍。在某项研究中，当父母在同一房间看成人电视节目时，12至36月大的孩子玩玩具的时间要比在电视关着的时候短。而且，孩子们在有电视开着做背景的时候游戏的形式相比没有电视在场时更为简单。[13]即使孩子们完全看不懂电视，甚至觉得电视很无聊，但电视仍有足够的诱惑力不断地吸引孩子们的注意力，让他们在游戏时分心。当然，大人们在开着电视的时候就更少和他们的孩子们说话，这破坏了重要的亲子沟通。

我们无法控制电视的播放内容，或者电子游戏的暴力程序，但我们可以选择购买什么并控制屏幕时间。总体而言，67%的美国家庭玩电子游戏，大约三分之一的有幼童的家庭一直或大部分时间开着电视。[14]美国家庭平均拥有电视的数量正在持续增长，从2009年的每户2.86台增长到2010年的2.93台。[15]在2010年，55%的美国家庭有三台或更多电视，而如今每户拥有的电视数比每户的人口数还要多！[16]几乎每个房间都有电视和电脑，包括浴室和孩子们的卧室。

同许多父母一样，我也曾把屏幕时间当成保姆，作为孩子们做作业的奖赏，以及在喂我的小宝贝们时的消遣（我的孩子们是方圆百里最挑剔的食客！），当然还有获得安宁和平静的方法。所以，如果我都做了那些事儿，又怎么能因为孩子们想在无聊的时候看电视，把电视作为奖赏，或者纯粹为了放松而责备他们呢？

让我们坦诚点，不论我们的孩子可能怎样吵嚷、尖叫和威胁我们才是掌控家的人。我们有些选项：(1) 容易的选项：让孩子随意看电视和其他屏幕；(2) 高效的选项：不在家里放任何屏幕，因为孩子们在别处已经能看到足够多的屏幕了（简单，但是绝对不容易）；(3) 折中的选择（也是我的选择）：对屏幕时间制定明确的限制，并且无论何时都坚守这些限制。如果你选择第二或第三个选项，请带着真诚的同情，温柔地向孩子们解释为什么要这么做。这样的话可能会有所帮助："当我是个孩子的时候，我曾经很爱看电视，所以我知道你要做到这些很不容易。这不是一种惩罚。所有的人都需要用平衡来保持健康，你看电视的时间已经与你生活中其他重要的事情一起失去了平衡。我们在重建平衡之前需要遵守这些限制……"

当然，孩子们会想尽办法测试你的底限，但是一旦他们了解了"不行就是不行"就会停止。夺回对自己家庭的掌控权，这个转型过程可能需要大约一周的时间，也可能更长，或者更短，这取决于你的孩子们，以及你能够多大程度地坚守自己制定的规则。做好几天艰难度日的准备，并且请不要在这段调整期安排例如某个重要晚宴派对之类的活动，因为孩子们一旦察觉你的紧张，就会立马找机会考验你的忍耐极限。要知道，如果你坚守内心的海豚，你的生活将比从前更少压力。

成为榜样

告诉你的孩子运动、活动、伸展和锻炼对你很重要。如果你不善待自己的身体，你的孩子很有可能也不会这么做。在你允许的时间安排些活动。让形式简单一些。运动并不意味着你得参加各种各样设定好的课程或者去健身房，不过，如果这样做对你有效且不会增加你的压力，那就太棒了！然而，在整个人类历史中（直到最近），人类只需在日常环境中活动，就可以得到所有必须的运动。甚至我们父母那一代的人都更有活力,我们的父母不需要像我们这样多地安排运动,只因为他们走得更多。为了使自己更有活力,我做出了一些简单的选择。我只要一有机会就步行到目的地而非开车,并且我会找一个离目的地较远的停车位(反正这样我的面包车停放起来也更容易了)。我会爬楼梯,而不是乘电梯。我每个小时都会从电脑前起身舒展背部。我告诉孩子们整天坐着的感觉是多么糟糕。我已经开始带孩子一同去做预约好的健康护理。只是看着我脸朝下让脊椎按摩师调整背部,或者让针灸师把针扎进我的身体就足以产生强大的视觉效果,让他们看到由于之前没有善待自己的身体,现在的我正经历怎样的变化和痛苦。我最近开始让最大的孩子同我一起去上瑜伽课,有孩子在你边上一起运动、伸展、呼吸和练习正念的感觉实在是太美妙了!

引导孩子走向成功

持续的信息传递、榜样示范和有利的环境是引导孩子变得更有活力的基石。鼓励活跃的最有力的途径就是以一种不加批判的、和蔼的、同情的方式来解释为什么你想让他们这么做——活动起来的益处和不活动的弊端。做到坚定、充满爱和始终如一,这是值得的。

平静地睡觉

海豚是怎样抽空睡觉的?由于它们是哺乳动物,睡眠是必须的,另一方面,睡眠可能也意味着溺水或沦为鲨鱼的猎物。那么海豚是怎样做到既睡觉又能活下去的呢?让人感到神奇的是,它们只让一半的大脑睡眠,而从表面看,有一只眼睛是睁着的!海豚大脑的一个半球保持活跃,另一半则进入睡眠状态。有了这种方法,海豚就可以游到水面上呼吸空气,保持漂浮,并对捕食者保持警惕。通过让两边大脑轮流睡觉，海豚每天可以睡8个小时。鉴于海豚需要担心的事情，却仍然设法安稳地长时间地睡眠，人类真的没有理由剥夺自己的睡眠。

在超过10年的实践中，我作为医生做过的最有效果的事情就是强调睡眠的治愈力和维持生命的力量。如果没有几千，我至少也和几百个人说过睡眠的重要性。而且我仅仅通过指导病人更好地睡眠就避免了几十例精神病住院治疗案例。

稳定而有组织神经元及其相应的结构才能最优化脑功能。睡眠和做梦（快速眼动睡眠）似乎能实现这点。研究表明，睡眠和做梦会提高记忆力，并有助于稳定神经过程。[17]快速眼动睡眠尤其可以测试和加强脑回路。在大脑发育时期，如童年和青春期时，快速眼动睡眠最为频繁，这点毫不奇怪。

哈佛医学院的一项研究让学生们在睡觉前思考一个他们试图解决的问题，最后发现大量的学生在自己的梦中提出了新的解决方法！[18]德国的一项研究向吕贝克大学的参与者演示如何解决一个冗长、枯燥的数学问题。[19]随后参与者有8小时的休息时间，其中一些人睡觉而一些人不睡。经过重新测试，那些在休息时间睡觉的参与者找出一个更简单的解题方法的可能性是没睡觉的参与者的两倍多。当然，我们不需要研究就知道在一夜好觉后我们会表现得更好。

睡足后萌生的幸福感是指示我们再睡个好觉的信号。但是我们似乎忘记了自己是有睡觉的生理需要的。不幸的是，筋疲力尽和睡眠不足对于某些人是一种社会地位的象征。当我们没有安睡的时候，身体会向我们发出诸如疲倦、注意力不集中、焦虑等警示信号。如果我们不注意这些警示，我们的身体就会失调，即使有时间睡也睡不着了（即失眠）。

在人体里，睡眠基本上调控着……好吧，所有的事情。睡眠不足会导致多种短期和长期的问题，诸如：

使荷尔蒙变化，并导致体重增加。睡眠不足与胃饥饿素（刺激食欲和增加胰岛素的荷尔蒙）失调有关，而且一定程度上会把食物转化成脂肪。[20]

• 降低效能和警觉度。我们让别人在一项大型活动前"睡个好觉"是有道理的。一晚睡眠不好，如睡眠时间只要减少90分钟，就会使白天的警惕度降低33%。[21]

• 损伤记忆力和认知能力。在测试记忆存储和调用的任务中，连续24小时不睡觉的人，其反应时间明显比经过一夜典型睡眠的人慢很多。[22]

• 生活质量差。睡眠不足会导致一些长期的问题，如高血压、心肌梗死、心力衰竭、中风、肥胖、神经疾病（抑郁和其他情绪障碍）、注意缺失紊乱（ADD）、精神创伤、胎儿和儿童生长迟缓，以及失眠。[23]

睡眠不足的学生严重处于劣势。睡眠在课业表现方面有广泛的影响。在一项研究中，人们发现得A类和B类成绩的学生比那些在学业上苦苦挣扎即失败的学生早睡40分钟，且多睡25分钟左右。[24]而且，学生在周末熬夜的时间越长，他们的绩点越差。这项研究还根据"充分的"或"不充分的"的睡眠类型测试了学生白天的行为、情绪和感觉。每晚睡眠不足6小时40分钟的学生和比同龄人晚睡两个多小时的学生会在白天打瞌睡，有睡眠或唤醒行为问题，以及情绪抑郁。

对于患有失眠和其他与睡眠不足有关的疾病的人有一个好消息，就是通过教育和治疗，记忆和认知缺陷可以得到改善，相关创伤和其他健康问题的数量也会下降。

我曾对于人们在我建议他们注意这项基本生理需求时表现出的震惊感到奇怪。我曾告诉一位心脏病专家，他患上严重产后抑郁的妻子真正需要的只是一些睡眠。他本想带她坐飞机到梅奥诊所做一项"全面检查"，包括对她的大脑做CT扫描和核磁共振。我评估了她的状态后，发现她连续4个多月每天睡眠不足4小时。这样的睡眠不足会致使人与现实脱轨。我让这位心脏病专家先等上几天再决定是否要带他妻子远离三个孩子横跨大陆去看病。经过4天安稳的睡眠，尽管抑郁症状依旧存在且需要治疗，但她已不再感到困惑和精神错乱了。你本以为一个心脏病专家会知道睡眠的生存价值，现在就可以看到我们整个社会是多么的误入歧途了，甚至是我自己都时常需要类似的提醒。

青年人经常会睡眠不足。疾病控制中心建议10至17岁的孩子至少每晚睡8个半小时到9个半小时。[25]小学生每晚需要11小时的睡眠时间，中学生则需要大约9至10小时。任何少于这些标准的睡眠时间都是睡眠不足。

如果睡眠不足，我们的脑子就既不会得到休息也无法保持警觉。当累了而睡眠又被剥夺时，我们几乎不可能做到有创造力，反应快，有爱心，言行恭敬，有责任感，独立，并对解决问题感兴趣。

营造一个有利的环境

一个强大而灵活的睡眠习惯将有助于为安睡营造有利的环境。试着让你的孩子每晚在差不多相同的时间上床睡觉，每天早晨在差不多相同的时间起床。但是，要灵活。人类运行着24小时的生活节奏，而我们每个人需要睡眠的时间会稍有不同。例如，如果你的孩子喜欢打盹，就让他打盹（只是时长不要超过2小时，也不要晚于睡前6小时）。如果你的孩子是个夜猫子，就让他在周末迟点儿睡，只要他的睡眠还在合理范围之内。

成为榜样

为你自己的生活建立一套健康的睡眠习惯和环境。并且，对的，那意味着对许多让你忙碌的事情说不。

我接触到的很多产后妇女都没有充足的睡眠，常见原因不是她们的宝贝们，而是所有那些她们"不得不做"的事儿。访客、答谢卡片、Facebook帖子、清洁和"形象控制"都占据了她们宝贵的睡眠时间。产后是我们处于生存模式的一段时期，也是我们必须放弃完美的一段时期。那种"哦天啊，你看起来一点都不像生过孩子的人"的评论并非一定是好事儿。你确实刚有了一个宝宝，为什么要试图掩饰呢？让自己和你的房子都看起来像是"你刚生了个宝宝"是很正常的，所以补充些睡眠吧！

当你的孩子们渐渐长大，如果你感到疲倦了，就让他们知道这是因为你没有睡好。在你睡好的日子里，让他们知道你感觉有多好。当在孩子周围时，不要像一个睡眠不足的僵尸，不然他们会认为这是正常的并且跟着做。

引导孩子走向成功

向孩子解释安睡的好处和睡眠不好的弊端。把良好的睡眠和现实生活中的利益结合起来——也许在充分休息之后他们过了很棒的一天，或者做好了某件对他们来说非常重要的事儿。把睡眠不足和现实生活中出现的弊端结合起来——比如情绪崩溃、表现不佳或社交障碍。

把卧室里的电视机、电脑和所有其他电子设备统统移除。这一点没有商量的余地。把屏幕放在卧室里会建立起终生的不良睡眠习惯。而且，屏幕发出的白光会过度刺激我们的视网膜，从而延迟释放我们安睡所需的褪黑色素。一些新的设备会使用蓝光来减轻这一影响，但是蓝光也并非解决之道，把屏幕挪出卧室才是。

当处理关乎睡眠的事儿的时候，我会变成一头虎鲸。我们家如果有一个人睡眠被剥夺就不能正常运转。我对于自己、孩子、丈夫还有我家的壁虎（每一个人！）的不睡觉行为都有着清楚的规定和后果说明。我还花了大量时间向我的孩子们解释睡眠的重要性。我甚至在他们每个人的卧室里都放了一个大脑模型。当涉及睡眠时，我绝对会变得很强硬，不过我会采取协商的方式。就在几天前，我在孩子们睡前对他们说了以下这番话（为什么他们在睡前总是那么有趣，看起来那么可爱呢？）："我能看出来你们这些小鬼们准备来场睡前狂欢，但是如果你们真的还想再和小伙伴们在外面过夜，就必须向我证明你确实明白睡眠有多么重要。我知道你明白这一点，并且会很快上床睡觉的。"

关于青少年和睡眠的一条注解

睡眠节律似乎会在青春期里产生变化。有可能在最初的时候，这一变动的发生是为了让青少年做好向成人转型的准备，成年后，他们需要能够自如地在暗夜中狩猎、采集和保障安全。不论出于何种原因，青少年睡觉的变化是真实存在的，青少年们会有一段时间很难在晚上9点甚至10点入睡。同他们商量出一个合适的睡眠时间——大多数青少年会说11点或者12点。接下来就与他们共同努力坚守这一作息。如果这一入睡时间没有满足他们9到10小时的睡眠需求，那么就设法看看该怎样弥补，比如在白天打个盹儿。

如果你的青少年孩子在清晨睡得"不省人事"，问问看他是否能请一次假，这样他就能睡个懒觉了。如果这不可能，问问他是否能将第一节课安排成他喜欢的课程（谁会有动力为了不喜欢的课脱离深度睡眠状态？）。鼓励孩子在放学后打个盹儿，但是不要睡超过一个小时，也不要太接近睡前六小时。让青少年孩子们在周末睡个懒觉，并且，是的，那可能意味着睡到中午了。如果他们处于深度睡眠，可能这正是他们的身体和头脑需要的。

现在我们知道怎样生存了，那么我们如何进一步发展？

所以深呼吸、正念、喝水、健康饮食、活跃起来、安稳地睡觉都是我们生存的要素——这就是为什么大自然将这些生存活动的良性和负面的反馈环路接入我们的生理系统。当我们以平衡的方式从事这些活动时，我们就能存活下来。然而，我们注定要超越只是存活的状态吧？答案无疑是肯定的。我们注定要蓬勃发展，体验充满活力和快乐的生活。不仅我们的孩子可以获得活力和快乐，我们也同样可以。我们只是需要倾听大自然给我们的线索。现在，让我们来看看其他那些我们被大力奖赏去从事的活动。当你发现自己内心的海豚时，就准备好绽放光彩吧！

---

[1] S. Tucker, "Two-Thirds of Americans Don't Drink Enough," *Boston College*, January 7, 2011, http://www.bc.edu/offices/dining/nutrition/topics/drinkenough.html.

[2] "Adult Obesity," *Obesity Prevention Source—Harvard School of Public Health*, January 5, 2014, http://www.hsph.harvard.edu/obesity-prevention-source/obesity-trends/obesity-rates-worldwide.

[3] "Silent Killer, Global Public Health Crisis," *World Health Organization*, April 3, 2013, http://www.who.int/campaigns/world-health-day/2013/en/.

[4] G. Kolata, "For the Overweight, Bad Advice by the Spoonful," *New York Times*, August 30,

2007, http://www.nytimes.com/ref/health/healthguide/esn-obesity-ess.html; Y. Wang and M. A. Beydoun, "The Obesity Epidemic in the United States—Gender, Age, Socioeconomic, Racial/Ethnic, and Geographic Characteristics: A Systematic Review and Meta-Regression Analysis," *Epidemiologic Reviews* 29, no. 1 (2007): 6-28, http://epirev.oxfordjournals.org/content/29/1/6.full.

[5] "The Global Burden of Disease Study 2010," *Lancet*, December 13, 2012, http://www.thelancet.com/themed/global-burden-of-disease.

[6] "Eating Disorder Statistics," *The Alliance for Eating Disorders Awareness*, accessed January 15, 2014, http://www.ndsu.edu/fileadmin/counseling/Eating_Disorder_Statistics.pdf.

[7] Ibid.

[8] C. M. Shisslak, M. Crago, and L. S. Estes, "The Spectrum of Eating Disturbances," *International Journal of Eating Disorders* 18, no. 3 (1995):209-219.

[9] "Diversity: Eating Disorders Don't Discriminate," *National Eating Disorders Association*, accessed January 15, 2014, http://www.nationaleatingdisorders.org/diversity.

[10] S. H. Kennedy, R. W. Lam, S. V. Parikh, S. B. Patten, and A. V. Ravindran, "Canadian Network for Mood and Anxiety Treatments (CANMAT) Clinical Guidelines for the Management of Major Depressive Disorder in Adults," *Journal of Affective Disorders* 117, Suppl. 1 (2009): S26-S43, http://www.canmat.org/resources/CANMATDepressionGuidelines2009.pdf.

[11] "Generation M2: Media in the Lives of 8 to 18 Year Olds," *Kaiser Family Foundation*, January 2010, http://kaiserfamilyfoundation.files.wordpress.com/2013/04/8010.pdf.

[12] C. E. Landhuis, R. Pulton, D. Welch, and R. J. Hancox, "Does Childhood Television Viewing Lead to Attention Problems in Adolescence? Results from a Prospective Longitudinal Study," *Pediatrics* 120, no. 3 (2007): 532-537. doi:10.1542/peds.2007-0978.

[13] M. E. Schmidt, T. A. Pempek, H. L. Kirkorian, A. Frankenfield Lund, and D. R. Anderson, "The Effects of Background Television on the Toy Play Behavior of Very Young Children," *Child Development* 79, no. 4 (July/August 2008): 1137-1151.

[14] Entertainment Software Association, "Sixty-Eight Percent of U.S. Households Play Computer or Video Games," *news release*, June 2, 2009, http://www.theesa.com/newsroom/release_detail.asp?releaseID=65.

[15] Nielsen Newswire, "U.S. Homes Add Even More Sets in 2010," *news release*, April 28, 2010, http://www.nielsen.com/us/en/newswire/2010/u-s-homes-add-even-more-tv-sets-in-2010.html.

[16] Ibid.

[17] R. Nauert, "Dreams Are Key to Memory," *PsychCentral*, April 26, 2010, http://psychcentral.com/news/2010/04/26/dreams-are-key-to-memory/13157.html.

[18] A. Novotney, "The Science of Creativity," *gradPSYCH*, January 2009, http://www.apa.org/gradpsych/2009/01/creativity.aspx.

[19] U. Wagner, S. Gais, H. Haider, R. Verleger, and J. Born, "Letters to Nature: Sleep Inspires Insight," *Nature* 427 (January 22, 2004): 352-355, http://www.nature.com/nature/journal/

v427/n6972/abs/nature02223.html.
[20] S. Sharma and M. Kavuru, "Sleep and Metabolism: An Overview," *International Journal of Endocrinology* (April 28, 2010), http://www.hindawi.com/journals/ije/2010/270832/.
[21] C. Guilleminault and S. N. Brooks, "Excessive Daytime Sleepiness: A Challenge for the Practising Neurologist," *Brain* 124, no. 8 (2001): 1482-1491.
[22] M. W. Chee and W. C. Choo, "Functional Imaging of Working Memory after 24 Hr of Total Sleep Deprivation," *The Journal of Neuroscience* 24, no. 19 (2004): 4560-4567.
[23] Hypertension/High Blood Pressure Health Center, "Hypertension Overview," WebMD.com, http://www.webmd.com/hypertension-highblood-pressure/default.htm.
[24] A. R. Wolfson and M. A. Carskadon, "Sleep Schedules and Daytime Functioning in Adolescents," *Child Development* 69, no. 4 (1998):875-887, http://www.ncbi.nlm.nih.gov/pubmed/9768476.
[25] "How Much Sleep Do I Need?" *Centers for Disease Control and Prevention*, November 13, 2013, http://www.cdc.gov/sleep/about_sleep/how_much_sleep.htm.

第 6 章

玩是天性

19世纪20年代，英国人类学家格雷戈里·贝特森（Gregory Bateson）前往巴布亚新几内亚研究贝恩人（Baining）——一个土著部落。与贝恩人共同生活了14周之后，他就已经感觉"无聊"并且对他的研究项目感到沮丧。贝特森发现贝恩文化很单调，很少有神话、故事、节日、宗教传统或成人礼。贝恩人从事的活动极端程序化。就连他们的舞蹈，也要一步不差地遵从严格的规则。贝特森最终沮丧地离开了巴布亚新几内亚。他表示，贝恩人缺乏可研究性，因为他们无法说出对生活中的什么东西感兴趣。他同时指出："他们在日常工作生活之外没有更多的活动，他们'单调且无趣地活着'。"[1]

贝特森并非是唯一得出这项结论的人类学家。40年后，人类学研究生杰里米·普尔（Jeremy Pool）在与贝恩人共同生活1年后也说了同样的话。显然，正是这段经历让普尔放弃了他的人类学博士论文而转向计算机科学！

贝特森和普尔都是对文化感兴趣并且专门研究文化的人,他们先后气急败坏地放弃了对贝恩人的研究并得出结论:贝恩人实在是太乏味了,根本没有任何有趣的东西可挖掘。然而,另一位人类学家简·法扬斯(Jane Fajans)的研究认为,贝恩人看似不率性地玩乐,实则背后蕴藏着更深层次的文化寓意。[2]法扬斯发现,贝恩人将人类的玩乐及一切"幼稚"的行为与动物的行为联系起来。在他们看来,人类不应该而且绝对不可以做出任何与玩类似的行为,因此,他们不让大人们玩,也不让孩子们玩。正因为缺乏玩乐,贝恩人的文化"平凡世俗",生活也"无聊枯燥"。

我可以感受这些人类学家与一群单调又无聊的人相处之后所产生的挫折感和郁闷心情。我曾与一些虎式家庭教育下成长的年轻人相处,也有着类似的感受。我过去常以自己能够"与任何人谈任何事"的本事为荣,但是后来我发现了要与虎式教育法教育出来的年轻人保持互动是一件困难的事情,因为沟通的模式实在有限。玩乐研究所(The National Institute for Play)的创始人斯图尔特·布朗(Stuart Brown)注意到,在斯坦福大学大二学生群中也有类似情况。12年来,他每年都会选取该校一部分的二年级学生参加一个关于玩乐的秋季研讨会。随后这群学生将参与到一个为期两周的领导力项目中。关于这些学生和玩乐的问题,斯图尔特说道:

> 毋庸置疑,这些学生都相当聪明。但是随着近年来入读斯坦福的门槛变得越来越高,学生的自主性也在降低。至少我所观察到的是,相比起以前,他们似乎越来越少自发地感到快乐。他们拥有强大的信息搜集能力,但这些能力似乎更多地用于取悦他们

的教授，而非他们自己。在我看来，他们中的大部分都患有慢性轻度玩乐缺乏症。他们习惯于繁忙高压的快速生活（哪怕还处在孩童时期），压根没有意识到在追求高分和成就的同时失去了什么。[3]

对于各年龄段的人来说，玩耍与大脑前额叶皮层的发育直接相关。[4]大脑的这个区域负责从无关信息中识别有关的信息，设定目标，抽象概念，做出决策，监测和组织我们的思想和感受，延迟享乐，以及规划未来。前额叶皮层指导我们最高水平的思考和运动，这是人脑进化和发育的最后一部分，直到我们25岁时才完全发育成熟。

对于所有的年幼动物来说，小脑发育的速度与规模和在玩耍上所花的时间有关，小脑比人脑其他部分含有更多的神经元。除了运动控制、协调和平衡，小脑还负责关键的认知功能，比如注意力和语言处理能力。玩耍能够刺激脑源性神经营养因子，这种因子能够刺激神经生长。玩耍还能促进独立神经元间的链接生成。玩耍的欲望对我们生存十分重要，所以说，玩的冲动就像我们对睡眠和食物的冲动一样，是最基本的需求。

玩，是21世纪成功人士全商发展的关键（创造力、批判性思维、沟通能力和合作能力）。

然而，并非所有的玩乐都是一个样。我的儿子加入了一支足球队，几乎每个星期都要训练。他穿着队服、套着护膝、踩着钉鞋，在一个规整对称的草地上踢着球。规则很清楚，由教练和裁判执行着。当有分歧时，每个人都期待教练来解决问题，当然教练也总能处理得很好。作为球队中的一员，我儿子的足球技能得到了提高。但是，由于此项体育活动的本质是程序化的，所以这并不是一个锻炼全商的好机会。

接下来我要和大家分享一段我孩子们的经历，大家可以试想一下，若他们是在一个程序化的体育项目内玩的话，体验会有多么不同。有一天，我的儿子们和邻居家的四个孩子在玩街头曲棍球。过了一会儿，他们不想玩了。一些男孩儿说想回到屋子里，另外一些则说想踢足球。他们商量了下，按照少数服从多数的原则，他们选择了足球。没有正式的场地，于是他们用曲棍球棒和杂物在后院自划了一个赛场：把一辆老自行车和一把折叠椅当做一个球门，把两棵树作为另一个球门。一开始他们就发现了几个问题：男孩子们年龄各异，球技也不同，另外后院还不是平整的，这些都难以让球赛变得"公平"。所以，他们不得不协商使之尽量保持公平。由于场地倾斜使得由上往下攻的球队具备优势，所以地势低的球队就可以多一位队员。男孩们朝着他们想要的方向协商并调整规则。我时不时能听到他们在争吵。但孩子们自己很清楚，如果谈不妥的话，游戏也没法进行，所以他们最终还是把所有问题都解决了。他们甚至在比赛结束后自发清理好场地。球技有否提高我不好说，但我可以肯定他们的创造力、批判性思维、沟通能力和合作能力都得到了锻炼。

传统游戏带来的体验往往是意想不到的。比如说捉迷藏这个游戏，它带给孩子们的不仅是探索和自主权的体验，还有着被需要和被找到的快乐。当孩子四处散开找藏身点时，他们会因具备自主权而感到兴奋和快乐，但随着游戏的不断进行，兴奋感也会逐渐减退，紧随其后的是渴望与伙伴待在一起的归属感。在还没有被找到时，他们会感到焦虑，直到被找到后，他们才会放松下来。也正是在这个时候，他们会再次确认这种被需要和被爱护的感觉。捉迷藏教会他们感情联系是强大有力的，即便此刻分离，我们最后还是会回来的。

哪怕玩那些老掉牙了的游戏，也同样可以让他们笑容满面，欢呼雀跃。再举一个例子吧，孩子们在玩游戏时，你常常能听到他们在嚷嚷着"这不公平"。玩乐的过程其实也是孩子们自我引导的过程，他们会知道什么是公平和不公平。他们也会自己去发现究竟谁值得信任，谁不值得信任。他们还会学到不被信任和不公平所带来的后果。

斯图尔特·布朗（Stuart Brown）给我们讲述了一个关于加州理工大学喷气推进实验室（JPL）管理者们的故事，这个故事告诉我们"玩"对于孩子们的未来成功是多么的重要。[5]实验室的管理者们注意到，尽管实验室里的年轻工程师都是毕业于名校的高材生，但他们解决问题的能力和创造力却不如年纪大点的工程师。他们试图找出答案。随后，他们发现年纪大的工程师小时候玩得比年轻的工程师多。他们还发现大龄工程师小时候尤其喜欢玩那些动手游戏。他们就是那种喜欢把钟拆开后又重新组装回去，修理电器和用肥皂盒造车的孩子。尽管新一代的年轻人有着完美的简历，但是他们几乎没有玩过这种动手游戏。为了确保雇佣进实验室的研究员都有着玩这些游戏的经历，他们在面试中会问到申请人儿时的娱乐活动。这果然使得整个实验室研究人员的科研水平和解决工程难题的能力得到提高。正如阿尔伯特·爱因斯坦所言："玩是研究的最高形式。"[6]

如果，你想让你的孩子们变得聪明，让他们玩吧。如果你想让你的孩子们学会控制情绪，让他们玩吧。如果你想让你的孩子们富有创造性，让他们玩吧。如果你想让他们能在一个团队中工作，且具备优秀的人际交往能力，让他们玩吧。你有没有发现，我并没有说"告诉"孩子去玩，或是预约一个活动，或是开车带着他们去玩，或是付钱叫人去教他们玩。如果你想让你的孩子能拥有智力健康发展中最重要和最有效的因素，你所要做的就是，放手让他们去玩。

在玩中培养全商

卡尔·荣格（Carl Jung）说过："玩能激发人们的想象力。"[7]我完全同意这句话。玩是人类的天性，所有的哺乳动物都会在白天把时间花在玩乐上，全然不顾它们时刻面临着可能被自然界天敌吃掉所带来的生存压力。

我们知道，海豚可以和海藻玩，和气球玩，可以通过演杂技、吹口哨和发出海豚音来玩，甚至可以和人一起玩。海豚经常被"最好的朋友"所吸引，即其他具有相似游戏兴趣的海豚。看来，海豚通过玩耍学会与彼此及周围的世界沟通。它们通过玩耍学习锻炼在这无边无际、变化莫测、充满威胁的海洋世界和重要河流里生存所需的技能。海豚玩耍所涉及的能力包含策略、竞争以及大量需要靠时间发展起来的捕猎和搏斗能力。在玩耍过程中，海豚似乎也能彼此联系，锻炼游泳及调整导航技能。在空中跳跃是另一种它们喜爱的玩耍方式，这能锻炼海豚未来的导航和捕猎能力，或者也可能仅仅是为了娱乐。

海豚和人类是地球上最爱玩耍的物种。事实上，动物玩了多久与他们大脑的相对尺寸之间存在着强烈的正相关关系。海豚的脑容量仅次于人脑，有时甚至会超越人脑。

什么是玩？

让我来阐明一下我对玩的理解。通常来说，玩有两种：发散的和收敛的。发散性的玩是无结构化的、自由的，以探索用不同的方式做一些事情来挑战学会用"对的方式"做一些事情。它需要创造力，因为它需要探索。发散性的玩没有绝对的正确答案。另一方面，收敛性的玩缺乏创造力，因为它有结构、规则或是正确答案，就像一些电子游戏，当然还有颇为流行的乐高玩具（不想再在这个话题上纠结下去了）。纵观本章节，我所提到的"玩"都是无结构性的、发散性的玩。

玩有很多好处：

- **玩要需要试错**。玩是孩子犯错并学会从容应对失败的第一次机会。错误和失败让孩子们学会相互扶持，再来一次，解决问题。反复试错对于发展适应性来说至关重要，它是获得成功的关键因素。
- **玩要允许我们探索新事物**。你知道为什么当孩子和成人发现了一个新玩具、一本新书、一部新电影、一次新体验、一位新朋友、一种新的做事方式时会有惊喜之情吗？原因很简单，当人脑学习了新的东西时就会释放多巴胺，我们从而获得了幸福感和快乐感。过渡期的大脑（12—24岁）对多巴胺最敏感，它能释放最多的多巴胺。这使得12—24岁这个年龄段的人被认为是"新奇事物狂热者"。那么，人脑为什么会以一种让年轻人想要尝试新鲜事物的方式运作呢？对新奇事物的热爱促使年轻人去尝试新鲜事物，并且引导他们去探索世界。在一个逃离安乐窝去创造属于自己新生活的年龄，探索是至关重要的。
- **玩耍是与生俱来的乐趣。**玩耍是一个人发现激情和释放压力的方式，两者对于快乐来说至关重要。
- **玩耍帮助我们培养团队技能。**玩耍教会孩子们如何融入社会，帮助孩子形成信任、分享公平的价值观，这些对于性格和领导力的培养是必不可少的。
- **玩耍帮助我们提高创新力和创造力。**人在玩耍中需要观察、提问、实验、社交和交际，这些都是培养全商的关键活动。
- **玩耍帮助我们应对新的挑战。**玩耍允许我们想象、沟通、解题，实验、合作、试错、创造和解放思想，它帮助我们发展在21世纪生存和发展所需要具备的能力。

玩的形式

玩耍和探索能够避免让我们的生活变得过于严肃，它引导我们全身心探索我们的外部和内部世界。玩得投入时，我们甚至察觉不到时光的流逝，运动员称之为"竞技状态"，艺术家称之为"忘我境界"。玩是大脑投入的最引人入胜的形式。

玩乐研究所将玩耍分为好几种[8]：

有肢体运动的玩耍

作为靠捕猎为生的动物，人类的思辨能力和解决问题能力得到了大幅提高。我们学会了在运动中思考，从环境中接收和处理大量信息并作出适当回应。[9]

运动和学习关系十分紧密。我们通过运动身体来活跃大脑。那些在玩中跳高、跑步、转身、投掷、接球的孩子们也同样在玩中思考着。玩乐研究所的科学家认为,"创新性、灵活性、适应性、顺应性的根本在于运动"。[10]他们同时还认为,肢体运动的玩耍教会我们认识周围的世界,并且让我们时刻准备着迎接意想不到和不同寻常的事物。对我而言,这让我更加全面地考虑问题,并以新的方式看待小孩子的捉迷藏游戏。

玩"玩具"

我就知道凭当时的直觉让我儿子玩泥巴是件正确的事情。事实证明,玩泥巴这事本身教会我们的东西远不止玩得全身肮脏那么简单。通过敲击木棍、挑拣石头、让沙子在指缝中流过这些一系列动作,我们使得脑中那些鼓励探索、保证安全性和把身边事物当作工具的复杂脑回路得到长足发展。

玩不同类型的东西可以使大脑不局限于仅拥有机械性的操作技能。例如,研究表明:"年轻时缺乏动手修理东西的能力,很可能意味着成年后在面临工作挑战时缺乏处理复杂问题的能力。"[11]例如,高中时做模型和修汽车可能使一位年轻人今后成为一名优秀的科研工程师。童年时期操控物体的能力和高阶认知能力(例如,解决问题)之间的联系,正是神经系统科学家弗兰克·威尔逊(Frank W. Wilson)写的名为《用手塑造大脑、语言和文化》(*The Hand: How Its Use Shapes the Brain, Language, and Human Culture*)这本巨著的主题。[12]书中,威尔逊认为,人类大脑的进化与人类的手密切相关,强大的心理历程伴随着我们自由地探索周边环境而发生。

想象游戏和假扮游戏

通过想象游戏和假扮游戏，我们认识到思想的力量。充满想象力的玩耍能够高度地刺激大脑，并且产生完美的直观感觉。大脑只有跟自己工作时才会爆发最大限度的能量！当孩子投入到富有想象力的玩耍中时，他们的探索是无止境的，他们会穷尽所有的鬼点子、角色和场景。想象游戏和假扮游戏不仅对正常发育至关重要，而且对增强孩子认知能力的灵活性和创造性也十分关键。[13]研究表明，那些童年时期有着虚构伙伴的孩子拥有更高的IQ并且在成年后拥有更强的创造力。[14]拥有幻想的孩子能够轻松面对认知偏差所带来的不确定性。他们能够"自编自导"压根儿不存在的东西并把思维向未知伸展。就像所有的玩耍一样，想象游戏能够提高情商和社交技能。其实，所谓的"同情"就是有一颗能理解他人的心。[15]

想象游戏可以成就人生的一次转变。我们在虚构的世界中进行想象，反过来改变现实生活中的事实，并且让创造力引领我们产生新思路。如果爱因斯坦当年没有想象过他以光速飞行，今天的科学界又将会是怎样呢？想象力是当今快速发展的21世纪所要求具备的重要技能。没有想象力，我们就无法创造，无法适应。

社交类的玩耍

人们愿意与其他人玩耍，除了因为玩耍本身是件有趣的事之外，还因为他们有被接纳的需求以及被归属感所驱动。社交类的玩耍实际上对于产生归属感是至关重要的。想象一下这样一个情景，在一起共事了多年的同事，之前一直没什么共同联系，直到一起参与了公司的高尔夫球赛、放松旅行等其他社交活动后，才真正觉得自己与他人或公司是紧密联系在一起的。社交类的玩耍包括交互式玩耍、打闹嬉戏和庆祝仪式类的玩耍。

交互式玩耍。当一个婴儿对着父母微笑时，其实这就是社交玩耍的开始。当父母和婴儿四目相对时，孩子和父母双方都会感到快乐。父母开始呀呀发声，咕咕地叫着笑着，小宝宝也开始跟着这么做起来。相关研究通过脑电图描记器（EEG）和其他成像技术表明，控制着宝宝和父母情绪的右大脑皮层在这种相互交流中取得协调一致。[16]

打闹嬉戏。打闹嬉戏教会我们推搡拉扯的边界在哪里，如何保持前后运动的平衡及如何进行社交互动。如果你在一堆新生的小猫咪中抱养走其中一只，你可能会发现，它在玩耍的时候常常会拼命撕咬和用力伸出自己的爪子。它之所以会那么做，是因为它从来没有从它的兄弟姐妹那边得到过关于什么是过于蛮横的适当反馈。像小猫一样，学龄前儿童被认为通过推搡拉扯和无拘束的行为动作来调节情绪和发展社会意识。打闹嬉戏显示"对于发展和保持社会意识、合作、公平和利他意识是很有必要的"。[17]事实上，打闹嬉戏造成的最大影响体现在社会领域，它能够帮助孩子编制和理解社会信息。[18]

研究表明，一些不玩激烈运动和游戏的孩子们由于缺乏对张力的控制，导致在今后的人生中难以控制暴力冲动。[19]"特别是男孩子，童年早期的打闹为孩子们提供了一个学习情绪管理的平台，有利于他们更好地控制怒气和进攻性。"[20]

提示像我一样的母亲：任由他们打闹吧。只要不见血，这对他们来说是百益而无一害的。有着上述的理论基础，我鼓励我所有的孩子包括我小女儿去打架、去搏斗。最初，我让我的丈夫去调停，他拒绝了，我无法忍受孩子们打架，只有自己上前劝阻。终于有一次，我憋着口气站在旁边，任由他们自己去打。我发现不管实际上看上去多么可怕，但他们绝不会伤害彼此。我还注意到，孩子们只跟兄弟姐妹、表兄妹还有很好的朋友等亲近的人打架。有几次，我甚至加入他们的搏斗，我惊叹于在相互的推拉撕扯中居然也有莫大的快乐（还有多巴胺！）。

庆祝仪式类的玩法。庆祝仪式类的玩法教会我们如何维持社交模式。孩子和大人在生日派对、节日庆典和体育活动中常常以庆祝仪式的方式玩耍。我参加过许多印度婚礼，在婚礼上总有唱歌、跳舞或是闲聊的机会。这些活动能够持续一个月，并且有好几百人参与其中。虽然，对于其他文化的人来说这可能无法接受，但对于所有印度人来说，这是个和家庭和社区一起玩的机会。

寓教于乐

讲故事估计是在人类文化最流行的教育方式了吧。当一个孩子在讲故事，他其实是在探索和锻炼一种人类社会中最有力的技能。在西医文化里，我们出于对科学的考虑而倾向于剔除故事成分。但从动机的角度来说，讲故事往往比科学研究更有说服力。这就是为什么我们在广告中看到越来越多的故事。讲故事帮助我们认识世界，理解生活中的经验教训。神奇的是，通过讲故事的方式，我们再也不会忘记这些学到的东西。我们的孩子需要学会写自己的故事，而不是等着广告和电影制作商代替他们来写他们的故事。

要么玩要么死

无论是一个孩子在浪花中玩耍，还是一个大人到了一个新的城市去探索，玩乐带给我们的感觉都很棒。因为我们亲爱的大自然母亲就是想让我们玩，她慷慨地通过发放多巴胺来鼓励我们去玩乐。为什么会这样？为什么如此慷慨地鼓励我们去玩乐？

玩耍有助于早期的技能发展（就像小海豚们在玩耍中学习觅食），但是玩耍远不止这些益处。当一项活动能够与那么多的多巴胺联系在一起，并在人类生活中普遍流行，那就不难将其与人类生存联系在一起了。玩真的太重要了。我甚至考虑在T恤衫和车子保险杠上贴上贴纸"要么玩，要么死"。

下面我们来说说老鼠的故事，这样你们就能更好地理解。研究人员选取了两组老鼠，但只允许一组老鼠玩耍（对于老鼠来说，玩耍就是吱吱叫、格斗和推撞）。[21]那组不让玩耍的老鼠无法消化任何的社会信号，对待同伴要么过于激进要么过于被动。当研究者在它们面前放置一些新鲜有趣的物品时，它们迟疑了好一会才去触碰。当研究者在它们面前放置了一些危险的物品时，比如一个带有猫的气味的领结，老鼠们便回到窝里并再不出来。是的，它们再也没有出来。它们死在了窝里。而那些被允许玩耍的老鼠呢，它们闻到猫的气味后同样退回到窝里，但是过了一会，在它们谨慎而警觉地洞察完周围的环境后，它们再次试探放在它们面前的物品，并最终从窝里出来，继续过着充实而快乐的日子。

在玩的过程中，年轻人锻炼着日后所需的应对技能和创造力。但可悲的是，当今的很多孩子就像那组没有玩乐过的老鼠一样，没玩过并死在了自己的窝里。他们不知道要做什么和怎么处理。

许多科学家认为，青少年从事新的体验是为了提高其大脑对多巴胺的敏感性，就好比人类若不是作为一个物种存在着，就无法进行地球大迁徙或生存下来。远离家乡是人类跨出的最艰难的也是最关键的一步。这同样可以解释为什么有助于真正独立的手段——玩耍（包括探索）和新奇事物（玩耍的内在部分）能在生理运作中得到青睐。

玩能够为我们提供的认知框架和灵活思维让我们适应各种情况。适应不仅仅是一个进化成更强大物种的僵硬过程，比如达尔文关于雀的嘴巴这一著名的例子。适应，简单来说就是为应对局部环境中的特定情况做好准备。身体上的适应需要好几代人，但是智力上的适应是我们此时此刻就能够控制的，这是不变的标准。能够做到这个的关键就是玩乐。有人说，玩耍教会我们"转危为安"的方法。这种想法同样允许我们在处理冲突和压力时具备幽默感（试着回想根据乔治·维伦特发表的关于成人发展的研究，成熟的防御机制和幽默感对成年人长期保持健康、快乐和成功起到关键作用，详见第3章）。

本质上，玩耍给我们提供了在童年及成人后应该掌握的认知能力。数十年后，治疗师们用游戏来理解和帮助患儿。的确，游戏疗法领域被证明是治疗儿童问题有效的方法之一。比如，心理创伤、注意力缺陷多动障碍（ADHD）、焦虑症和抑郁症。游戏疗法的目标争取找到最适合他们性格的解决方案，从而帮助儿童轻松地解决自身问题，令人惊讶之处在于，有成效的游戏疗法是如何发挥作用的。你无法相信孩子们在治疗游戏中所说出的话，这些话他们永远不会在谈话疗法中告诉你，这些话都是他们心底的秘密。

成年人跟孩子一样需要玩耍。这些年来，我遇到许许多多的人生赢家，他们拥有健康的身体，过着衣食无忧的生活。但是，他们依然抱怨着"生活中缺失了什么东西"。而当这些成年人在生活中加入某样好玩的东西，比如参加一个音乐或舞蹈班、工作中遇到有意思的项目、打了场高尔夫比赛、去旅行或远足、投入到园艺中去或仅仅是为了找乐子而去体验更多，他们会在生活中收获额外的幸福感。玩乐同样能帮助我们寻找到兴趣和激情所在。

玩的性格特征

我们都以同样方式玩耍么？据斯图尔特·布朗说，我们倾向于通过8种较为显著的性格特征来玩耍：讲故事的人、艺术家、收藏家、竞争对手、导演、探险家、小丑和鼓动者。[22]这些"玩的性格特征"相互间既没有严格的边界也不相互排斥。很多人有着8种类型中的大多数，甚至8种都包括在内。早期的玩乐指向了我们的天赋和爱好。当我们朝着这些长处和爱好的方向来进行玩乐和成长时，我们便是通过释放多巴胺来获得良好的感觉。为什么当我们顺应天性，身体就会发出快乐的信号呢？"适者生存"（survival of the fittest）是物种生存的第一部分，但是许多人忘记了物种生存的第二部分：物种的多样性（diversity of the species）。

人类的生存发展离不开这8种性格特征。在一个不断变化的环境下，当我们面临着一个又一个的生存危机时，没有人知道到底是艺术家还是收藏家会为我们找到出路。对于复杂的问题，我们需要各种不同的性格共同合作以寻求出解决问题的办法。如果我们都是工程师，那么谁能将人类从黑死病中拯救出来？如果我们都是医生，那么谁能知道如何击退洪水？如果没有讲故事的人，我们如何将知识传承下来？如果没有音乐家，我们如何联系在一起？我们应该是多样化的，因为我们需要不同的思维方式来解决面临的变化多端的问题。玩乐带给我们幸福感和快乐感，让我们追求自己的兴趣爱好，从而发展这种多样性。没有玩耍，就不会有复杂多样的我们。没有多样性，我们就无法适应。不适应，我们就无法生存。

正如你所看到的那样，我们天性爱玩。被人强迫着做一些自己不喜欢做的事，那是种折磨。这个人的梦想是在舞台上表演，但这对于另外一个人来说可能是个噩梦。这也是为什么，三百六十行，行行出状元。让所有人都成为一样的人是不现实的，让所有人拥有广泛而不同的兴趣和才能才是正常的。我们强烈需求玩乐，并将它作为适应的一种手段，如何通过玩乐来发展多样的兴趣和技能更是灵活多变的。

我们通常会出其不意地找到自己的兴趣和热情所在。但不能通过他人甚至是我们的父母灌输或是强加于我们。父母可以引导他们的孩子发现兴趣和才华，但是不能代替他们孩子发现或是培养兴趣和才能。

我不是说我们应当按照玩的个性特征来选择自己的职业。但是，你绝对可以成为一个幸运儿，并骄傲地说你热爱自己的职业。我们中的大多数人不得不工作。对我们而言，尽我们所能将兴趣融入工作和生活中才是我们应该做的。孩子和成年人在生活中忽视玩的重要性是违背自然和生物规律的。如果这种情况继续发展下去的话，我们将失去平衡，失去活力。

虎式教育的孩子没有玩乐

联合国人权事务高级专员认可玩乐是每个孩子的基本权利。但是，在过去的20年间，"儿童每周失去了8个小时自由的、非组织的、自发的玩乐的时间"。[23]可能有多个因素导致了这个结果，包括"快节奏的生活方式、家庭结构的变化、休息时间和以孩子为中心的玩乐活动减少，取而代之的是高强度的学术和拓展活动"。[24]所有学校都在压缩休息时间以便为有组织的学术活动让路。学生在有组织的体育运动上所花的时间虽然翻倍了，但他们在户外活动上所花的时间减少了50%，在诸如电子游戏这种惰性活动上所花的时间从1997年的30分钟增长到2003年的3个小时。[25]

我想让你知道，剥夺玩乐跟剥夺睡眠没有什么区别。对于成年人来说两者都是有害的，但是我们能够习惯这种被剥夺，是因为我们的大脑已经发育好了。而对于儿童和青少年来说，在大脑发育最迅速的时期剥夺睡眠和玩乐可能是灾难性的。

让我们以日益严重的注意力缺陷多动障碍（ADHD）问题为例。博林格林大学（Bowling Green University）的科学家贾克·庞瑟普（Jaak Pansepp）和他的同事以老鼠为实验对象，并发现了缺乏玩乐和注意力缺陷多动障碍之间的联系与人类的注意力缺陷多动障碍类似。[26]受损的老鼠会有伤害自己的冲动，而玩乐会有效降低这种冲动。庞瑟普和他的同事总结道："充分接触打闹游戏能够让那些大脑额叶受损的老鼠减少不恰当的亢奋和冲动……喧闹的玩耍可能是帮助儿童缓解注意力缺陷多动障碍症、控制冲动的一种方式（这对于那些没有注意力缺陷多动障碍倾向的儿童也有益处)。"[27]

基于我对许多患有注意力缺陷多动障碍儿童超过10年的观察，我十分同意这个理论。在家庭和学校被剥夺玩乐（特别是打闹嬉戏）的儿童，经常形成相反的行为。他们常常被贴上"行为失常"或是"攻击性"的标签，有时候，他们就是被当作"坏孩子"。父母和学校可能以剥夺更多的玩乐来惩罚孩子。结果导致这些孩子的大脑无形中被迫以一种失衡的方式发展。当这些孩子长大成为青少年，这种失衡会造成各种适应不良的行为，包括切割、宣泄、抑郁、焦虑和药物滥用。

事实证明，缺乏玩乐会导致一系列悲剧。1966年，前美国海军陆战队、德克萨斯大学工程技术专业的学生查尔斯·惠特曼（Charles Whitman）爬到了德克萨斯大学奥斯汀校区中央塔的顶端，枪杀了14个人，并造成31个人受伤。[28]后来调查发现，在这起校园悲剧发生之前，惠特曼已经杀死了自己的妻子和母亲。这一可怕的事件让整个国家提出相同的问题：为什么他会这么做？在调查了惠特曼的档案后，他的杀人动机变得越来越模糊。惠特曼从来没有暴力迹象，也没有犯罪记录，从前是个祭坛助手，是成为鹰级童军（Eagle Scout，童子军的最高级别）的年龄最小的美国人。

我前面提到过的玩乐教育的支持者、精神病学家斯图亚特·布朗是这一屠杀事件调查小组的一员。在对惠特曼生活中的方方面面都进行了调查之后，布朗和他的团队发现了个细节。他们发现，惠特曼的父亲自小便受到了虐待和打压，因而他也把这种压制用在了对待查尔斯的玩性上。布朗和他的团队提出以下理论：

> 长期缺乏玩乐的生活剥夺了惠特曼乐观看待生活、寻求安慰

或是学习社会技能的机会，从而导致他缺乏应对压力的能力。专家委员会总结道：缺乏玩乐是惠特曼杀人行为的关键因素。如果他在生活中能充分体验到自发性的玩乐，他就能通过其他灵活、有力的方式来面对困境，而非暴力。[29]

布朗开始研究德克萨斯州的其他杀人犯。随着研究案例的增加，一种趋势开始显现：杀人犯的玩乐经历与那些虽平平无奇但是能够接纳和扮演不同社会角色的人的成长经历大相径庭。这些杀人犯有着这样一个模式，他们在童年时期就被严格地剥夺了玩乐，并且这种情况一直持续到成年。

布朗最终收集了超过6 000个各类人群关于玩的经历，他发现，从长远来看，剥夺玩乐会导致许多后果。比如，丧失生产力，降低创造力以及轻度抑郁症。[30]布朗的结论在其他研究那里也得到了证实，这些研究表明，抑郁症等压力有关的疾病、人际暴力、药物滥用以及其他关系到健康和幸福的问题，比如营养不良，都能与被剥夺玩乐联系起来。相反地，成功人士往往有着丰富的玩乐体验。研究还发现，如果成年后没有玩乐，人可能会失去情绪、交际和认知上的能力。

剥夺孩子童年时的玩乐让我成为了一种特别的海豚：虎鲸。孩子的基本生存需求受到如此大的威胁，让我内心的虎鲸浮出了水面，这种感觉相当强烈。当我回忆起初为人母时我是如何处理孩子玩耍问题的时候，我对自己感到从未有过的失望。虽然，我直觉地知道玩很重要，却仍然以虎妈的方式管教孩子。幸好，因为我的三个孩子年龄相近，我也不是一位百分之百的虎妈，所以我的孩子们往往不理会我，仍把大量时间花在玩耍上。我的父母也总是劝告我："就让孩子们玩吧！"

我还天真地以为,这已经很好了,和其他孩子比起来,我的孩子们确实是玩得比较多的。但那时我还没有意识到,从社会整体情况而言,我们的孩子还是玩得不够,虽然我自己的孩子比别人家的玩得多,但总体上而言孩子们的玩乐还是被剥夺了。我希望时光能够倒退,或是能够钻进孩子们的小脑袋里,帮他们连接起那些神经元。但是,我没有办法。现在不同的是,我对玩这件事相当认真,要是有谁打扰到我孩子的玩了,我内心的虎鲸一定会跳出来为我说话。所幸的是,大自然是那么慷慨和宽容,改变永远不晚。来自实验室的证据表明,缺玩和缺睡本质是一样的。研究显示,就像我们可以补眠,当那些缺乏玩耍的动物被允许放开来玩时,他们会玩得更多。[31]研究还表明,当恢复课间休息,孩子们会迅速恢复活力并且在课堂上表现得更好。[32]当玩耍又回到了我们身边,我们的大脑会感到开朗并富有创造力,我们更倾向于再次接受新的事物,并会不断挑战和推动能力的极限。[33]

我来给你们一些有关玩乐的锦囊吧。第一个是重拾平衡。

不做过度保护的虎妈

虎妈不让他们的孩子有探索的机会。在体育、学术、音乐等其他方面牢牢地控制着他们的孩子,他们否认孩子喜欢玩乐和自由探索的天性。过度保护阻碍了孩子在21世纪成为健康、快乐和成功的人。

不做过度保护的虎妈意味着给你的孩子和你自己一些自由。玩耍要求身体上自由,允许自己脏兮兮的、不修边幅,大胆去看看角落那里藏了些什么,甚至走出房子到街上去看看。玩耍是可以不断尝试并允许犯错的,哪怕是犯傻,说了一些或者做了一些错事。如果你追求十全十美,你就不能享受这种自由,你就无法体验纯粹的快乐和自由玩耍的好处。我要告诉那些不完美的人：完美主义是阻碍进步和快乐的绊脚石。完美是不存在的，它只会带来压抑感和挫败感。完美主义剥夺了我们冒险、犯错和玩乐的能力，而这些能力都是成功的关键所在。完美主义者认为他们永远都做不好，但这不但不会鞭策他们。相反，这使他们永远都无法完成目标，甚至会耗尽他们所有的精力。

完美主义根植于恐惧之中。他们害怕不完美会让我们不值得被爱和被接受。但事实是，我们的不完美让我们变得真实和完整。

为玩耍创造一个良好的环境
（别挡道！）

过去，父母不需要特意为孩子创造一个良好的玩乐环境。通常情况下，他们所要做的仅仅是打开门。但现在，孩子们已经沉迷于玩闪闪发亮的定制玩偶、会说话的小汽车、超现实的电子游戏和附详细说明的乐高玩具。但我要提醒你：孩子们喜欢玩，而你根本不需要为此花一分钱，也用不着特意准备，更不用遵循任何规则。玩，甚至不需要玩具。商业玩具实际上可能阻碍了玩耍。一般来说，玩具越是简单或者越是便宜，就越能玩出花样来。家具用品、旧衣服、一根木棍，孩子们在外面找到的任何东西都可以拿来玩。

有趣的是，自由玩耍实际上需要孩子有更多的注意力，也需要父母更多的参与。并且，这是真正的参与,这跟在手机上收发邮件不一样。当一个游戏是非程序化的，孩子和父母必须在智力和情感上都参与其中，否则，他们永远都无法玩下去。比如，孩子不需要为玩做什么准备，而父母需要为他们清理桌子。

其他有助于为玩创造一个良好环境的关键因素还有：1.限制看屏

幕的时间（详见第5章）。2.不要让家庭作业影响到玩耍。

对家庭作业留个心眼

在过去的20年间，小学生的家庭作业量不断递增。这有好处吗？根据美国自1987年以来的研究显示："没有发现强有力的证据能够证明作业的完成情况与学习效果指标（等级而不是标准化测试）或是主题（阅读而不是数学）之间的联系。"[34]所以，我们需要反思，为什么要夺取那些已证明对孩子大脑发育有利的东西，而强迫他们去做并没有太大成效的事呢？

如果你觉得，留家庭作业是愚蠢的，或者这只是让严师自我感觉良好的一个手段，或是仅仅为了提高学校的排名，你的感觉可能是对的。问问你自己，这些家庭作业会帮助或是妨碍我孩子的全面发展吗？如果你认为家庭作业不是帮助甚至可能是伤害，那么看看是否有其他办法能够让作业变得更有意义或更有乐趣。我们如何将家庭作业与全商联系起来呢？有没有一种方法能够通过作业让你的孩子明白，看似抽象的概念是如何在人们的生活中产生实际影响的？比如，数学上的抽象概念能够解释家庭采购单甚至是失业数据。

我看到过的很多家庭作业根本还是19世纪教育系统遗留下来的老古董，这在21世纪已不适用。这种作业不仅冗长乏味而且阻碍了学习，浪费了真正锻炼头脑发育活动的宝贵时间。用你对家庭作业的观察和直觉，你的孩子在做家庭作业时是如何表现的？对于你的孩子来说，家庭作业是不是太多了，他们是不是开始厌学了？还是说，家庭作业对于你的孩子来说太少太容易了？在"挑战状态下"学习时，孩子们做得最好。不要太简单，也不要太难，正好有足够的挑战来鼓励解决和学习问题。家庭作业可以是一件美好的事情,但这只是孩子们学习的途径之一。最好的学习方式是基于真实生活的玩耍,包括试错和实践,还有动手,在我看来这就是玩耍!

做一个玩的榜样

如许多体质人类学家所说的那样,人类是所有物种中最能保持童心的。这是一件好事。[35]这意味着玩性是会持续下去的。该玩的时候就玩,尤其当你在你的孩子面前。如果你前半生玩得不够,那么从现在开始玩吧。去上音乐课,上舞蹈班,时不时玩你喜欢的游戏,种植花草,徒步旅行,或者单纯为了乐子去探索。重要的是,以身作则告诉孩子你爱玩,你会玩,重视创造力、尝试、犯错和乐趣!

在大自然中玩耍

小时候,我的好奇心和在大自然中玩耍培养了我的专注力。长大以后,虽然不住在大自然中,但是我们有小后院。夏天住满了小虫,冬天积雪绵绵,还立着瘦高瘦高的树,这里还是乌鸦的家,抬头便能看见无边无际的天空,还有常年相伴的微风。这便是我想要的环境。几乎所有的孩子都对大自然有着与生俱来的好奇心。你知道为什么当你带着哭闹的婴儿走到外面时,他们会马上停止哭泣?孩子们喜欢大自然及其中的一切:动物、树木、雪花、沙子、浪花和新鲜的空气。

我没有虎式父母在我玩乐路上挡道,所以我能够在天生的好奇心的驱动下,在大自然中无忧无虑地玩耍。看、听、闻、尝和摸我身边的一切。也许,阅读这本书的大多数人有着与我相似的成长经历。我们当时并未意识到,当我们在大自然中玩耍时,我们正在调试我们的外部和内部感官，同时培养着我们的直觉。"忘我地玩"是专注力的一种表现。当我们沉浸在玩耍中，特别是沉浸在大自然中时，我们开始处于一种冥想状态。小草、泥土、虫子、雪花、空气、树木、鸟儿等都可以成为我冥想几个小时的元素。当然，这个动作不会一直持续下去。取而代之的，是永不消退的走出去的强烈本能——继续看那嫩绿的草、闻泥土的芳香、听树叶沙沙作响和鸟儿的鸣叫声，任随轻风拂面，尽情呼吸新鲜的空气。每当我生活失衡需要调节的时候，我都会到大自然里走走。置身其中能够使我准确及时地注意到并回应大自然发出的信号。我现在尽量争取每天都出去走走，并最好在无任何干扰的情况下独自一人上路。哪怕只有5到10分钟，那也足够了。这是瑜伽以外又一个能让我专注的方式。

把孩子放到大自然当中去，不仅能让他们玩得好，还能提高他们的专注力，并带来健康、快乐和自律。理查德·洛夫（Richard Louv）在他2005年出版的《林间最后的小孩》（*Last Child in the Woods*）一书中提出"自然缺失症"（nature deficit disorder）的概念。[36]我相信这个疾病是存在的。尽管"自然缺失症"还没有被承认是一种真正的疾病，但我个人及接触病人的经验使我深信，缺乏足够的时间接触大自然会让孩子产生各种各样的问题。事实上，大量的研究显示了在大自然中所花的时间和我们的身体、认知和情感发展之间的联系。[37]研究表明，享受诸如公园、海滩、湿地或森林这类自然环境，能够有效降低血压，减少焦虑，缓解压力。置身于大自然还能帮助改善睡眠，增加活力，甚至能增强免疫力。[38]

如果说运动是有益的，那么户外运动则更好。2008年，格拉斯哥大学的研究人员为了证实这一观点进行了一项实验。[39]研究人员观察在自然环境中锻炼和在非自然环境中锻炼对精神健康分别会产生什么样的效果。他们在观察了分别在室内和室外进行散步、跑步、单车等运动的人后发现，那些在室外运动的人大脑压力水平较低。在精神健康程度上，室外运动的人比在室内运动的人几乎高出了50%。这种改善关系主要用于减少轻度抑郁和失眠等严重的精神问题。[40]

亲近自然让人更有活力。[41]罗彻斯特大学的一系列研究表明，户外活动对于增加活力的效果"超过体育活动和社交活动带来的影响"。[42]这个研究的主持者理查德·瑞恩（Richard Ryan）说道："研究表明，有更多活力的人不仅仅是对他们想做的事情更有干劲，而且当他们患病时也恢复得更快。保持健康的另一条捷径可能就是花更多的时间亲近大自然。"[43]

我问我的病人贾丝明每周在户外呆多长时间。她是一位患有焦虑症的芭蕾舞演员，她"从来不知道该做什么"，总觉得自己快要窒息了。她先是用怀疑的眼神看着我，我猜她可能是想知道这个问题跟她的病有什么关系。我告诉她，她只要配合我，算一下她花在户外活动上的时间。她想了一会儿，然后有些绝望地问我："坐在车里开着车窗算不算？"我回答道："不算。"然后，贾丝明答道："大概周一到周五有60分钟，周末还有1个小时，所以每周一共有2个小时在户外呼吸新鲜空气。"贾丝明生活在郊区，步行至车库，然后开车去学校。基本上，周一至周五她与大自然接触的时间每天只有5分钟，"学校—家—车子"三点一线的步行时间，包括从她妈妈的车子步行至学校，放学后从学校步行至妈妈的车里，以及车与家之间的路程。这是远远不够的，她所有的活动都是在室内进行的，除了芭蕾就是学习，她过于忙碌，导致大部分时候她都要在车子内匆匆把饭吃掉或者把作业做完。贾丝明的生活太过紧张、太程序化，根本不需要发挥任何创造力。贾丝明觉得要窒息，是因为她被她的父母像气球般包围着，没有机会和时间与大自然相处，追随着自己的好奇心，发展和培养直觉，并无处安放她的五种外部感官——正是这五种感官告诉你该做什么和怎么去适应。

无需计划，想玩就玩！

你不必专门腾出时间来陪孩子玩。玩是无处不在，无孔不入的。比如，早晨刷牙可以成为"坏孩子"和"好孩子"之间的比赛，"坏孩子"的武器上有细菌，"好孩子"的武器上有牙膏。穿衣服可以成为一项奥林匹克竞技，按照穿衣服的快慢分为金牌、银牌和铜牌。当我们在排队或者等红灯时，我和我的孩子们经常玩一个叫"找关联"的游戏，我们随机选取三件事物，然后开始寻找他们之间的某种联系。甚至，监督做作业也能成为好玩的事情。有时候，我戴上老师的眼镜，然后假装成惹人厌的"坏坏夫人"。当我的孩子们答错了一个问题，"坏坏夫人"就会高兴得咯咯笑，我的孩子们会变得兴奋起来。而当他们答对了一个问题，"坏坏夫人"会被挫败，然后大发脾气，孩子们照样会很兴奋。

除了这类日常游戏，你也可以根据孩子的兴趣发明一些游戏。正如柏拉图所说："要想了解一个人，跟他玩一个小时比跟他聊一年能知道的更多。"我常常问我的孩子："有什么事情你想尝试却还没有做的吗？当我像你这么大时，我骑自行车去商店，帮忙做着煎饼当早餐，管理自己的零用钱，玩木头，玩黏土。你觉得做什么事情是有趣的呢？"

当我的大儿子告诉我他想要打鸡蛋，我的小儿子告诉我他想做玉米脆饼和奶酪时，我惊呆了。

因为很多人觉得自由的时间就是浪费时间，我常常鼓励家长们留出点时间让孩子们"放空"。我的一个患有抑郁症的年轻病人告诉我，户外活动能够使他放松，于是我建议他的母亲让孩子有一些在户外自由安排的时间。她的回答竟然是："我的孩子在户外能做什么呢？站在那里，看着天上的云朵就能学到东西？"同样是在那个月，我的另一个病人向我咨询关于注意缺陷多动障碍（ADHD）的评估。当我问她在担忧什么的时候，她答道："我的老师注意到，我经常上课时分心，看着窗外盯着云朵发呆。"好吧，经过评估我得出结论，这位小姑娘根本没有患有注意缺陷多动障碍。她只是太忙了，被过度保护，她真的需要一些时间亲近大自然，纯粹地看着云朵发呆。

在玩耍中发展全商

在他们那本具有开创性意义的《创新者的基因》(*The Innovator's DNA*)一书中，杰夫·戴尔（Jeff Dyer）、赫尔·葛瑞格森（Hal Gregersen）和克莱顿·克里斯坦森（Clayton Christensen）提出了5种与世界顶尖创新者有关的行为。恰好这5种行为都是我所说的发展全商的重要方法，也正是孩子们享受做的事。它们也是玩乐固有的一部分，也就是说，我们无需特别训练就能做到。

发展全商的第一种方法：鼓励观察

孩子们总是很愿意花时间在观察上，哪怕是很微小简单的东西。比如，流动的沙子，水龙头下的水，爬行的蚂蚁等。孩子们通过仔细观察周围的世界从而获得洞察力，这种能力可以让他们轻易想到新的点子、找到做事情的新方法，以及联系想法与实际间的新途径。

如果，孩子们被迫从事一个又一个程序化的活动，他们什么时候才有时间去观察世界呢？如果，孩子们一直被命令如何做事，他们什么时候才有能力去观察事物是如何产生和发展的呢？他们如何知道什么才能够真正引起他们的兴趣？什么能让他们产生困惑？以及如何才能满足他们的好奇心呢？

发展全商的第二种方法：鼓励提问

培养批判性思维的好方法之一，就是多提问。利奥纳多·达·芬奇大概是历史上最具批判性和创造力的思想家之一，他在学习的过程中始终不断地提问。

> 我漫步在乡间，寻找未知事物的答案。为什么山顶上的岩石里有着大海中的珊瑚、植物和海藻的印记？为什么打雷之后雷声会持续一段时间？为什么打雷之后人们先看到闪电后听到雷声呢？为什么石头落入水中后周围会形成许多圈圈？为什么鸟会在空中飞翔？这些问题和其他奇怪的现象在我的生命中一直引发我的思考。[44]

孩子们能够自然而又熟练地提问，而且疑问总是在他们能够尽情玩耍的时候产生。"天空为什么是蓝色的？草地为什么是绿色的？太阳为什么从东边升起又从西边降落？你为什么一定要去工作？人为什么会死？为什么，为什么，为什么……"

什么事情都要问的孩子更勇于挑战现状，并不断超越自己。创新者被认为有着高于常人的问题与答案比率（Q/A ratio），"在一次普通的谈话中，问题不仅比答案多，而且问题有时候会比一个好的答案更有价值"。[45]在我看来，这同样适用于富有批判精神的思想家们。换句话说，要想成为一个创新者，首先你就得是个具有辩证思维的思想家。

超负荷、记忆训练和无尽的练习是问题杀手，害怕犯错同样也是问题杀手。如果你害怕犯错，或者你怕提了问题之后有人会笑话你，你就再也不会提问了。

研究显示，提出正确的问题，已经在科学、商业、技术等领域和全球解决方案上产生了巨大影响。但是，在这个高分和正确答案被视为高智商的代表的世界上，到底发生了什么？有一次，我听到一位教授说："现在当一名教授容易多了，因为学生们都不提问题了！"

发展全商的第三种方法：鼓励尝试

所有的动物都是通过试错来了解世界的。我敢说第一头将海绵放在鼻口并企图在海底觅食的海豚并不是一开始就想到这个好方法的，但是我们最终为这个点子拍手叫好。试错对孩子来说也非常重要：通过一种新的体验，孩子们知道并学会：1.他们是否有能力做这件事；2.如何才能做成这件事；3.他们是否有兴趣再次尝试做这件事。还记得在苏斯（Senss）博士的《绿鸡蛋和火腿》（*Green Eggs and Ham*）

这个故事里，主角山姆试图说服他的朋友尝尝绿鸡蛋和火腿。他分别把食物和狐狸放在一个箱子里，食物和老鼠放在一间房子里，食物和山羊放在一艘船里，但他的朋友怎么都不愿尝。山姆并没有放弃，并最终成功说服他的朋友吃了绿鸡蛋和火腿。看吧，他的朋友还发现自己喜欢上这些了呢。

显然，尝试要经得起试错，也就意味着要经得起犯错甚至是失败。尝试和犯错可以让孩子体会解决问题和收获成功的过程。通过错误和失败，孩子们知道，不是所有的事情是尝试了1次甚至10次就能成功的。错误让孩子们有机会停下来，思考他们在做的事，并反思需要做什么改变才能争取下次取得成功。

因尝试导致的失败并不意味着完全失败，这是最终获得成功的学习的机会。举个例子，爱迪生在成功发明灯泡前，他已经失败了9 000次。他说："我这不叫失败了9 000次，我是学习了9 000种无法做成灯泡的方法。"[46]

那些懂得失败是学习的必经之路的孩子确实会有更好的表现。那些因犯错误而选择回避或受到惩罚的孩子可能会变得害怕犯错，他们恐怕只会愿意去做他们认为会成功的事情，从而变得不再会玩。那些只有在做对事情时才能得到奖励的孩子，无法学会欣赏犯错带来的价值，这将使他们不愿意尝试新鲜事物和冒险。

发展全商的第四种方法：鼓励联想

联想包括以一种新的方式连接、重组和传达已知的想法。联想对虎崽来说有点困难，因为他们普遍缺乏对真实生活的体验和跳出框架的自由。在1996年与《连线》(Wired)杂志的一场访谈中，史蒂夫·乔布斯讲述了联想的重要性以及缺乏联想力的原因："在我们这一行中，很多人缺乏丰富多彩的经历，所以他们没有很多点子可以联系起来，因而解决问题的方法也比较单一。"[47]

2005年，乔布斯在斯坦福大学毕业典礼上的发言中提到："你无法预知未来，只有在回顾时，才能将这些点滴串连起来。所以你必须相信这些片断会在未来以某种方式连接起来。"[48]这里有一个例子能够说明史蒂夫·乔布斯是如何将这些片段连接起来的。当史蒂夫从里德学院辍学后，他回到学校旁听了书法课。这不是一门必修课，而且因为他已经不是这里的学生了，所以他其实也没有必要去上课。正如乔布斯所说："在我的生命中，书法好像都没有什么能够实际应用的可能。那是一种科学永远不能捕捉到的、美丽的、真实的艺术精妙，我发现那实在是太美了。"[49]直到几年后，乔布斯重新把他对书法的热爱联系起来，并且将这一优雅的美运用到苹果产品的设计中。

发展全商的第五种方法：鼓励社交

社交包括与各种人沟通、交流。虽然，我们社交圈里的人可能大多与我们志同道合，但是当与那些与我们想法迥异的人进行交往时，会产生意想不到的联系。

当和来自不同背景、与你有着不同想法的人一起时，你的想法会被挑战，同时你的脑海里也会浮现新的想法。如果你曾被一个问题困扰着，你可能会发现要想解决它，最好的办法就是听听别人的意见，说不定就会有出路了。

有些孩子天生就是社交家，可以在操场上自如地与不同同学交谈，而有些孩子则倾向与同一群小伙伴相处。不管是哪种孩子，我们都应该知道社交能够使得思想在孩子间交流并让他们对新的想法产生包容心。

你认为把孩子放学送到补习班去能催生多少社交和合作呢？这些年，他们一直被教导要不断练习，要熟背公理。他们把每一分每一秒都花在了背诵、练习上。

在西方社会，孩子们通常不会在同一件事情上花费过多时间。但是，他们可能会投入大量时间参与各种各样的活动，比如弹琴、划船、跳舞和做数学题。很多情况下，这些活动都需要在老师或者教练的组织和指导下进行，限制和减少了现实生活中可能发生的交流和合作的机会。

相信任何一个商业人士都会告诉你，强大的社交能力是拥有坚固人脉和稳定合作关系的关键。你看到汇丰银行（HSBC）的广告上是这么写的：“在未来，生意就是社交。”我认为未来已经到来，下一章节我们将谈论作为社会动物的基本欲求。

---

[1] P. Gray, "All Work and No Play Make the Baining the 'Dullest Culture on Earth,'" *Psychology Today*, July 20, 2012. http://www.psychologytoday.com/blog/freedom-learn/201207/all-work-and-no-play-make-the-baining-the-dullest-culture-earth.

[2] Ibid.

[3] S. L. Brown and C. C. Vaughan, *Play: How It Shapes the Brain, Opens the Imagination, and Invigorates the Soul*, New York: Avery, 2009, 112.

[4] Ibid.

[5] Ibid., 9.

[6] http://www.goodreads.com/quotes/286612-play-is-the-highest-form-of-research.

[7] http://www.brainyquote.com/quotes/quotes/c/carljung125773.html.

[8] "Play Science—The Patterns of Play," *The National Institute for Play*, accessed January 14, 2014, http://www.nifplay.org/states_play.html.

[9] L. Cosmides and J. Tooby, *Evolutionary Psychology: A Primer*, Santa Barbara, CA: Center for Evolutionary Psychology, University of California, 1997, http://www.cep.ucsb.edu/primer.html.

[10] "Play Science—The Patterns of Play".
[11] Ibid.
[12] F. R. Wilson, *The Hand: How Its Use Shapes the Brain, Language, and Human Culture*, New York: Vintage, 1999.
[13] S. B. Kaufman, "The Need for Pretend Play in Child Development," Beautiful Minds (blog), March 6, 2012, http://www.psychologytoday.com/blog/beautiful-minds/201203/the-need-pretend-play-in-child- development.
[14] M. Root-Bernstein, "Imaginary Worldplay as an Indicator of Creative Giftedness," *Psychology Today*, December 2, 2008, http://www.psychologytoday.com/files/attachments/1035/imaginary-worldplay- indicator-creative-giftedness.pdf.
[15] "Play Science—The Patterns of Play".
[16] "Play Science—The Patterns of Play"; Stuart Brown, "Play Is More Than Just Fun," *TED Talks*, May 2008. http://www.ted.com/talks/stuart_ brown_says_play_is_more_than_fun_it_s_vital.html.
[17] "Play Science—The Patterns of Play".
[18] R. Ahern, R. Beach, S. Moats Leibke, I. Proud, A.-M. Spencer, and E. Strickland, "The Benefits of Play Go Well Beyond Physical Fitness," *Exchange Magazine*, September 2011, https://secure.ccie.com/ library/5020168.pdf.
[19] "Play Science—The Patterns of Play".
[20] P. LaFreniere, "Evolutionary Functions of Social Play: Life Histories, Sex Differences, and Emotion Regulation," *American Journal of Play* 3, no. 4 (2011): 464-488.
[21] Brown, "Play Is More Than Just Fun".
[22] Brown, "Play Is More Than Just Fun"; M. Monroe, "What's Your Play Personality?" *Empowered to Connect*, accessed January 15, 2014, http:// empoweredtoconnect.org/whats-your-play-personality/.
[23] D. Elkind, "Can We Play?" *Greater Good*, March 1, 2008, http://greatergood.berkeley.edu/article/item/can_we_play.
[24] Ibid.
[25] Ibid.
[26] B. Azar, "Its More Than Fun and Games," *Monitor on Psychology* 33, no. 3 (March 2002): 50, http://www.apa.org/monitor/mar02/morefun.aspx.
[27] Brown and Vaughan, *Play: How It Shapes the Brain*.
[28] "Charles Joseph Whitman," *Murderpedia*, accessed January 15, 2014, http://murderpedia.org/male.W/w/whitman-charles.htm.
[29] "Play Deprived Life—Devastating Result," *The National Institute for Play*, accessed December 10, 2013, http://www.nifplay.org/whitman.html.
[30] N. Shute, "Play Author Stuart Brown: Why Playtime Matters to Kids' Health and Brains," US News.com, March 9, 2009.
[31] Brown and Vaughan, *Play: How It Shapes the Brain*, 43.
[32] Ibid.

[33] Ibid.
[34] H. Cooper, J. C. Robinson, and E. A. Patall, "Does Homework Improve Academic Achievement? A Synthesis of Research, 1987-2003," *Review of Educational Research* 76, no. 1 (2006): 1.
[35] Brown and Vaughan, *Play: How It Shapes the Brain*, 48.
[36] R. Louv, *Last Child in the Woods*, New York: Algonquin Books of Chapel Hill, 2005.
[37] R. M. Ryan, N. Weinstein, J. Bernstein, K. W. Brown, L. Mistretta, and M. Gagné, "Vitalizing Effects of Being Outdoors and in Nature," *Journal of Environmental Psychology* 30, no. 2 (June 2010): 159-168, http:// dx.doi.org/10.1016/j.jenvp.2009.10.009.
[38] Ibid.
[39] A. Cramb, "Jogging in Forest Twice as Good as Trip to Gym for Mental Health," *Telegraph*, June 20, 2012, http://www.telegraph.co.uk/health/ healthnews/9344129/Jogging-in-forest-twice-as-good-as-trip-to-gym- for-mental-health.html.
[40] Ibid.
[41] "Spending Time in Nature Makes People Feel More Alive, Study Shows," University of Rochester, June 3, 2010, http://www.rochester.edu/news/ show.php?id=3639.
[42] Ryan et al., "Vitalizing Effects of Being Outdoors and in Nature," 159.
[43] "Spending Time in Nature".
[44] http://www.leadershipnow.com/creativityquotes.html.
[45] J. Dyer, H. Gergersen, and C. M. Christensen, "Five Discovery Skills that Distinguish Great Innovators," *Working Knowledge*, Harvard Business School, July 20, 2011, http://hbswk.hbs.edu/item/6760.html.
[46] B. Watley, "Failure Is the Entrepreneur's Best Friend," *BizNOW*, accessed January 25, 2014.
[47] G. Wolf, "Steve Jobs: The Next Insanely Great Thing," *Wired*, February 1996, http://www.wired.com/wired/archive/4.02/jobs_pr.html.
[48] "'You've Got to Find What You Love,' Jobs Says," *Stanford Report*, June 14, 2005, http://news.stanford.edu/news/2005/june15/jobs061505.html.
[49] Ibid.

第 7 章

人是社会动物

我陪伴公公度过了他人生中最后一段时光,那段日子让人心碎,但也对我启发良多。他患前列腺癌多年,我和丈夫刚结婚四个月他就去世了。当他呼吸着最后一口气时,我看着他的眼睛,我能感觉到他留给我们的宝贵财富。作为一个工厂工人,他大概没有对世界做出过什么大的贡献,但他是一个正直、高尚、有原则和崇高价值观的人。所以,在他居住的小社区里,他是一个道德模范并在邻居中产生了深远的影响。成百上千的人——这是我们没有想到的——参加了他的葬礼。仿佛他们特意赶来就为了说这句话:谢谢你。在我公公短暂的60年生命里,他有能力感动所有这些人。有人提到了他为他们做的事情:"他帮我找到了工作","在磨坊工作的时候他曾站出来挺我",还有"当我拮据的时候他曾借钱给我"。而且,其他一些甚至连我丈夫都不认识的人还指出,公公"总是做对的事情","他关心他人",并且"他是一个有着崇高品格的人"。在他的葬礼上,我亲眼看到,一个人能够被他人记住,最重要的事情是:他/她对这个世界和社会所做的贡献。

虽然,孩子们从来没有见过他们的祖父,但每当我们遇到一位认识我公公的人,孩子们总是能听到别人对他的正面评价。我知道,孩子们通过这些评价和故事能真切感受到爷爷的影响力,我也相信,这些故事能够让孩子们对社区和贡献的态度变得更加积极。

虽然我们现在对此还没有深刻的体会,但人都希望离开这个世界后被他人记住,或因共享的回忆,或因曾经做过的好事。我现在谈论的是人类欲望最深处的东西:一种渴望与他人建立联系并且有人生目标的强烈需求。其实,这正是人们想要孩子的主要原因。我们都想要留下点什么来证明"我存在过",这些东西是留给我们所爱的人、我们的社区以及我们周围的世界的。我猜,大多数人在他们生命中的最后时刻,会想,这个世界是否在他们离开时,变得比他们刚来时更好?

海豚,像人类一样,都是高度社会化的动物,有着强烈的群体归属感。海豚生活方式的核心是群体生活——一个供海豚们一起生活、工作和玩耍的庞大集体。当它们中的一员生病或者受伤时,其他海豚将陪伴受伤或生病的同伴,常常围在它的后方游动,并把它推到水面上帮助它呼吸。

有时候这个庞大海豚群可由多达 1 000 只海豚组成,几个海豚群会聚集在一起,形成一个大的群体。海豚们形成一个社会群体,一起觅食、嬉戏,保护和帮助其他种类的海豚(世界上有超过 40 种的海豚,如小到 4 英尺长的新西兰赫克托耳海豚和长达 20 英尺长的北极南极虎鲸)。哪怕其他品种的海豚看起来和自己不一样或者交流方式不同,他们也会在对方需要帮助时伸出援手。海豚在饮食习惯方面也显示出群体归属感:它们吃得适量,以便将食物与它们所在群体和其他群体的海豚共同分享，它们甚至将食物分享给其他非哺乳类动物，比如金枪鱼。

帮助其他动物，与其他海豚以及其他物种形成一个成熟的海上联盟是海豚生活方式的一部分。我们来看以下例子。2008年，一群鲸鱼因不明原因搁浅在了新西兰的海滩上。[1]许多当地居民前去帮忙并成功地将这些庞然大物推回了水中。但是，由于这些鲸鱼对周围的环境并不熟悉，它们又再次搁浅在海滩上，情况非常危险。人们再次把它们推回到水中，但是鲸鱼们又回到了海滩。最终，这些鲸鱼和居民们都变得筋疲力尽，几乎快要放弃了。正当这时，一只名为Moko的海豚出现了，Moko因为之前常常跟在海里游泳的人一起嬉戏而闻名于小镇。Moko直接朝陷于痛苦中的鲸鱼们游去,这表明它准备去帮助鲸鱼。这一次，当鲸鱼再次被推回水里之后，它们紧跟在Moko身后，Moko带领这些鲸鱼回到了深海里，岸上的人们大吃一惊，并欢呼雀跃起来。

海豚还会帮助人类。一位不识水性的14岁男孩从他父亲的船上掉落水中，正当他快要被溺得喘不过气来时，一只海豚出现了。这只海豚将男孩子顶到水面上，并且把他推回船附近，以便男孩的父亲能够抓住他，把他拉回到船上。还有另外一个事例，海豚们围成了一个圈来帮助一名男子逃离鲨鱼的捕杀，直到鲨鱼放弃，营救的人们及时赶来，海豚们才离开。[2]

在一只小海豚生命中的第一年里，它的父母首先会将群体归属感和觅食的概念传递给它。为什么社会联系能和猎食排在同样重要的位置上呢？海豚们明白，它们的战场是大海，想要生存和繁荣，最好的方法就是通过群体活动，甚至必要时与其他海豚群一起行动。事实上，有合理的证据表明，当海豚与其他群体成员关系牢固时，它们在养育幼崽方面会更成功,因食肉动物和其他灾害而失去幼崽的情况会发生得更少。[3]甚至在幼崽出生前,群体中的其他海豚会充当"阿姨"一样的角色,把食物分给怀孕中的海豚,以帮助它们维持健康体魄,并且在生产的过程中极力协助它们。

什么是社会群体?

父母把生命赋予给我们,但是我们人生中的大多数时候还是要靠自己的力量来存活和奋斗下去。不管是在童年还是成年时期,我们都离不开社会互动。

社会群体指"基于共同的特点或兴趣,通过一定的社会、宗教或职业互动结合起来的,并且感知到有别于其他类型的人的社会共同体"。群体还可以是一个与你在乎的人或与你共同生活的人共同形成的组织,你称之为"你的人"或"你的群体"。[4]

孩子们通过群体来学习其他人是如何应对挣扎和失望的;他们还能从中学会谦虚、坚韧和解决问题的价值;他们学习其他成员是如何帮助那些有困难或犯错误的人;他们学习作为一个群体该如何玩乐;他们体会到与他人分享成功的喜悦以及在遭受挫折时得到的支持和安慰。

群体提供了一个能够形成丰富社会联系的环境,打交道的对象包括朋友、老师和模范。学习基本社会技能的唯一方法就是不断尝试。在一个群体中,通过试错,年轻人很快就会知道富有攻击性、过分追求完美、盲目自信、随心所欲和自以为是所带来的后果。他们将学会沟通、合作和处理冲突，学会对自己的行为负责，以及如何信任、尊重和公平地对待他人。站在他人的立场思考问题是群体的本质，是对贡献的特殊定义。

虽然这听上去是相互矛盾的，但是实现独立和成就所需的技能可以通过群体结构及其带来的安全感达成。在群体中成长教会孩子寻找、创造和培育他们自己的群体，无论他们身处人生中的哪个阶段、职业是什么、住在哪里。我们在群体中建立身份认同，这是一个我们开始寻找问题答案的地方，比如：我是谁？我在哪？我想要什么？我要做什么？我们无法从孤独的状态中找到这些问题的答案，得通过群体认同的体验以及与现实世界的联系找到答案。当儿童成长为青少年或是成年人，他们以不同的身份角色，加入或离开他们的群体。他们可能会逐渐知道当一个叛徒、墙头草、势利小人、运动员、学者或是书呆子是种什么样的体验，直到最后，他们找到了自己的位置。他们也许会说，他们才不在乎别人是怎么想呢，但不要相信他们。在社会中找到自己的位置或者与他人形成某种关系，说白了，就是要建立一个社会身份。家庭理应成为群体，但往往事与愿违。15岁的卡拉是我的病人，她被她的叔叔性虐待。她思前想后，并最终决定向她的家人坦白受害经历。不料，她的家人听完竟然都保持缄默。悲痛欲绝的她开始嗑药，离家出走。我很担心她，于是配合警察一起去寻找她。两周后依然杳无音讯，我开始做最坏的打算。不过，在卡拉失踪的这段时间，她找到了个能给她带来归属感的群体。她来到了温哥华市区的东部，这个地方因犯罪、嗑药、卖淫而臭名昭著。然而，这里还隐藏着十分强大的社会群体。卡拉在这儿遇到了一位跟她有着相似经历的年轻女士，这位女士把她介绍给了其他几位同样有毒瘾的妓女。这些女人帮忙照顾卡拉，保证她的安全，为她提供住所和食物。她们在听完卡拉的遭遇后并没有对此指手划脚，而是引导卡拉不要重蹈覆辙，并劝说卡拉回家。卡拉回来接受治疗，她告诉我她跟这些女人相处得十分愉快。她决定改变现在的生活，着眼于未来，而不是过去。卡拉重返校园，现在的她是一名在东区工作的热情善辩的女权主义者。她告诉我，撇开过去的创伤不谈，现在的她过得十分快乐。

什么是付出？

我们会认为，贡献只属于社会名媛和伟大信徒们。但事实并非如此。我们都乐于付出。当我们付出时，我们将收获幸福和快乐。从生物学角度来看，我们想要存活下去就得付出，生活中如果没有付出，我们的生活就会失去平衡，过得不好、不健康，好比生活中如果没有玩乐你就会逐渐死去。

有关新一代人的研究告诉我们，如今的年轻人比起过去更加注重金钱和地位。[5]但同时，他们也被认为是最缺乏上进心的，尽管他们的权利意识很强，但是他们"艰苦工作"的能力却空前得弱。如果金钱和地位都不足以激励如今的年轻人上进，那什么可以呢？

答案是，付出。我认为，人们，尤其是父母，严重低估了朝目标进发的原动力。如社会联系和社会群体显现的那样，人们知道付出很重要，但父母往往忽略了它。想想贺曼（Hallmark）贺卡上写着的祝辞和婚宴上对新人的祝语吧。真正能触动心灵的称赞无非就是表扬我们关心他人，帮助过他人或者乐于助人，而那句"你让世界变得更好"

恐怕就是对一个人最高的评价了吧。

商家们知道，人们珍视付出，所以难怪很多营销战都将其融入进自己的广告理念中。无论是在汽车修理厂、当地的菜市场、法律事务所还是大公司里，我们常常会看到这样的口号："因您而用心"，"创造不同"和"我们相信"。旧金山大学的校训很棒："改变世界，从这里开始。"

劳拉是我朋友的女儿，她是一个才华横溢的音乐表演家。尽管她在音乐上有着非凡的天赋，但她无时无刻不与缺乏动力和练习做斗争。她总是不愿练习，并渐渐抱有一种消极的态度。劳拉过去似乎是被付出所激励，因为她爱招待朋友并带给朋友快乐。父母困惑的是，女儿表演的积极性正在减弱。这种情况在她得到越来越多的正面评价后变得尤其严重。她的父亲向我描述了劳拉最精彩绝伦的一次演出。在这场演出前，劳拉不需要任何哄诱和激励就自觉练习，最终也表现得相当好。劳拉表演的这个剧本的主题正好与劳拉自身经历有着共通之处，故事讲述了一个小女孩，不顾一切地为自己争取学习的权利。劳拉被剧本深深打动，她决定亲自去拜访这位剧作家。剧作家是一位居住在养老院里的老人。最后，是剧作家帮助劳拉走出了生活的困境，战胜了这场斗争。劳拉不费吹灰之力就拥有接受教育的权利，但在她的生活中，仍有一些东西需要她去争取。而这个剧本，帮助她发现了这一点。劳拉想真诚地对剧作家说声"谢谢"，以感激对方给自己生命带来的贡献。从这段经历中，劳拉明白了她为什么突然丧失了前进的动力：因为她不满足于只"取悦"观众，她希望像这位剧作家那样去"感动"人们。她希望通过她的艺术能改变人们的生活。她希望"创造不同"。

把我们每个人独一无二的那份付出献给世界是我们永恒的动力。我让我的病人试着去奉献，因为我知道这会让他们的大脑释放出更多他们正缺乏的多巴胺。哪怕仅仅是写张支票，然后把它捐出去，这也会让人感到满足。但是，用我们独特的才能为世界做贡献会更让我们更满足。试想一下，每个超人都想拯救世界，这难道不是超人的本质吗？每个超人都有一种独特的超能力使得他可以用独特的方式去拯救这个世界。就像我们常人一样，超人也有软肋，一个无懈可击的超人是无趣的。其实很多过着平凡生活的人都有不为人知的一面。这告诉我们，任何人都可以拥有超人的品质，变得伟大。超人是最高品质的代表，包括正义、美德和体贴，这也是为什么那些超人的故事往往是隽永而又被人们喜爱着。谁不想跳出日常，做一些真正对他人有用的事情呢？

人们通常通过努力工作来为群体做贡献：医生帮助人们恢复健康，老师培育下一代，记者报道真相。我发现，人们之所以喜爱自己的工作，是因为这能让他们回报曾经帮助他们成长和成功的人。

父母们经常说："你做什么不要紧，只要你尽力就行。"为什么？因为尽力而为才是关键。如果你在某件事情上尽你所能做到最好，这种行为也会激励他人做到最好，这就是付出。创造不同，实现目标，让这个世界在你离开的时候变得比你来的时候更好，也同样是付出。

群体和付出所带来的生物奖励

社会化的交流和沟通让我们体会到幸福和快乐。幸福和快乐的感觉是生理奖励给我们的东西，这对我们的生存很重要。社会互动和社会联系都会增加大脑的多巴胺分泌，但是社会联系产生的更多。为什么一项社会活动会比另外一项活动令大脑产生更多的多巴胺？从生物学的角度来看，社会互动是朝着生存正确方向上迈出的一步（与他人会面和互动非常重要），但是社会联系建立了一个健康的群体，健康的群体对于我们的生存来说至关重要。这就好比约会和相爱之间的差异，出来约会见个面或是打情骂俏能够催进多巴胺释放，但是相爱（接着很可能会繁衍后代以壮大族群）能够催进释放大量的多巴胺。当催产素（一种当我们爱抚、拥抱和接吻时释放的让人"感觉很棒"的荷尔蒙）与多巴胺混合后，会让人产生满足感和舒适感。

如果你还不相信人类是十足的社会性动物，那只要和年轻人待一会儿，你就会发现社会行为是如何深深地根植于他们大脑中的。从青春期开始，他们的行为便踏上了社会化的征途。比如谁在做什么？又是和谁做的？对于年轻的大脑来说，社会互动是一个有力的奖励放大器，同辈人之间的互动能有效增加多巴胺的释放。想象一下，当年轻人被邀请去派对时，他们会有多兴奋。相反，当没人邀请他们时，又会有多沮丧。一些大脑扫描研究显示，年轻人的大脑对被同伴排斥时所作出的反应与他们的身体受到威胁或挨饿时作出的反应是类似的。[6]换句话说，青少年很有可能将排斥视为一种对他们存在的威胁。最后这个例子可能让你更容易明白，无论是在人前，还是在网络上，抑或在他们的想象中，青少年为什么总会对社交网络中的起起落落作出强烈反应，好像他们的生活就取决于这些似的。

研究表明，社会联系比生活的基础必需品还要重要，它是获取幸福感的关键。伊利诺伊大学的研究人员在2005年至2010年间进行的这项研究，涵盖了155个国家。他们发现，哪怕人们的基本需求没有得到满足，但只要他们和他人保持稳固、正面的人际关系，他们仍然会感到幸福并最终实现自我升华。[7]即便在战争时期，基本的生活需求无法得到满足，安全也无法得到保障，只要人们保持积极、正面的社会联系，他们仍然会有幸福感。实际上，研究还发现当人们处于那种生活必需品极度匮乏、深陷囹圄等极端情况下，反而可能有助于加强社会联系。因此，一些经历过诸如战争这种可怕创伤的人常常会将那段时间描述成生命中最美好的时光之一。

这项研究还发现，当社会群体中其他人的需求也得到了满足，人们会感到更加幸福。[8]也就是说，一个人的满足感不仅取决于他自身的生活品质，也取决于他人的生活品质。这是肯定的，因为我们生来就注定要聚集、保护、竞争、建立我们的个人安全，但同时，我们也生来就注定要与社会建立联系并关心我们所在的群体。现在，的确有科学证据支持这一古老的谚语："付出的越多，得到的越多。"2008年，一项由来自哈佛商学院的迈克尔·诺顿（Michael Norton）教授和他的同事们主持的研究发现，施予比把钱花在自己身上更能增加参与者的幸福感。[9]2006年的另一项研究发现，光是想想"施予"这个动作，就能够像进食和性一样，刺激大脑的某一部位。[10]通过核磁共振（MRI）对大脑的跟踪显示，向慈善机构捐款能够刺激大脑内部的奖励中心，正是这个中心产生出了传递幸福和快乐的多巴胺。[11]

付出可以延长我们的寿命。一项以老年人为研究对象的研究显示，那些给予配偶充分精神支持或给予其他人（朋友、亲属、邻居）实际帮助的人，比那些没有做这些事情的人，在5年内死亡的风险更低。[12]这项由加州大学伯克利分校做的关于老年人的研究发现，那些在2个或者2个以上组织担任志愿者的人，5年之内死亡的可能性要比其他人低44%（排除年龄、吸烟等不良的健康习惯、总体健康状况和运动方式等因素）。[13]对他人施予援手不会害了你，但你不这么做，就是有害的。

通过群体和付出来发展全商

在20世纪50年代，很多科学家尝试揭开人类DNA结构的奥秘，詹姆斯·沃森（James Watson）和弗朗西斯·克里克（Francis Crick）便是其中两位。在1953年，他们因最先发现了DNA的双螺旋结构而刷新了科学史，这对分子生物学和遗传学都具有开创性的意义。更有趣的是，克里克是一名物理学家，而沃森是一名动物学家，这两个职业似乎与化学和人体生物学丝毫不搭界。但这两个人相互推动、挑战、争论、反对、试图说服对方，并最终在一些显著的问题上达成一致。

独自一人工作，是很难有新的想法产生或跳出原先的思想框架的。但是在一个团队里，不同背景的人各执一词并不断挑战对方的想法，最好的点子常常就在这时候出现。在克里克的回忆录中，他写道，要是光靠他自己，恐怕双螺旋结构永远都不会被发现。[14]

合作与沟通是全商的两个重要组成部分。这需要你用到社交技巧。社交技巧是指与他人相处的技能，能有效地表达自己的想法并影响他人，还能与你不喜欢的人共事。无论是在校期间还是毕业以后，社交技巧与成功息息相关。一个在学校里人缘很好的孩子通常都会得到长足的、很好的发展。相反，一个不擅社交的孩子今后还会在结交朋友、维持友谊、与他人合作上出现困难。事实上，也有研究表明，幼儿园里的小朋友结交新朋友的能力以及被同学接纳的程度都与他们日后在课堂上的表现，甚至是完成学业任务的独立性方面密切相关。[15]也就是说，一个孩子越能掌握社会技巧，那么这个孩子学习的自主性就会越强。

让孩子们经受社交挑战可以让他们学会灵活、磋商、自信、变化和适应。社会互动为讨论和解决苦恼、情绪化的问题创造了机会。所有的这些都会增强创造力和思辨能力，这恰是全商的另外两个重要的能力。若孩子总是重复、局限地锻炼个别能力，或在老师的全方位指引下盲目地参与活动，而家长仅仅需要负责接送上下学，那么孩子们将无法真正学会在现实社会中需要用到的技能。我曾听到一个10岁男孩的母亲埋怨说邻居们的孩子都比她儿子小，她说道："实在是没有办法，只能让我儿子跟这些比他小的孩子玩。我很担心，因为我儿子什么都学不到。我希望他能跟同龄或是比他大的孩子一起玩，这样至少他能学到点新的东西。"她是大错特错了。的确，一个孩子跟比他大的孩子一起玩耍可能会学到一些新的技能，比如如何更好地扔球，或是学习一些新的词汇。但是，跟比自己小的孩子一起玩耍同样能够学到很多重要的社交技能。比如，他们能够学会体贴他人和换位思考，这对情商和成功来讲都是至关重要的。年长的孩子要学会读懂比他小的孩子的语言之外的提示，并帮助弟弟妹妹们克服困难。还有一点也很重要，年长的孩子必须用有效的方式向尚缺乏理解能力的同伴们解释新的概念。这种解释可谓一举两得，一来它可以巩固孩子自身的已知知识，二来它可以暴露出孩子还在哪方面存在短板，从而激励他们去完善和发展。在群体里与各年龄段的人互动同样可以提高人们的全商。我们从中学会什么叫义务和责任；学会信守承诺的重要性；学会如何赢得他人的尊重、爱戴和倾慕；反之，也学会了行使不道德、无原则的手段会失去他人对你的尊重、爱戴和倾慕。拥有高全商的孩子会珍视自己的公民权，并懂得归属感和为集体付出的重要性。

我们现在正处于人类历史上的关键时刻，人类的活动正以比过去任何时候都快的速度改变着地球及其生态系统。人口数量即将迎来70亿，其增长的步伐只会变得更快，我们所面临的问题和分化的严重程度也会不断加剧。现在正是我们大家聚集起来一起解决问题的时候。下一代所面临的挑战将十分艰巨，而他们将要做出的决策也至关重要。不过，值得感恩的是，如我们所见，人类生来就会主动关心、分享和与他人合作。所以，我们现在更加需要顺从我们的天性。

虎式教育的孩子不重视群体和付出

虽然社会联系是我们的本能，但是我们也经常忘记这点。长久以来我都观察到，那些忘记或是轻视人类社会联系需求的人往往会感到纳闷，为什么自己会感到抑郁、焦虑和倦怠？

在虎式教育的孩子们看来他们所处环境不是共同体，而是竞技场，这些竞技场或大或小，一切视个体表现而定。在竞技场上，每一个人都在竞赛，只有那些能够帮助你"赢"——类似在下一场考试或比赛中获得好成绩这种能够实现一个近期目标——的人才有价值。这种想法通常会让虎崽的竞争意识变得过强并缺乏必要的社交技能，比如合作和沟通。

虎崽们习惯处于竞技状态下，所以他们倾向把其他人都当作竞争对手，无论是他们的同学、队友，还是自己的兄弟姐妹。面对兄弟姐妹或是朋友们的成功，虎崽们可能会感到紧张甚至是嫉妒，而不是替他们感到高兴，他们的人生始终被一种恐惧占据着，他们总是害怕无法做到最好。因为，他们从小就因他们做了什么而非他们是谁而被奖励着，所以在他们看来，是成就，而非身份定义了他们自身。

不知是刻意还是无意，虎式父母经常将他们的孩子与其他人隔离开来。虎崽们要么忙于功课，要么忙于有成年人监督着的分龄活动。他们没有时间与朋友或家人（包括祖父母，甚至是邻居）见面。朋友、兄弟姐妹、阿姨、叔叔以及祖父母的角色概念在他们心中已逐渐淡化，因为虎崽们把时间和精力都投入到那些能够帮助他们成为"最优"的活动中去了。因此，虎崽们失去了榜样塑造、引领、指导等其他跨代互动的机会。虎崽们缺乏接触各种各样观点的途径。他们通常一个人学习，或是局限在从某几个人身上学习，而且他们中的大多数是雇佣而来的，比如家庭教师，而且是与孩子的父母持有相似观念的教师。

缺乏社会联系的生活是寂寞孤独的。但如果你现在正坐在写字楼里拿着高达六位数的薪水，你可能会觉得孤独还不是最糟的事。毕竟，孤独还是少数人享有的特权，对吧？如果这正是你所想的，那么让我告诉你：孤独会杀了你。让我们先从最极端的孤独说起——单独拘禁。

单独拘禁在人类残暴史上也是颇为讽刺的。第一所建有单人囚房的监狱落成于19世纪20年代，单独拘禁的目的是给罪犯们提供一个更为人道的居住环境。在这之前，罪犯们挤在窄小的囚房里，分帮结派，四处充盈着羞辱和危险。看守者们不久后发现，与拥挤的环境相比，单人囚房更加残忍：囚犯们快要疯了。如今，单独拘禁的危害性后果已有据可查，其中包括睡眠障碍、焦虑、抑郁、恐慌、狂暴、失控、偏执、幻觉、自残、认知障碍以及心理的完全崩溃等。[16]因此，出于人道考虑而发明出来的单独拘禁如今被认为是全世界的狱卒和刑讯人员所掌握着的王牌之一。

情感上被孤立与吸烟一样，位列引向死亡的一个高危因素。[17]在

20世纪50年代，临床医学家弗瑞达·弗罗姆-瑞茨曼（Frieda Fromm-Reichmann）为日后研究孤独会如何影响一个人奠定了基础，这个话题实在是太复杂了，即便到了今天，我们还是未能完全搞明白。孤独不仅仅只是一种感觉，它像疾病一样侵蚀整个身体。它改变荷尔蒙的信号和路径，这会破坏这些荷尔蒙的控制系统，如基因调控。长时间的孤立会使很多情况恶化，比如老年痴呆症、肥胖、癌症和心脏病。比如，研究已显示肿瘤在孤独的人身上会扩散得更快。[18]

孤独不仅仅是身体上的孤立。弗罗姆-瑞茨曼将孤独定义为对亲密关系的长久渴望。[19]即便是一个长期身边有人簇拥着的人也会感受到彻底的孤独。加州大学洛杉矶分校（UCLA）一项关于孤独的研究发现，多达30%的美国人觉得他们一生中并没有与特定某个人有着十分亲密的关系。[20]2010年，美国退休者协会（AARP）一项针对45岁及以上的成年人的研究发现，21世纪初，有五分之一的人长期感到孤独，而到了2010年，这个比例增长到了三分之一。[21]

2006年，加州大学洛杉矶分校的一项研究显示，身体疼痛会使神经系统活跃，而社交上的被拒同样会刺激神经系统。[22]这项研究涉及一个橄榄球游戏，有三位参与者参加游戏，一位是真人玩家，另外两位是电脑程序，他们要做的就是把球扔给对方（真人玩家以为另外两位玩家也是人类）。当球在玩家间来回一段时间后，两位电脑玩家开始忽略真人玩家，他们两个自己玩。当这种情况出现后，真人玩家的核磁共振成像显示，这一被拒同样激活了大脑中与身体疼痛有关的一部分。

老虎的"青年危机"

艾娃是一名律师,同时也是一名成功的钢琴家。她来找我时是29岁,那时她的宝宝才3个月大。她告诉我:"我的宝宝不讨人喜欢,而且比其他孩子哭得多。"如果你不认识她,你大概会想"天啊,在想什么呢,现实点!"但很不幸,对于艾娃来说,她只看到一个现实:她的宝宝不完美。

与新妈妈们接触了10年以后,我可以负责任地告诉你,虎妈越是有竞争力,即更追求完美和更孤独,那么她的产后变化也就越大。没有什么比成为新父母开始的几周需要更多的谦卑、对缺憾的包容、独立思考的能力以及从社群中得到的帮助了。艾娃曾有过一段非常艰难的时期。"我永远把事做到最好,"她告诉我,"我真的不知道什么叫缺憾。"她继续坦白,没有人来帮她做吃的,也没有人来帮忙照看宝宝,或是像对其他她所认识的妈妈那样来探望她。

原来,艾娃的许多问题都源于她过去总是习惯要赢这一事实,她无法适应现实生活。习惯于当一名律师,令她将大量的时间都花费在法庭演练上,孩子的到来让她措手不及。毋庸置疑,艾娃在童年时期曾花了大量时间来应付考试和表演的压力,但是她并没有面对过来自日常生活的压力,不像我们常人,那些乏味琐碎的家务事、责任的推脱、团队合作等都离她很远。

长大以后,艾娃也逐渐开始明白,高分和得奖使她变得特别,也让她免于做那些常规、普通的工作。诚然,当要学习或演练的时候,家里可不需要她来洗碗的。但现在,作为一个成年人,现实生活中的责任蜂拥而至。

可悲的是，艾娃免不了把自己的孩子与别人家的孩子进行比较。甚至她的几个朋友也看出了其中的抵触。但是，艾娃真的不知道如何做到不与他人比较，也不知道如何与他人建立联系，尤其是与同辈的人，包括她的丈夫。可以想象得出，与她接触过的人也不大喜欢她。

她追求完美极致的性格导致她对自身的要求也是近乎残忍的。她对自己产后的外貌和身材有着不可理喻的高要求。她花费了大量时间和金钱在没有必要的产后塑身上，心情却并没有好转。但让艾娃最痛苦的是，她希望她童年的所有付出和牺牲都能得到回报，就好像还有人在一场叫做人生的比赛中计分似的。这种情况并不罕见，我称之为"老虎的青年危机"。

经过了几个月的治疗，艾娃有了许多积极的转变。有一天，她在我的办公室里哭了。她告诉我，她终于意识到她的童年在错事中流逝了。她为追求更高的个人成就而付出了高昂的代价。但是，值得庆幸的是，她的绝望是暂时的。她新发现的海豚特质使她确信，她的宝宝将会有一个不一样的童年。她会把更多的注意力放在培养女儿的社会联系上，并让她尽力做好自己，而不是鼓励女儿与他人竞争。她希望她的女儿能在人生的高低起伏中过得顺风顺水，而不受竞技场的制约来取得胜利。并且，她还意识到，她的孩子需要一个群体的环境来实现以上目标。如今，很多年轻人像当年的艾娃一样，而作为所谓的新新一代（Gen Entitled）中的一员，我们必须问自己：社会生活和社会地位能替代社会联系吗？我们是不是正在丧失公民意识、分享精神和向善之心？而这些对发展积极的性格和领导力有着重要作用。什么能使这个世界变得更美好？父母的作用难道不是帮助孩子们造就正面的性格吗?是的,并且你可以!

为群体和贡献创造一个良好的环境

为孩子的成长创造一个拥有信任、尊重、责任、同情、正直、谦卑这些价值观群体。你的群体应当由那些当你遇到困难时会找他们帮忙的人组成。根据你所处环境的不同,你的群体可能全部是你的家人,或者没有一个是你的家人。它可能包括一位导师、老朋友们、同事们或是你孩子朋友的父母们。每一位群体成员在你的生活中可能扮演着不同角色。我常常看到,当父母和孩子间的关系变得紧张时,祖父母、阿姨、朋友或是老师、教练会在当中成为协调者。确实,我们总是能从除父母外的我们所爱戴的长辈(或者是兄弟姐妹)身上学到最宝贵的东西。

一个群体是建立在良好的人际关系上的,而非取决于群成员的多少。良好的人际关系就是,如果你生病了,人们会来医院探望你。虽然,你在社交媒体上可能有许许多多的朋友,但当你需要他们的时候,又有多少人会来帮助你呢?群体成员就是你认为哺育了你的某个人及你反哺的人。在一个群体中生活,并不意味着为了别人而活,那是单向的人际关系。它指的是,付出和回报。

许多虎式教育下的孩子并没有太多时间与其他人进行交流,包括他们的祖父母、阿姨、叔叔、兄弟姐妹或属于他们群体内的朋友。我听过很多老人家说:"我不怎么见到我的外孙,因为他太忙了。"如果你决定让你的孩子远离某个特定的人,因为你不喜欢那个人对你的孩子产生的影响,那是你作为父母的选择。然而,如果孩子们被剥夺了发展和融入群体的机会,理由仅仅是因为他们太忙了,那么想清楚,他们到底能有多忙呢。那些在学业、运动和音乐课之间忙得团团转的孩子或许会与他人互动、竞争，但是他们很少有时间去发展有意义的社会联系。所以，腾出时间让自己和孩子享受群体生活是非常必要的。另外，这对你还有一个好处：在群体中生活最棒的是，作为父母的你，要做的事情变少了。

成为群体和贡献的榜样

你是融入群体和付出最好的榜样。当你表明你重视群体和贡献时，你真正的领导力便会展现出来，人们会注意到并记住这些，尤其是你的孩子。如果你想让你的孩子重视有意义的社会联系、与群体的关系、一个宏大的生活目标，你必须以身作则，大力重视你自己身上的这些东西。

如果我们重视良好的人际关系，孩子会将这一常识内化，而且在他们的生活中也能更好地建立这种关系。如果我们想让孩子拥有有意义的友谊，那么我们自己就要有有意义的友谊。如果我们想让孩子撇清那些毫无意义的关系，那么我们自己就需要撇清自己身上那些毫无意义的关系。如果我们想让孩子被可信、有教养的人所围绕，那我们自身就首先要被这些人围绕。正如我们的所作所为会影响我们是谁一样，我们与什么人相处也会影响我们是谁。

基于此，道理就很容易明白了。跟积极乐观的人一起会让我们自己也变得积极乐观。这种影响不仅来自一个人的说话内容，同样也来自说话的方式和当时空间里的能量。人类心脏的电磁场可以在离我们身体几英尺远的地方被检测到，而且也能够被他人感觉到。因此，这一能量系统在个体之间的身体交流、情绪和信息交换中扮演着重要角色。[23]有些个体能够通过他们自己稳定的、有组织性的电磁场靠近那些磁场不太稳定与连贯的人，从而使后者达到一个平静的、积极的状态。稳定的磁场能产生稳定的心率，这能帮助大脑变得富有创造力，并有助于解决问题。这虽听起来有点像绝地武士（Jedi）的"原力"（force），但这就是科学！

传授价值观和正面的角色

我最近在一场宴会上听到来宾们纷纷在讨论让父母们夜不能寐的话题：学校、活动、宵禁，以及当孩子最终一个人在外时将如何养活自己。有个人讲了个故事，一位年轻人向老人出售过时的技术从而赚了一笔小钱。令我惊讶的是，围坐在餐桌边的一些家长为这位年轻人的商业头脑大声叫好，有一个人甚至夸赞道"杰出极了"。我并不同意，我说道："在我看来，这是不道德的。"另一位家长开口了："这个世界上有两种人"，他说："压榨别人和被别人压榨。你想让你的孩子成为哪种人？"

这个问题让我措手不及。我从来不会用这种方式看待世界。但是这个家长坚持让我选一个，所以我不得不做出以下思考。我假想了一下，我的孩子虽看上去和我的很多病人一样，在经济上很成功，但他们过得并不快乐，总是在追逐不知道是什么的奖项，没有知己，试图麻木自己的想法和感情，甚至无法正视自己。所以我回答道："不，压榨或者被压榨不是唯一的选择。不道德对任何一个人都没有好处。而且，压榨别人与真正的成功完全是背道而驰的。"

当然，这番话完全基于我的个人经历。所以当我回家以后，我给自己布置了一项任务，去证明快乐（不被压榨）和道德（不压榨）是可以并存的，而且同样能获得成功。对我来说，这十分重要，在这个世纪，所谓的成功，就是成为一个在道德上真正健康、快乐、成功的领导者。这些都是能够让世界变得更美好的品质，或者至少，它们绝不会让世界变得更糟。

　　我发现有大量的资讯、研究和案例都支持我的这个观点。事实上，许多证据显示，健全的品德不仅仅是生活中重要的一部分，还是一个真正的领导者和21世纪成功的先决条件。[24]你不可能在一个没有道德约束的环境下，在这个紧密联系、社会化的世界上获得长远的成功。道德约束包括：正直、责任以及对于别人有着真正意义的价值。我对于那种用压榨与被压榨的观念去抚养孩子的方法完全不感兴趣。虽然，很多父母也会和我持相同的看法，但是他们不一定会这样做，因为他们太忙或太心烦意乱了。在某种程度上，道德（和幸福）是天赋的。父母们说："嗯，当然，我的孩子要在各方面都保持良好品行"，或者说，"绝对的，如果我的孩子没有正确的价值观，这将是我作父母最大的失败"。在很多案例中，这就好比说："健康固然重要"，但事实上，说话的人正吃着垃圾食品，过着不规律的生活。你有没有想过，我们成年人（父母、老师、教练、导师）花费了大量时间教我们的孩子如何演奏一种乐器，如何进行一项体育运动，如何做作业，但是从来没有教授他们社会价值和道德的重要性。如果将名列前茅看作是孩子的自尊所在，那么孩子不是尖子生的时候，他们就没有任何自尊可言。如果将成为一名优秀运动员看作是你孩子的自尊所在，这同样不会长久。但一个孩子的价值观是会永远存在的。有些父母可能会说，学习如何演奏一种乐器、如何进行一项体育运动、如何做作业的过程已经教会孩子们什么叫社会价值和道德了。这些活动固然会让孩子们知道纪律和努力的重要性，但是它们不会教会孩子以下这些重要的价值观：尊重所有人，哪怕这人与你很不一样或者无法给予你任何东西；在没有人看着或者这件事并不太重要的情况下，仍旧坚持做正确的事；对你所在的群体和你生活的这个世界负责。

价值观确实是教育中最强大有力的工具。价值观赋予了生活意义，形成了我们对未来的看法，并给我们带来了更多的幸福感。崇高的价值观与成功及其带来的各种后果都息息相关，比如它能有效缓解压力。当我们想到价值观，就会想到生命的意义以及那些由我们的行为而产生的各种和谐或不和谐的东西。这种思考有助于我们的大脑与环境之间，从低级的"无意识的"反应转向高级的"有意识"的互动。2005年，加州大学洛杉矶分校进行了一项关于压力的研究，他们把几组参与者安排到了实验室内并让他们完成几项压力测试。在进行压力测试前，其中一组人要先回答一个问题：什么样的个人价值于他们而言是有意义的？而其他的组并不要求回答。该研究显示，进行了反思的那个组较其他组有着更低的压力值，比如身体里的皮质醇（一种应激激素）。[25]

我在我的私人诊所里也看到过价值肯定所产生的积极影响。杰登因校园欺凌现象而备受折磨。但被欺负的不是他，是他的邻居拉维。因为杰登和拉维有着不同的兴趣爱好，所以他们不是非常要好的朋友。杰登是一个社交运动型男孩，而拉维则沉迷于小玩意儿和看书，但是杰登还是喜欢拉维的。当拉维被嘲笑时，杰登非常生气，他甚至翘掉了体育课，因为他实在看不下去了。杰登考虑过要替拉维出头，但是他又有点害怕，因为他担心自己会成为下一个被欺负的目标。在治疗的某个阶段，我能够看出杰登开始变得紧张、难以动弹，所以我们暂时把欺凌的问题放在一边。我拿出一张白纸，让他写下他的价值观，他写道："友谊和和平。"考虑到他只有12岁，所以我列出了一系列常见的价值观，如责任、公平、同情和勇气，并要求他按照重要性用1-10分来分别给这些价值观进行打分。他给这些价值观都打出了8分、9分和10分这样高的分数。然后，我让他给自己在这些价值观上的表现进行打分，他给"责任感"打了4分，给"勇气"打了2分。杰登知道为什么给自己打了这么低的分数，当然，我也清楚。他马上放松了下来，并决定向校长报告欺凌的事。

通过剪贴簿来找到生活中真正重要的事

我就是那些条理性不够，也无法做出一本像样的剪贴簿的父母中的一员。我总是羡慕那些能为孩子做一本漂亮、多彩、充满艺术气息的剪贴簿的妈妈们。我问一个朋友，为什么她要花那么多的精力来做这个？要知道，做一本剪贴簿是要花很多时间的，那么她真正的动力是什么？她说："我想要把那些特别的瞬间捕捉下来。""但是你为什么想要捕捉这些特别的瞬间呢？"她回答道："因为我想要我的孩子知道，在生命中什么才是重要的。"啊！我明白了，而且，她做到了。顿时，我们停下来看着对方，眼神里闪耀着"这想法真好"。她继续做着她的剪贴簿，并把标题从"迪士尼乐园""生日派对"换成"信任""公平""责任""公民""尊重"和"关怀"。

我家里没有做剪贴簿的工具，所以我打算做一本"剪贴簿"（关于生活中什么才是最重要的一场大讨论）。偶尔，我们会加"一页"，通常是一次关于我们家庭中重要的价值观的简短对话。比如，我的儿子回到家说："妈妈，我今天在足球比赛里踢进了三个球。"我回答道：

"真棒！那你的队友们是怎样表示他们信任你的？那你又是怎样回应他们的？"在进行了短暂的交谈后，我要求我的儿子描述（或是画图）一下他心目中关于信任和公平的场景，然后我们把它放进我们的"剪贴簿"里。

这个剪贴簿还包括"更好的世界"这一类别。比如，我5岁的儿子问我，为什么他要去幼儿园，我反问他，他觉得理由是什么。他给出了一系列的回答："……去学习和变得更聪明……去交朋友……有一天能找到一份工作……"对于这些，我说道："对的，然后呢？"最后，他说道："……让世界变得更美好。""是的，宝贝，"我说，"你要去上学，那样你会变得聪明、快乐并成为一名领导者，甚至将来有一天你会让这个世界变得更美好……但是，首先，我们先上趟厕所，以确保今天不会发生任何意外！"

写一本感恩日记

一本感恩日记是引导你的孩子重视群体和贡献的极好方式，另外，它还能促进健康和幸福感。我让我的许多病人用这种方式来治疗，哪怕是正在服缓刑的冷酷少年，也会发现这真的很有用。

感恩日记就是一本用来记录一个人所感恩的东西的日记簿，它通常包含了记录人对群体和贡献的看法。这本日记能够成为通往幸福道路的积极因素。我要求病人密切关注那些在他们生活中起积极作用的事情，这可能就是为什么它能发挥如此良好的效果的原因。无数研究都肯定了感恩之心带来的益处，比如幸福感的提升、个人发展的实现、人际关系的改善、睡眠质量的提高、抑郁情绪的减缓、压力的减少和解决问题能力的进步等。[26]《时代》（*Time*）杂志围绕感恩这个主题进行了回顾，并得出结论："那些自己心存感激的人……跟大多数人相比，往往有着更高的活力，同时也更乐观，他们承受较少的压力，也较少患上抑郁症。"[27] 另外，还有研究表明，那些写感恩日记的人对他们的生活的满意度会更高，罹患疾病的可能性也越低。[28]

---

[1] Associated Press, "Dolphin Appears to Rescue Stranded Whales," NBCNEWS.com, March 13, 2008, http://www.nbcnews.com/id/23588063/ns/world_news-world_environment/#.Uubf7SKEiWg.

[2] M. Caney, "Dolphins Helping Humans," *Dolphin Way*, April 12, 2011, http://www.dolphin-way.com/dolphins-%E2%80%93-the-facts/dolphins-helping-humans/.

[3] E. Young, "Dolphin Mums Need Help from Their Friends," *Australian Geographic*, November 2, 2010, http://www.australiangeographic.com.au/ news/2010/11/dolphin-mums-need-help-from-their-friends/.

[4] "Community," Dictionary.com, accessed November 4, 2014, http://dictionary.reference.com/browse/community.

[5] Walton, "Millennial Generation's Non-Negotiables".

[6] G. MacDonald and M. R. Leary, "Why Does Social Exclusion Hurt? The Relationship between Social and Physical Pain," *Psychological Bulletin* 131, no. 2 (2005): 202-223, http://www.sozialpsychologie.uni-frankfurt.de/wp-content/uploads/2010/09/MacDonald-Leary-20051.pdf.

[7] D. Yates, "Researchers Look for Ingredients of Happiness around the World," *News Bureau Illinois*, June 29, 2011, http://news.illinois.edu/news/11/0629happiness eddiener.html.

[8] Ibid.

[9] E. W. Dunn, L. B. Aknin, and M. I. Norton, "Spending Money on Others Promotes Happiness," *Science* (March 2008): 1687-1688, https:// www.sciencemag.org/content/319/5870/1687.short.

[10] D. Rico, "The Science of Giving: Why Giving Feels So Good," *Huffington Post*, January 11, 2012, http://www.huffingtonpost.com/2012/01/11/ the-gift-of-giving_n_1200238.html.

[11] J. Moll, F. Krueger, R. Zahn, M. Pardini, R. de Oliveira-Souza, J. Grafman, "Human Fronto-Mesolimbic Networks Guide Decisions about Charitable Donation," *Proceedings of the National Academy of Sciences of the United States of America* 103, no. 42 (2006): 15623-15628.

[12] J. Suttie and J. Marsh, "5 Ways Giving Is Good for You," *UC Berkeley*, December 13, 2010. http://greatergood.berkeley.edu/article/ item/5_ways_giving_is_good_for_you.

[13] Ibid.

[14] "Cases of Collaboration and the Five Elements of Discovery," accessed January 15, 2014, http://128.143.168.25/classes/200R/Projects/ Fall_1997/collaboration/tccprinciples.htm.

[15] P. Deyell-Gingold, "Successful Transition to Kindergarten: The Role of Teachers & Parents," *Earlychildhood NEWS*, accessed January 14, 2014, http://www.earlychildhoodnews.com/earlychildhood/article_view. aspx?ArticleID=477.

[16] S. Shalev, *A Sourcebook on Solitary Confinement*, London, UK: Mannheim Centre for Criminology, London School of Economics, http://www.solitaryconfinement.org/sourcebook.

[17] J. Shulevitz, "The Lethality of Loneliness", *New Republic*, May 13, 2013, http://www.newrepublic.com/article/113176/science-loneliness-how- isolation-can-kill-you.

[18] Ibid.

[19] F. Fromm-Reichmann, *Loneliness*, Washington, WA: White Psychiatric Foundation, 1969.

[20] Shulevitz, "The Lethality of Loneliness".

[21] G. Anderson, "Loneliness among Older Adults: A National Survey of Adults 45+" AARP.org, September 2010, http://www.aarp.org/personal- growth/transitions/info-09-2010/loneliness_2010.html.

[22] N. Eisenberger, J. M. Jarcho, M. Lieberman, and B. D. Naliboff, "An Experimental Study of Shared Sensitivity to Physical Pain and Social Rejection," *Pain* 126 (2006): 132-138; Shulevitz, "The Lethality of Loneliness."

[23] R. McCraty, M. Atkinson, et al. "The Electricity of Touch: Detection and Measurement of Cardiac Energy Exchange Between People," (1996). Proceedings of the Fifth Appalachian Conference on Neurobehavioral Dynamics: Brain and Values, Radford VA, Lawrence Erlbaum Associates. Mahwah, NJ; R. McCraty, M. Atkinson, et al. "The Role of Physiological Coherence in the Detection and Measurement of Cardiac Energy Exchange Between People," (1999). Proceedings of the Tenth International Montreux Congress on Stress, Montreux, Switzerland.

[24] Y. Sankar, "Character Not Charisma Is the Critical Measure of Leadership Excellence," *Journal of Leadership and Organizational Studies* 9, no. 4 (2003): 45-55, http://jlo.sagepub.com/content/9/4/45.short.

[25] J. D. Creswell, W.T. Welch, S. E.Taylor, D. K. Sherman,T. L. Greunewald, and T. Mann, "Affirmation of Personal Values Buffers Neuroendocrine and Psychological Stress Responses," *Psychological Science* 16 (2005):846-851.

[26] http://gratituderadiostations.com/gratitude-research/.

[27] J. Winifred, "Gratitude: Year-Round Attitude!" Psychcentral.com, November 21, 2012, http://blogs.psychcentral.com/wellness/2012/11/ gratitude-year-round-attitude/.

[28] R. A. Emmons, *Thanks! How the New Science of Gratitude Can Make You Happier*, New York: Houghton Mifflin, 2007.

第 8 章

海豚育儿锦囊

小虎鲸出生时,它的妈妈会一边温柔地把这个新生命推到水面上,一边让它模仿游泳运动,如此一来,就能用正确的方式培养它的独立性,而不是直接把它顶上水面,呼吸它生命中的第一口空气。尽管传达了独立自主的信息,但是虎鲸妈妈还是会与它的孩子保持紧密联系,很少离开宝宝的身边。

虎鲸还会领着孩子向海滩游近,即便是搁浅了,也会让它们"自力更生"地游回到深海里,在整个过程中,妈妈会在一旁指导,并支持孩子做出的一切努力。曾有人观察到虎鲸妈妈在阿拉斯加海域教它们的孩子觅食:妈妈追赶着小鱼儿让其集聚成群,而小虎鲸就负责捕抓并且吃掉这些食物。

虎鲸和其他小海豚们一样,都与妈妈有着紧密的联系,但同时保持独立性。小海豚学习技能时,它们的父母都会在一旁看着,保证其安全,并帮助它们成为群体中有用的一员。海豚从来不会像人一样,

30多岁了，还只会行尸走肉般地回到自己的房间，吃着妈妈买来的披萨。

温柔的推动、角色示范、辅助和支持、引导和对自立自强的鼓励是父母们用以帮助孩子们朝着健康、幸福和成功发展的强有力工具。事实上，也有研究表明，当父母在孩子的青春期中保持一贯的但逐渐减少的强硬态度，他们的孩子通常也会在生活中表现得更好。[1]这正是海豚父母所做的，也是人类父母应当做得更好的地方，但是，说起来容易，做起来难。但如果海豚们能做到，我们人类也能做到。

联结、角色示范和引导

海豚式父母的育儿方法主要就是联结、角色示范和引导。每位父母都爱自己的孩子，但是并非每位父母都与自己的孩子联结在一起。联结在一起意味着，真正了解你的孩子，知道孩子是谁，而不是你想让你的孩子成为怎样的人。无论你会看到什么，都要接受并爱着你的孩子，把孩子作为一个独立的个体并与之联系。

角色示范是指，通过你的外在表现展示出你的内心所在。当内外不协调时，你也用不着解释，否则孩子会把你当做是一个伪君子，而且这还会造成更多不良后果。例如，我有一段时期记性很不好，常常落下手机、钥匙或者钱包，还经常忘记要做的事！我的孩子知道这事。所以当他们丢了东西的时候，我根本没有资格去教训他们。我告诉他们，丢三落四会给生活带来麻烦。我还说，我正努力让自己的记性变得更好，如果他们有什么方法，请告诉我！所以，角色示范就是用你的真我来传授生活经验，那些经验总能够在我们擅长或不擅长的事情中找到。

引导，存在于知识和权威的领域里，同时也尊重着自主权。给予引导的父母给他的孩子提供了一次探索世界的机会，并且能为孩子指出生活中的高低起伏，但同时，还不断提供着信息和支持。他们会这样说："嘿，这就是生活不公平的地方"，"这就是人们解决冲突的方式"，"这是一个值得庆祝的时刻。"然而，提供引导的父母不会替孩子走完人生的路——孩子们有自己的人生。

肩并肩 VS 面对面

如果父母完全控制了孩子的生活，孩子则会失去自由支配和做选择的机会。为了培养孩子的独立性，父母必须放松控制，这是唯一的途径。

孩子从躺着到学会了走路，这是通过身体发育取得的进步。是我们赋予了他们生命，而且毫不夸张地说，在生命开始的阶段，几乎"随身携带"着孩子。自然而然地，也得益于适当的养育，他们在身体上渐渐变得独立起来，这之后的很多年里，当他们跌倒或者感到疲乏时，依然需要我们把他们扶起来。当他们感冒的时候，我们还要帮他们擦鼻子，但是，大多数情况下，父母不会阻碍孩子身体的生长、发育和独立。我们欣然接受着孩子们青春期前和青春期中的各种缺憾和不成熟，并希望孩子们最终能长得跟我们一样高，甚至比我们还要高。我们允许他们有自己的空间，也绝对不想让已成年的他们成天跟在我们后面。

海豚式父母以注重心理发育和独立性培养为原则。在孩子还小的时候，他们会给孩子们提供一个安全的环境，孩子们跌倒时，他们会扶起，孩子们头脑不清晰时，他们会帮助孩子们理清思路。他们鼓励孩子尽快独立。当孩子们长大一些，他们会引导孩子自己爬起来，并让他们自个儿理清思路。他们不会完全控制孩子们的生活。他们会渐渐从面对面的权威（例如，"我知道什么对你最好"）转向肩并肩的指导（例如，"你知道什么对你最好，但是我永远都在你身边"）。在这种情况下，他们会尽可能地站在孩子的一边——独立，但是又有联系。海豚式父母会乐于看到孩子有着自己的想法和才能，他们甚至会接纳与自己背道而驰的想法的存在！当父母鼓励孩子们要独立，后者会更容易自力更生，能更好地解决问题，情绪也会更加积极健康。[2]

海豚教育法的第一步就是承认孩子（和你自己）最终要自己掌控他们的心理、身体和生活，并对此负责。同时，表明如下的态度是非常重要的：当他们需要你的时候，你都会给予建议并支持他们。

海豚教育法包括两个独立的步骤。第一，摆脱虎式教育，不要让它阻碍父母实现目标，这一点相当有效。第二，增加一些海豚式教育行为，加强内部控制和自我激励，并让孩子独立起来。

不做专制的虎式父母

虎式父母不让他们的孩子发展内在控制力，而这同时也抑制了孩子的内在动机和全商的发展。请谨记，父母在以下事务上要适可而止：

- 逼迫（"你爸爸和我期望你不论在何种情况下都能继续弹钢

琴……")
- 指挥／指示（"这些是你在十一年级需要上的课程……"）
- 萦绕不离（"你作业上的拼写错误是怎么回事？你告诉教练你希望有更多时间来练习了吗？直到你上大学，你有什么需要我都会帮你……"）
- 帮忙补救或解决他们所有的问题（"你跟你的好朋友有些不愉快，我已经跟她妈妈见了面，问题都解决了……"）
- 做了他们本应能做的事（"我帮你复印了你的小组作业……"）
- 对短期表现施加压力（"你得在你的初中晚会的舞蹈比赛上获胜，这可是非常重要的……"）
- 未获得孩子的同意就私自为他们设定目标（"我们邀请了切尔西，这样你们俩人就能做朋友了……"）

注意，我说的是不要过分做这些事，而不是不要做这些事。我们不应该陷入"全有或全无"思维的陷阱里。海豚教育法并不是说不允许盘问或是没有指挥。当然，尤其是在一开始那几年，我们必须在某些事情上进行指挥和关心，比如说，吃蔬果、洗手、做数学题和阅读。

记住，海豚们绝不会接受那种不提供任何原则和指导的羸弱的父母。海豚式父母是会掌握平衡的，他们有原则，对孩子期望颇高，但是他们依然鼓励培养孩子的内在控制力和独立性。他们主张权威，但绝不独裁。

用言行来培养孩子的内在控制力

当我5岁的儿子跟我耍赖说不想去学校时，我说"我现在可以强迫你去幼儿园,但是我无法让你到了幼儿园后认真听讲,我无法让你学习和感到快乐,你只能靠你自己来做那些事"。要说出这番话,真的不是件容易的事。但是,当这些话从我嘴里说出来的时候,我能够看到他没那么焦虑了,他对我的怒气也消失了。当他听到学习的义务被直接放在了他自己的肩膀上,而不是我的肩膀上时,我能够看到他脸上那种虽不确定但自信十足的表情。

在自控力这个话题上,你没法对你的孩子说得太多,尤其是对一个青少年。无论我们有多相信或者不愿意相信,没有人会想被告知该做什么,包括那些理解力强的、绝顶聪明的和有一对善解人意的父母的孩子。当一个人感觉到他们的个人自由被控制或受到威胁时,抵抗就会自然而然地出现。通过选择的方式从而自主控制着我们自己的生活,这种渴望可谓是人性的真理。我们所有人都是这么觉得的,包括我们的孩子。

然而,我没有教唆你这样对孩子们说:"这是你自己的生活,你想怎么做就怎么做。"我也不是说,你应该让你的孩子犯各种足以改变人生的错误。我的建议是,当孩子们发展他们的自主权时,你要逐渐地和孩子们肩并肩,始终充当着他们的模范和向导,而不是他们生活的控制者。

有着低龄孩子的海豚式父母也许会这样说:"我虽然可以现在让你去幼儿园,但是我以后再也不会这么做了,这最终还是你自己的决定","我希望你能够试一下弹钢琴,但是我不能强迫你去喜欢上它","虽然,我认为诚实非常重要,但做决定的还是你自己","我也许可以逼你现在就做作业,但是我不能让你明白为什么它是重要的。这是你必须自己做决定的事情。"

有着大龄儿童的海豚式父母也许会这样说:"我无法控制你是如何思考和感觉的,你对这个世界做出怎样的反应是你自己的选择","我现在只能引导你做正确的事,但是未来你做什么事情由你自己决定","每个人都想自己做决定,包括你","我无法控制你是怎么想的,最终还是由你决定你准备多卖力地去尝试。"

然而,我们要清楚一点,当你减少对孩子的控制时,效果马上便会显现出来。当你说,你只能提供建议,但是孩子要根据这个建议决定要做什么时,你就要做好接受孩子这个决定的准备。并且,有时候这就意味着允许他们在你眼皮底下犯错误,这对于父母来说都是困难的,心里头多少会有点不舒服。但是,你也要知道,如果当他们跌倒时你会在一旁提供帮助,上述感觉就不会有了。

在征得许可后再提供建议

几乎所有的儿童和青少年都十分抗拒忠告和建议,哪怕那些建议对他们有百益而无一害。但如果,在提供建议前,你能征得孩子的同意的话,相信事情会变得更顺遂。我的丈夫是一名足球教练,他说,一名教练的首要任务就是在采取行动前,先了解每一位球员的天赋。他读了我的一篇关于动机的文章后,开始询问他的队员们(以及他们的父母),他们是否想知道他观察到了什么,比如哪些技能运用得不错,哪些又拖后腿了。只是多问了一句,他便成功与运动员和他们的家人结盟,从面对面转向肩并肩的关系。这个简单的行为使得他与运动员的关系更进了一步,他发现,每个人都很乐意听从建议或忠告。

安东尼今年13岁,他跟朋友们有些矛盾。他们作弄他,并且把他当作笑柄。安东尼的母亲越是让他"挺自己",他便越是维护他的朋友并且为他们喊冤。他的妈妈相信他,并告诉他:"你值得更好的。"但是,这看上去似乎让安东尼更亲近他的朋友却疏离了他的母亲。有一天,安东尼的朋友们在脸书上发了一张安东尼发痘痘的照片。这一次,他的妈妈什么也没说。她注意到安东尼不开心,她说:"孩子,如果你想知道,遇到这种情况我会怎么做的话,就告诉我。"这个问题为安东尼打开了一扇门,他变得不再那么拘束,并最终征求了他妈妈的建议。

一旦你得到提供建议的许可,如何把接下来的对话变得富有意义和收获呢?试着问一些开放性的问题,并尽可能多听少说。

问开放性问题

开放性问题可以帮助你表达同情心并避免争吵。这同样有助于你了解你的孩子发生了什么事情。例如,当我问我的儿子封闭式问题:"为什么你翘掉了足球课?"他回答道:"我不想去。"这根本无法获得任何信息。但是,当我紧跟着问了一个开放性问题:"你今天发生了什么?"我的儿子说:"乔伊无缘无故推了我一把,而且放学后我太累了,所以我不想去练习。"这么一听,我的怒火马上消失,转而对孩子表达同情和关心。开放性问题同样允许孩子自己决定话题以何种方式进行,从而培养他们的独立性。当你想帮助孩子解决一个作业难题时,你可以问:"关于那个问题你是怎么想的?"而不是"答案是什么?"或者你也可以问:"你换一种方法试试看会发生什么呢?"而不是"用这种方法试一下"。这能培养独立思考和解决问题的能力。

金发现,每次当她跟女儿鲁比说话,鲁比就会紧闭着嘴,并盯着地板,喃喃自语道:"我不知道。"我让金用不同的方法接近鲁比。我让她在讨论前先征询下鲁比:"嘿,鲁比,我们现在可以谈谈吗?"这是一种方式。然后,她试着问开放性的问题,比如:"你在想什么呢?""学校里怎么样?"或是"你的朋友有什么新鲜事发生吗?"这些问题都能够给鲁比一个机会,让她自己把对话引向她感兴趣的事情上。金试着忍住想要纠正和解决问题的习惯。当她想说:"你应该这样做……"或"你打算怎么做?"时,我让她试着练习说:"噢,这听上去很有趣,你能跟我说得详细点吗?"通过开放性问题,金成功地向鲁比证明,她并不总是有一个谈话计划,她也不想让谈话变得像在找茬或想要修正鲁比一样。金提出的问题能够显示出她是真的对女儿的生活感兴趣。它们也为鲁比提供了自主解决问题的空间,让她变得更加独立。对于金来说,让她看着鲁比与一些问题纠缠并不是件让人宽心的事,当鲁比做了一个毫无意义或者适得其反的决定时,这更是种折磨。然而,金要学会把持住自己,不去过分插手这些看似愚蠢的行为,除非这个决定会对鲁比产生一些不可挽回的伤害,因为这些都是成长的一部分。金的疑虑渐渐打消了,因为她知道,当女儿陷入两难时,她一定会在旁帮忙。我告诉她,15岁还呆在家里时干点蠢事总比你24岁独立生活时干蠢事好。

多听少讲

父母常孩子说:"我们来谈一谈。"结果,大概80%的时间都是他们自己在说话,硬生生让一场对话变成了说教。一个人通过语言来表达观点时所联结的大脑神经元比他只是听别人的观点时所联结的神经元要多。把谈话中父母讲80%孩子讲20%的这个比例反转一下,或者,至少调整到让孩子在整个谈话中的发言占70%,而父母只是倾听,并且把自己说话的时间控制到只有30%。这意味着,要问你的孩子,他会如何跟同龄人、朋友或是邻居解释酗酒问题,而不是就酗酒问题向孩子进行说教。这意味着,让孩子告诉你,功课会给他们带来什么好处,而不是谈论功课是多么的重要。这种技巧可能会让孩子说出你想说的话。

特鲁迪发现,她一旦跟12岁的儿子马克斯聊天,就会不可避免地陷入争吵。她于是决定改变说话和倾听的比例,她不再喋喋不休地自顾自说,总是打断马克斯发言。仅仅通过少言,她就发现马克斯确实说出了自己的观点。比如,有一天晚上,马克斯说他不想做作业。特鲁迪只是简单地问了句:"发生了什么事?"就阻止了一场关于家庭作业有多重要的、70%的时间都是她在讲的说教发生。马克斯解释道,他不喜欢他的老师,因为她布置的作业太多了;但如果他不做,老师会布置得更多,这样他就会拿到低分,他觉得这很不公平。接着他说,作业并没有那么难,但是太浪费时间。他的妈妈只回了一句:"你说得对,这听上去是很不公平,但是你还有其他选择吗?"马克斯没说什么,不过他改变主意,磨蹭了一会后还是乖乖去做作业了。

反思好处和弊端

讨论某一行为的优点和缺点,是让孩子思考(和说出)事物的正反两面的一种很好的开放式方法。如果你想让讨论进展得顺利,那就大胆去讨论那些孩子没想到你会开诚布公的问题吧。以酗酒问题为例,你可能意识到,孩子会背着你们在派对上喝酒;而且你也劝告过他/她,要适可而止,不要让情况失控。不妨试试去问他们,他们觉得喝酒有什么好处呢。他们也许会说,喝酒会让跳舞更有劲;又或者是些心理上的好处，比如在女孩子身边时会感觉自然些。接着问他们喝酒的弊端，你就会被他们所说的话吓住。这种讨论是了解孩子真实想法的第一步，而仅仅通过了解，我们就能做到有效的引导。

评估好处和弊端

在审视完一种行为的好处和弊端后，让孩子对每一个好处和弊端按照1至10分进行打分，1分代表最不重要，10分代表最重要。假设你的孩子在如何取舍Facebook和运动之间感到纠结。Facebook的其中一个好处是可以联络朋友，你的孩子可能会在这打10分。弊端就是花太多时间在Facebook上可能会惹恼父母，你的孩子可能会在这点上打7分。但是，更大的弊端可能会是："我很容易冲动，并老是在Facebook上说些后悔的话。"这一点很有可能会被打10分。"然后，我会变得焦躁，暴饮暴食，想吐。"孩子会打10分的这些点恰是自我动机驱使下的积极改变的切入点。如果你知道动机是什么，那你就能帮助孩子解决问题，从而发现其他联络朋友的方式，以便孩子能腾出更多的时间来做运动。

让言行充满承担和支持

除了着重孩子的自控力，海豚式父母在对孩子的支持和引导上，是全心全意的。这些父母的孩子们知道，他们是父母眼里最重要的，只要他们需要，父母永远都会在身边。海豚式父母这样说道："我永远在你身边"；"如果你需要，我马上就会出现"；"无论发生什么事情，我都爱你"和"你永远可以向我提问和求助"。海豚式父母信守承诺，并且在孩子们需要帮助的时候，在他们身边提供支持和鼓励。这样做，不仅增强了他们与孩子间的联系，也增强了角色示范作用，意味着这种关系是充满爱意和支持的。尽管上述表述和行为于父母而言是自然而然的事，但其实它们并没有那么容易做到。我听到过很多虎式父母总是对他们的孩子表达有限制的爱，比如："只要你去音乐学校拉会儿小提琴，妈妈就陪你一会儿。"

激励，着眼于重要性和自信心

虽然现在一切都按部就班，但是，有没有想过，当你的孩子日后抱怨说不想去上学或做作业时，你又会怎么应对？重要性和自信心是采取行动的强大动力。当一项任务有其重要性，一个人就会明白其中的有利之处及其必要性。当一个人足够自信，那个人就会相信自己可以完成这项任务。一项任务必须满足这两个条件，孩子（或任何人）才会愿意去做。

解释（或找出）为什么这项任务是重要的

明白一项任务为什么是重要的，有助于产生做这件事的动力。在哈佛大学的一项研究中，参与者分为两组，来拼砌乐高生化战士。参与者每拼砌出一个就能拿到相应数额的奖励，但每多拼砌出一个，那么下一个的奖励金额就会减少：拼砌第一个能奖励3美金；第二个2.7美金，以此类推。第一个小组的参与者所拼砌出来的小人会被储集起来，等到实验结束后再拆卸。而另一个小组的参与者所拼砌的小人会在拼好的瞬间当着面被拆卸掉。虽然两组的奖励金额是一样的，但人均来说，后面一个小组要比第一个小组拼砌的数量少5个。在我看来，这项实验指向两个结论：钱本身不足以成为动力源，哪怕对像拼砌乐高这种这么中性的事来说；其次，完成一项没有多大"意义"或"重要性"的任务会很快让人失去动力。[3]

在不同文化中，解释规则对于能把握平衡的育儿方式来说都是必要的。研究显示，仅仅通过解释规则背后的原因，孩子们会变得"更富有同情心，更乐于助人，更尽责，对他人更友善"。[4]

无论是做数学题、弹琴还是做功课，孩子们都不情愿去做，因为他们是被要求去做这些事情的。要确保孩子们知道为什么他们要做这些事（确保你自己也知道为什么！）。只是因为你认为它是重要的，并不意味着你的孩子也这么认为。孩子们不知道为什么水果和蔬菜是对他们是"有益处"的，不知道为什么棉花糖没有好处。他们真的没法相信功课是重要的，除非将背后的益处解释给他们听。甚至可以做一下这种简单的解释："勤能补拙，所以你现在做的就是在练习数学。"寻找并指出这个任务之所以重要的原因。对于年幼的孩子来说，可以把短期的重要性与长期的重要性联系起来。因为，他们可能会难以理解长期的好处，他们总是寻找于他们而言重要的东西，而不是你的。比如，我的儿子不知道为什么他必须得在学校里学习法语，他对此强烈反对（但这是加拿大的课程设置要求的）。当我告诉他我所有的理由时，比如"法语是一门很棒的语言"，"这对于你的大脑发育很有帮助"，还有"这或许会帮助你日后找到一份工作"，他并不买账，而且这对于他学习法语没有任何推进作用。而当我告诉他，懂法语有助于他学西班牙语，他马上显露出更多的兴趣和动力。我8岁的儿子的梦想就是有一天能在巴塞罗那俱乐部踢球，"就像莱昂内尔·梅西"，所以，他现在更有动力学习法语了！

了解孩子的信心水平

有信心，便有了一半动机，但是我们很少提及它。比如，许多医生会花很多时间告诉他们的病人吸烟会导致肺癌或肺气肿,但是,如今哪个烟民不知道这个事实呢?在这种情况下,问题的关键不是重要性,而是信心。如果让他们许几个心愿,大概大多数成年人会首先把戒烟放在第一位,但是戒烟的信心却没多少。我们的医生真正要做的是讨论如何提高自信心,而不是聚焦在重要性上。

以我的个人经历来看,当我对一件通常被认为是积极的事情没有很大的动力时,比如戒烟、上学、锻炼、更好地与他人相处等,问题的关键所在往往是信心,而不是重要性。又比如,绝大多数的高中生明白高中文凭的重要性,他们知道需要这个文凭来找工作,哪怕只是在星巴克打杂。但是,取得文凭的信心不是信手拈来的,尤其是对于一个有学习障碍和注意力缺陷多动障碍(ADHD)的孩子来说,学习就变得更为困难了。孩子们通常要被灌输很多遍上学到底有多重要,他们中的大多数也早已明晰这一点,问题在于信心。

把重要性和信心结合起来

重要性和信心设问可以帮助你洞察孩子对于一项任务的重要性的看法,以及判断他们在解决此事上的信心水平。

让我们举这样一个例子,你的孩子正对高中毕业这个任务显露出抵抗或矛盾的心理。试着问以下两个问题[5]:

- 问题一(关于重要性):1到10分,10分代表最重要,高中毕业对你来说有多重要?
- 问题二(关于自信心):同样的评分标准,对于高中毕业你有多大的信心?

通过询问一项任务的重要性和信心的排名,可以帮助发现阻碍孩子前进的真正问题。接下来,你就可以着手处理这个问题了。

举一个例子,假设你的孩子对一场考试缺乏备考的动力,你可以问:"1到10分,10分代表最重要,考试对于你来说有多重要?"如果你的孩子说:"好吧,我觉得这个关系不大,我只想跟朋友们一起毕业,所以我打8分。"这时你会问:"好,同样的评判标准,对于能够取得你想要的成绩,你又有多大的信心?"你的孩子可能会这样回答:"3分。老师很不公平,无论我多努力,都好像没法做好。"很明显,问题的关键在于孩子的信心。这意味着,不再向孩子说教式地强调考试有多重要,这并不会使孩子的自我动机更强。所以,你要与老师一道帮助孩子去解决这一问题并逐渐恢复孩子的自信心。

用海豚精髓去激励

我们已经知道,动力靠重要性和信心来维持。那么,父母又如何能够顺利促使孩子完成他们每天所要做的任务呢?当然,沟通是基本的,但并非所有的沟通都有成效。我们的孩子对我们的语音语调、姿态、面部表情和其他所有的非语言线索都非常熟悉。所以,我们说了什么,我们如何说,都十分重要。我自己发明了一个卓有成效的动机沟通四步法——叫做"海豚精髓"(dolphin KEYS)——我已经用了10年。刚开始这个方法可能效果并不显著,你可能需要额外的练习以保证它的正确使用,但是长期坚持下来,它对于激励你的孩子会非常有帮助。

组成"海豚精髓"的四个步骤是动机沟通的本质。它们帮助完善但不会干扰到孩子的自发性动力的发展。这四个步骤从动机性方面谈的四个基本原则改造而来——一种被证明能够增强动机的理论——这个理论是由新墨西哥大学的比尔·米勒(Bill Miller)教授和卡迪夫大学的史蒂夫·罗尼克(Steve Rollnick)教授共同提出的。[6]如果你按着这四个步骤来做，所有的沟通都将变得更有效也更为容易。

第一步：保持平和的心情（Kill the tiger）。如果心里的那只老虎在咆哮着，那么请先深吸一口气并保持平稳的呼吸，在开口前保持心情的平和。

第二步：共情（Empathize）。告诉孩子你能够理解他们，并永远支持他们。

第三步：认同孩子的目标（Identify your child's goals）。现在，你跟你的孩子站在了同一边，所以请接受他/她的目标（而不是关注你自己的目标）。

第四步：加油打气（Support success）。告诉孩子你相信他/她能完成任务。

第一步：保持平和的心情。怒气和咆哮无助于达到理想的效果。行为科学理论告诉我们，争吵会让事情适得其反，特别是当你要说服别人去改变某种行为的时候。事实证明，争吵的过程反而会进一步坚定一个人的想法。[7]我一直在讨论会上强调这一点。我让参与者结成对子，然后每个人试着去说服他的搭档大海既不是蓝色也不是绿色的。毫无意外，3分钟后，每一个人都更坚定地相信自己的观点。

对于孩子，反抗是需要改变策略的一种信号。众所周知，你越是逼迫孩子（或任何人），他们就越是会反抗，这还会让他们（表面上或内在）变得更目中无人。对青少年来说更是如此。

所以，当你发现自己正在跟孩子大声争吵，而且对方正在为某一个你不想展开的观点进行辩护，比如，"大麻其实没那么糟糕"——先停下来，找点其他事情做，过段时间再回到这个话题上，并且不以争吵的方式进行对话。我理解，当肾上腺素对一个特定的话题猛飙起来时，要停下来真的很难。但是，这恰恰是为什么你要离开这一情境，然后深吸几口气，待自己平静下来后再回去的原因。一旦你发现自己的情绪不受控制，你就可以用这种方法来创造一个平和的、指导性的环境。

第二步：共情。共情作用对于人与人之间的相互联系和激励一直起着立竿见影的效果。共情不是同情，共情是一种"设身处地"理解他人感受的一种能力，就是与他人有着相同的感受。而同情是对别人的情境表达悲伤的能力，就是理解他人的感受。

我们不能轻视共情的作用，它非常强大。它是任何关系的基础，而当事情脱离轨道时它变得尤为重要。在与儿童和青少年相处超过10年后，我能证实，共情作用通常是能够帮助改善情况的唯一方法。每个人都希望被聆听，每个人都认为他们的观点和想法是有价值的，每个人都希望被理解，更重要的是，每个人都希望能被无条件地爱和接受。

孩子们不希望仅仅在自己表现良好或者表现超出预期时才能够被爱护和接纳。因此，当事情进展得不太顺利或是关系紧张时，共情的表达就显得尤为重要了。共情不等同于认可有问题的行为，但它表明你努力想要理解他人的感受以及这背后可能的原因。共情表明你接受你的孩子是怎样一个人，包括他的缺点和所有的一切。例如，父母们完全可以不赞同他们的孩子吸食大麻，但是依然"接受"他们的孩子。

对你的孩子表达同理心意味着与他们形成了一个联盟。这个联盟会让你的孩子在现在以及未来更有可能主动向你寻求帮助。最重要的是，接受能够促进改变。一旦孩子们感到被完全接受，他们就越容易改变。否则，他们就会深陷在想证明自己是一个值得被接受的人的泥沼里。如果一个吸食大麻的年轻人认为能否被爱护和接纳只取决于是否戒掉大麻，他的内心可能会充满愤恨，并且不太乐意改变现状。

共情作用还可以帮助提高孩子的自尊心，特别是在孩子恰好碰到困难而又孤立无援并开始责备自己的情况下。我们大家都是从孩子过来的，要让你的孩子明白，爸爸妈妈在像你一样大时也犯过错误，或是有过同样的感受，这是表达共情的一种很好的方式。

表达共情的话语包括：

- "让我知道你在想什么/你感觉怎么样。"
- "我知道，你现在不想做作业。"
- "我知道，你现在觉得很郁闷。"
- "我能感觉得到，这对于你来说真的很困难。"
- "我希望你能够玩得开心。"
- "我不希望让这快乐停止，但是……"

第三步：明确孩子的目标。人们做事情都是有原因的，他们的行为是受到个人价值观和目标所驱动的。对孩子而言也同样如此。当然，有时候通过威胁来施加外部控制以及进行适当奖赏也是必要的。我时不时会在教育儿女上使用这些方法。比如，当我在写下这段话时，我跟儿子说，如果他不把水槽清理好，我就会把他的小壁虎还给商店。当然，说这话马上产生的效果不会持续得太久，所以，越早开始培养孩子的自控力会更好。

孩子要想将动机内化，就需要将行为和目标联系在一起。父母要尝试着帮助孩子去理解当下行为将会如何正面或负面地产生影响。当孩子将其付诸行动时，要指出行为与明确的目标间存在的矛盾。你或者可以提出建议，告诉他/她做出与目标相悖的行为可能会阻碍目标的达成。

如果其行为和目标之间的关系仍不太明晰，那么，靠孩子自己把这种联系建立起来会比借助父母的力量效果来得更好。但父母同样也可以引导孩子去建立这种联系。让我们来看一看以下这两种情境。父母们通过表达同理心和帮助确定行为和目标间的联系，引导孩子自己去解决问题，孩子也表达了自己的真实内心。

情境一：

父母：你知道，如果你一直坚持要我把这块饼干给你，会发生什么事情吗？（平静而富有同理心地提问）

孩子：我不知道。那你会给我吗？

父母：不会，如果你态度粗鲁又蛮横，我不会想把饼干给你。那你有什么办法可以帮助你得到你想要的东西吗？

孩子：我可以友好地提出要求。

父母：对，还有呢？

孩子：我可以耐心地等你做完手头上的事情。

情境二：

父母：如果你一直不做作业，那你认为这会对你打篮球产生什么样的影响呢？（平静而富有同理心地提问）

孩子：老师会生气，然后会告诉我的教练，教练就只会让我做替补了。你说过，如果我的成绩下降，你就不会再送我去上篮球课，这样我就没法练习，然后我也不会加入下一年的篮球队了。

父母：那么，你认为做作业会让你离你明年继续打篮球的目标更近还是更远呢？

孩子：我想是更近吧。

像在以上两种情境中，父母可能比较趋向去讲："说话态度要好一点！"或"如果你不好好做功课，你就得离开篮球队！"但是，这比孩子自己说出同样的结论的效果差很多。请记住，我们在说话时产生的神经元突触比我们聆听时更多。

第四步：加油打气。当人们认为某件事情是重要的并且相信自己有能力去改变它的时候，他们就会去改变。当父母对这种信念也表达出支持时，同样会对这种改变起到促进作用。孩子们常常会担心达不到父母的预期，所以当父母对孩子的能力表达出憧憬和乐观时，孩子们会因此而更自信。那些说"我知道你能明白这一点"，"我确定你能找到解决方法"以及"我知道你会做出正确的决定"的父母是做得对的。这样的表述会把责任落在孩子的肩上，就像搁浅的海豚，孩子必须靠自己找到回去的路。当你努力去培养孩子的内在动力时，请记住，对于他们来说，相信自己有能力变得独立是非常重要的。

如何将海豚精髓运用于实际

以下有一些案例会告诉你如何将海豚精髓运用到不同的情境中。假设你已经完成了第一步，让自己保持心情的平和，所以在以下情境中你会心平气和地说话。

- 上学马上要迟到了。"我知道这大清早让你动起来很不容易（共情），但是你的目标是不再迟到（明确目标）。加油，我知道你动作可以更快（加油打气）。"
- 孩子不愿意做功课。"我以前也不喜欢做功课（共情），但是你也想在课间休息时尽情地玩吧（明确目标）。来吧，一旦开始做了，你就会发现事情其实没有想象中那么难（加油打气）。"
- 孩子不想去练球。"哎呀，你今天看上去很累（共情），但这是为接下来的比赛做准备的唯一方法呀（明确目标）。站在草地上，你就会感觉好很多（加油打气）。"
- 孩子不愿意练琴。"我知道你很累（共情）。但是如果不把这首曲子弹好，那就不能在演奏会上登台了（明确目标）。我知道你可以再弹一遍（加油打气）。"
- 孩子不想吃饭。"吃不想吃的东西是很难的（共情）。但如果不吃，我们就不能去公园（明确目标）。你之前能做的，我相信你现在也能做（加油打气）。"

我们现在有了不少海豚教育法锦囊。那么，我们再来看看为了孩子的健康、快乐、内在动力及各方面的成功，他们还需要做些什么呢？

---

[1] F. R. Niaraki and H. Rahimi. "The Impact of Authoritative, Permissive and Authoritarian Behavior of Parents on Self-Concept, Psychological Health and Life Quality," *European Online Journal of Natural and Social Sciences* (January 2, 2013), http://european-science.com/eojnss/article/ view/24.

[2] G. Dewar, "The Authoritative Parenting Style: Warmth, Rationality, and High Standards," *Parenting Science*, last modified March 2013, http:// www.parentingscience.com/authoritative-parenting-style.html.

[3] J. Gross, "What Motivates Us at Work? 7 Fascinating Studies That Give Insights," *TED* (blog), April 10, 2013, http://blog.ted.com/2013/04/10/ what-motivates-us-at-work-7-fascinating-studies-that-give-insights/.

[4] Dewar, "The Authoritative Parenting Style"; J. Krevans and J. C. Gibbs, *Society for Research in Child Development* 67, no. 6 (1996): 3263-3277, http://www.jstor.org/stable/1131778; A. Knafo and R. Plomin, "Parental Discipline and Affection and Children's Prosocial Behavior: Genetic and Environmental Links," *Journal of Personality and Social Psychology* 90 (2006), 147-164.

[5] W. R. Miller and S. Rollnick, *Motivational Interviewing: Preparing People for Change*, New York, NY: Guilford, 2002.

[6] W. R. Miller and S. Rollnick, *Motivational Interviewing: Helping People Change*, New York, NY: Guilford, 2013.

[7] Ibid.

第四部分

改变：过健康、幸福、富有内在动力的生活

Transformation: Living a Life of Health, Happiness, and Self-Motivation

第 9 章

内在动力方能持久

只要看看诺贝尔奖获得者约翰·格登（Jonh Gurdon）爵士早年的成绩报告，就可以说服大多数的父母，他年轻的时候并没有要走科学之路的迹象。在他15岁时，他的生物学成绩在同年级的250名学生中排名最后，尽管如此，他表达了要在大学里学习科学的欲望，这显然触怒了他的生物老师，便在他成绩报告上这样写道：

> 我相信（格登）想成为科学家，但以他目前的学业表现，这个想法非常荒谬，他连简单的生物知识都学不会，根本不可能成为专家，对于他个人以及想教导他的人来说，这根本是浪费时间。[1]

格登在牛津大学继续学习拉丁语与希腊语，这对于很多人来说，前途非常光明。不过格登并不满意，他对于科学仍旧保有强大的热情，所以他的父母为他找了一位私人辅导。我们都知道一个孩子如果缺了课之后需要花费多大的努力才能补上，而格登要补的内容非常多。

事实证明，格登在科学研究上并没有那么糟糕。他完成了动物学博士学位，并继续在细胞生物学领域进行革命性的研究。他1971年成为英国皇家学会院士，1995年被授予爵士。2004年，维康信托基金会与英国癌症研究基金会的细胞生物学与癌症研究所以格登的名字命名。2012年他因为其开创性地发现成熟细胞可以转变成干细胞而获得2012年诺贝尔生理学或医学奖。他把生物老师给他的这份成绩报告单裱了起来。

格登是幸运的，由好奇心推动的内在动力如此强大，即便是最严厉的老虎也未能摧毁它。他的全商发展得如此之好，帮助他在这个无疑为他这颗诺贝尔大脑设置了各种阻碍的系统里突破重围。

如果拥有内在动力，你就不会害怕挣扎、犯错误或者失败。你更有可能合理地安排非程序化的学习、玩耍以及探索。内在动力会帮助你在面对任何困境时保持你的驱动力，还可以帮助你应对复杂的认知和情绪的挑战，因为你可以批判性地思考，有创新、沟通以及合作的能力。健康的内在动力与全商协同作用。我们都希望孩子在面对人生中需要克服的障碍时足够坚强，但是我们帮助他们发展遇见困难时所需要的动力了么？没有人会回答说没有，所以，让我们换一种方式来问。这看起来很简单，不过相信我，事实并非如此。你是想要一个服从的孩子，还是拥有内在动力的参与性的孩子？花点儿时间再来回答我的问题。

你的答案可能是你希望你的孩子完全遵照你说的做，但是难道你不希望他最终能够为自己承担责任，并找到自己的路么？没有父母想要他们的孩子30岁了还和自己生活在一起,没有任何好奇心,没有激情,对做什么事情或者成为什么人都没有兴趣。如果你希望有一个健康、快乐、成功的自励孩子,除了培养(且不干涉)孩子自然的内在动力之外,你别无选择。

相反,如果你的答案是你希望有一个能够独立思考的孩子(顺便说一句,我也想)。我要警告你:养育一个独立的、能批判性思考的孩子远比培养一只顺从的老虎要困难得多。不过,这也要愉悦得多。

不管我们想要什么样的孩子,孩子们需要内在动力来照顾好自己,无论是不需要提醒就能整理自己的房间,还是在40岁之前能够离开家独立生活。

什么是内在动力?

内在动力是育儿法宝。事实上,可以毫不夸张地说,它是人类幸福的法宝。作为一个医生,我不能过度赞美它的重要性,作为一名母亲,我也无法夸大我实践它的困难程度。现在,我如此努力地实践它,应该可以给你一些提醒。帮助你的孩子发展内在动力,很简单,但是并不容易。

"内在动力"指的是出于个人成就感而参与某项行为。[2]内在动力有别于欲望。比如,现在很多年轻人都会渴望金钱与地位,但是他们并不总是发自内心地想要这些东西。内在动力是渴求某样东西并愿为之付诸实践。因为外在动力是基于别人的需求,而不是你自己的,在这个基础上产生的行动只有在外部压力、要求、鼓励或者惩罚存在的时候才能持续。

每个人的内在动力各不相同

我们知道，没有合适的动力，我们的孩子不会坚持多久。但是他们的驱动力何在呢？每个人对内在动力有不同的认识与看法，这让父母和孩子们的生活变得困难。你的孩子可能认为他会全身心地做某件事情，而在你看来他根本没什么动力。

比如说，有两个人，某个健身俱乐部离他们家都是三个街区远。A开着车去健身而B走着去。你认为在健身上，这两个人的内在动力一样么？

你们当中可能有人会说："怎么可能！如果A真的想健身，他就应该走着去俱乐部！"另外有人可能会说："两个人都去健身了！怎么去的有什么关系？"这些观点都是对的。A和B都可能只是为了到健身中心聊聊天而几乎不太锻炼的人。A也有可能第二天要去跑马拉松，所以开车去俱乐部，这样能够保存点精力。或者，情况也可能完全相反。

改变的阶段

内在动力并不是固定不变的——要么有，要么没有。相反，它是动态变化的，而且依赖于多种因素。让我们不要把自己的孩子（或自己）分类成"有动力"和"没动力"。因为人的大脑是可塑的，我们可以把我们自己以及我们的行为变得精彩而富有活力。

我们如何为孩子的健康行为培养动力？人在行为变化之前会经历各种阶段。知道你的孩子所处的阶段可以帮助你了解他们的心态，从而为他们提供正确的支持，让他们成功地做出健康的转变。改变的六个阶段与支持技巧如下[3]：

- 前预期阶段（Precontemplation）：个体没有做出行为改变的意图。他们可能抗拒或者认为没有必要改变。支持技巧：验证他们的感受并鼓励他们评估自己的行为。随后，列出当前行为（同情但不做评论）的利弊。这对这个阶段非常有帮助。
- 预期阶段（Contemplation）：个体愿意考虑他们的行为能从改变中受益，但是他们仍旧纠结于进行改变或者不发生改变的各种理由。支持技巧：鼓励他们考虑改变自身行为的利弊，并让他们注意改变后的积极结果。
- 确定/准备阶段（Determination/Preparation）：个体开始看到改变行为的好处大于他们维持当前行为的好处。他们为改变行为做好准备并承诺采取行动，但对进行改变的具体步骤一无所知。支持技巧：检视改变的障碍，帮助他们解决问题；确定他们可以依靠的支持，并建议他们从最轻松的步骤开始。
- 行动阶段（Action）：个体认为他们可以改变自身行为，并开始积极尝试。个体依靠他们的内在动力维持改变行为。"在这个阶段，人们趋向于乐于获得帮助，也更有可能愿意从别人那里获得支持（非常重要的因素）。"[4] 支持技巧：增强他们应对障碍的自我效能感，并提醒他们新行为的长远好处。

- **维持阶段**（Maintenance）：在此阶段，个体试图维持新行为，避免可能让他们回到有问题行为的因素（如人或情境产生的）。他们往往提醒自己已经获得的良好进展。支持技巧：强化新的行为带来的内在成就。
- **复发／循环阶段**（Relapse/Recycle）：在某些节点，内在动力可能会减弱（记住，它可能会上下波动），而个体可能会恢复原来的问题行为。支持技巧：这时，和个体分析引发这种复发的因素，并计划应对策略或寻找阻止这些因素的方法，从而让个体重回正轨。

让我们以作业为例来重现这些阶段。在前预期阶段，你的孩子可能会想：家庭作业？我才不做呢，我通过了所有测试。我要上Facebook。随后是预期阶段：我真的很想看看Facebook，但是我得先做作业，要不我过不了那堂课的。过了一会儿，进入确定/准备阶段，通常出现了新的信息：上次布置的作业我就没有完成，如果我不开始关心我的作业我会通不过考试的。然后是行动与维持阶段，可能整整一个月都能及时完成作业，然后……复发阶段：反正老师也不喜欢我，我也觉得这门课没意思，再说也不可能考得好的。去他的作业，我要上Facebook。

经历这些不同阶段是很自然的。没有人——尤其是孩子们——能够在每一项行为、每一次活动中都处于行动阶段。尽管如此，很多父母希望自己的孩子在他们（父母）认为重要的活动与行为上处于行动阶段。父母来问我，他们的孩子是否患上了注意力缺损症（ADD），因为那孩子在学校似乎"无法集中注意力"。我看了看那个孩子，他的日程从早上到晚上都排得满满的：上学、课后活动以及做作业。那样的安排，谁能保持注意力。大多数孩子并不缺乏动力。如果你的孩子不能保持全A的成绩，无法在体育、音乐上具有竞争力，无法保持时时精力充沛，这意味着你的孩子是完全正常的！为任何行为发展内在动力，我们都需要能量，才能从一个阶段上升到下一个阶段。

平衡的生活：内在动力的基础

要把内在动力看成动力层次的一部分。当然，我们的首要驱动力是基本的生存——第5章谈及了这一点——包括营养与睡眠。当我们饥饿、口渴或者昏昏欲睡的时候，我们会懒懒的，对什么都提不起兴趣。我们知道，人类的玩耍、探索、建立社会联结甚至贡献都需要生物学联系。这些行为对于我们整个物种的生存都至关重要，因此我们参与其中完全基于内在动力与自我激励。当这些基本需求获得某种平衡后，我们获得活力，并有动力面对持续的挑战。想想看你周边的那些充满活力的人，你会发现他们也是具有内在动力的人。活力需要生存的基本要素以及这些要素之间的平衡，但过犹不及（比如我们为了感觉吃得更有营养，吃过量的健康食品或喝超过我们人体需要的水，而这并不会增强我们的动力）。

生物学促发我们寻求生存活动之间的相互平衡。比如孩子睡得太少就会想要睡觉，而如果他被持续剥夺睡眠，他就会失调，并可能患上失眠症。无法玩耍或者缺乏社会交往的孩子也是同样的情况：他可能会在"工作"之前想要补偿这种需求。另外，我们知道年轻人更喜欢某些活动——对于小孩来说，是睡觉和玩耍；青少年则是交往与探索——由此对这些活动更有动力。孩子们总是很容易被驱动的——问题在于哪种动力能够占上风。所以,在很多方面,育儿就是"动力管理"。

好奇心:内在动力的基石

埃莉诺·罗斯福(Eleanor Roosevelt)曾说过:"我认为,当孩子诞生时,如果妈妈希望仙女教母送给他最实用的礼物,这个礼物应该是好奇心。"[5]

当我们处于平衡状态,好奇——内在动力的关键因素——就能茁壮发展。人类(和海豚)由好奇心自然驱动,渴望知识。离开它,我们不可能拥有动力来探索周边世界。毫不奇怪的,好奇心与我们大脑中的多巴胺奖励体系密切联系。好奇心植根于我们的大脑,是激励我们学习的内在动力。

尽管我们掌握了关于大脑的大量知识,但是我们对好奇心其实知之甚少。在一项加州理工最近的研究中,本科生在进行大脑扫描的同时,被要求回答一些琐碎的问题。[6]在阅读每个问题之后,应试者被要求猜测答案,并明确对正确答案的好奇程度。之后,他们重新看到带有正确答案的问题。在这个实验过程中,科学家们发现当学生明确了他们对这些问题有好奇心时,大脑的好几个关键部位都受到了刺激:前额皮层(负责大脑思考)、海马旁回(负责记忆的编码与解码)以及尾状核。尾状核一直被认为和知识以及学习相关,最近则被认为与情绪关系更为密切。事实上,可能正是尾状核把知识与强烈而强大的积极情绪——比如爱——联系在一起。对我而言,这是对好奇心的绝佳描述。当我们对我们好奇的东西产生爱,它就成为我们的激情所在。而激情很显然是动力的强大驱动因素。[7]好奇心让我们"一起进入"

未知的神经轨道，释放人类大脑的强大力量。想想爱因斯坦的有趣说法："我不是什么天才，我不过无比好奇罢了。"[8]

好奇心也让我们平静。当我们带着好奇的目光看待这个世界，我们不会胡乱做判断或者做出反应，而是进行观察和互动。好奇心把我们带离恐惧模式，并让我们的大脑进行思考。好奇心需要时间来修整与思考，如果你忙得来不及好奇，那你可能也来不及有拥有动力。

自主性、掌控力及目标：内在动力的持久驱动力

对动力的心理学研究表明，当3个条件得到满足时，我们就产生动力：自主性、掌控力与目标。[9]自主性是指挥与控制自己生活的需求。它来自内部控制，但父母可以通过平衡的权威式教育来灌输它。掌控力是希望我们觉得重要的东西越来越好的需求。它来自通过玩乐来发现并发展自己的热情。好奇心自身就是一个"倒U形曲线"。[10]——它刺激我们克服困难，并持续增强自身的掌控能力。目标是我们要做我们认为重要的事情的需求——参与一些超越自身的事情。它来自我们和社会连接和贡献的需求。

密歇根大学的一项研究表明，了解到我们的工作有助于他人，能够增加我们的潜在动机。[11]在这项研究中，一位获得了大学筹款电话中心设立的奖学金的学生，被请来给筹款相关的人做10分钟的演讲，主题是这份奖学金如何改变了他的生活。一个月之后，筹款工作人员在电话时间上多花了142%的时间，而筹款总额增加了171%。但是筹款人员并不认为那个学生10分钟的演讲对他们有影响。"似乎这种良好的感觉绕过了筹款人的有意识认知过程，直接成为了潜意识动力的资源。他们更有动力要获得成功，即便他们无法确知这种动力的触发点在何处。"[12]

平衡的生活：迎接挑战的力量

人们在面对挑战的时候也会有成就感。当我们做到原以为自己无法做到的事情时，难道不是感觉很好么？当我们靠自己的力量、用自己独特的方式找出问题的答案，那种感觉不是更好么？任何挑战都有两股力量：努力与愉悦。没有努力，就没有愉悦。从定义上看，挑战意味着冒险进入未知领域，因为呆在自己的安乐窝里，是没什么好挑战的。我们需要探索、努力、挑战，并为我们的生存克服压力，这就是为什么我们完成某些困难的事情时会自然地感觉良好。这是有时父母只需要用最为自然的方式来处理问题的另一个原因。

当我的孩子来找我解决问题时，为了缓解他们的纠结，或者降低他们的挑战，我给他们讲这样的故事：

> 一个小男孩看到一只蝴蝶挣扎着蜕皮化蛹。蝴蝶显然饱受挑战，它如此地努力。小男孩决定对它施以"帮助"，他帮蝴蝶把蛹皮撕开。令男孩惊讶的是，蝴蝶并没有高兴地飞走，而是依旧呆在原地。小男孩没有想到，蝴蝶正是在破蛹成蝶的过程中来发展它飞行所需要的力量与协调性。

同样地，孩子们需要经常通过困境来发展他们独立所必需的精神力量和协调性。男孩不知不觉地毁了蝴蝶，就如我们过早或过于频繁地介入，不经意地扼杀了孩子的应变能力与独立性一样。内在动力就在我们内心——自然直接将它放于我们的大脑。父母不需要创造它，反而，他们需要避免让它脱轨，或者把它粉碎。

此外，我们的孩子需要感受到一些压力，来让他们具有灵活性。在一个有趣的实验中，布法罗大学教授马克·赛里（Mark Seery）把大学生的手放入冰水中。他发现那些经历了人生逆境的学生（比如家里有人死亡或者得重病）比那些认为自己没有面对过什么逆境的人来说，实际上所感受到的疼痛更少些，并更能够忍受这种状况。[13]他总结说："拥有处理负面事务的经历，让人们有更多的灵活性……他们面对世俗的日常的压力源时，准备得更好。"[14]

挑战对我们也有好处。没有人会建议我们来寻求不幸。但是，一定程度的逆境是健康的——尤其是在儿童时期——如果我们不想成为"茶壶"的话（记住，经历得太多则会让人变成"脆酥"）。

我们需要的是帮助我们学习与成长的挑战。当我们面对挑战，与之奋斗并克服挑战，我们的生物回报就是刺激多巴胺的产生，让我们拥有良好的感觉。当一项工作完成后，我们感到无比的愉悦，而工作越难，这种愉悦的感觉越好。"多巴胺就是让人们保持动力，坚持并实现目标的燃料。"[15]科学家们把高水平的多巴胺与形成终身习惯联系在一起。相对的，低水平的多巴胺让我们萎靡不振。"如果你没有每天有所成就，你的多巴胺贮备就会减少。从生物学上，人类天生就是努力工作来获得生物学奖励的。"[16]

心理学家安吉拉·达克沃斯（Argela Dukworths）观察成功处理压力和挑战的孩子和成人，来理解他们成功的关键。[17]答案是"坚毅力"（grit）。在一项具有里程碑意义的研究中，她对来自西点军校、全国拼写比赛参加者、销售人员以及艰苦环境下的教师等共2800人进行了研究,来确定能够预测成功的决定因素。坚毅力是持续性的因素。比如,坚毅力比SAT成绩、班级排名、身体素质能更好地预测谁能够在西点军校著名的地狱般的暑期训练营中生存下来。

压力、挑战、激情都依赖于我们生物的自然反馈回路调节。由此,在成功的道路上行走,我们不能失去平衡。你是否有过完成了一件大事之后却发现那种愉悦稍纵即逝的感觉?当事情的代价超过所获得的收益时,这种情况就会发生。这些代价经常与我们的健康或者人际关系密切相关。在我们热切地追求成就的过程中,无论我们是否意识到,这些东西都会积攒。我经常听说忙碌的父母把大量的时间用于追求诸如金钱这样的短暂目标,想念着远在他处成长的孩子们。难过、空虚或者"不对"的感觉是提醒母亲们满足自己基本的需求,过平衡生活的自然方式。你可以试着忽视、掩藏或者逃离这种感觉,追求更多,实现更多,但是你不能欺骗你的生物学反应。

当投入一件事情或者完成一件事情却由此而失去了平衡,事实上会夺去我们完成挑战所应有的愉悦感,以及与之相联系的满足而快乐的感觉。这就是为什么现实生活的学习还包括不把尝试与错误,甚至失败视为灾难,而这正是虎式父母的看法。应对挑战是生活的一部分,是习得重要技能——如何适应——的强大手段。

老虎扼杀内在动力

对着儿子大呼小叫,贿赂他或者对他进行惩罚,都没能说服我的儿子做作业，我对自己说，这可不对劲儿，我可以帮助吸毒成瘾的孩子戒掉可卡因，可我没法让我7岁的儿子坐下来写字！我突然意识到，尽管拥有鼓励年轻人戒酒，控制自己玩电子游戏，应对抑郁症，进行焦虑管理，和父母交流，和糟糕的男朋友分手以及停止乱服阿德拉的丰富经验，我忘记了把在工作实践中有效的工作原则运用于养育孩子。事实是我不能强迫、恳求或是命令孩子有做作业的动力，但是我可以强迫、恳求或命令我的病人有变得健康的动力。指挥孩子去做一件事情，或者代替他做一件事，并不会起作用，而我们都知道这一点。但是这些实践是虎妈们的核心——反复地练习让孩子们开始依赖于外在激励，并发展出外部控制源。

外部压力有时会扼杀孩子的天赋。孩子如果迫于外部压力而学习某项技能，他们很可能会很快厌倦。我在工作中经常遇见这样的现象，在高中最常见。很多虎崽们在儿时擅长的比赛中败下阵来，或常常在学业或课外活动上被那些在更为宽松的海豚式教育环境下成长的孩子们所超越。有些孩子根本不在乎他们掉队了，而有些人甚至感到庆幸，因为这些孩子已经累坏了。还有些孩子则无法接受自己不再是"最好的"，他们不是更加努力，而是完全崩溃了，因为他们就如茶壶一样易碎。想要在高中的竞争环境中表现出色需要全商，但是他们并没有发展全商的技能，因为从蹒跚学步开始他们就在无休止的活动和练习的泡影中生活。

外部奖励与外在动力相关联。当我们通过玩具、金钱或者过多的赞誉来激励，我们失去了进行内在激励——大量分泌的多巴胺所带来的愉悦感——的机会。

普林斯顿大学心理学教授山姆·古拉克伯格（Sam Glucksberg）

就展示了当涉及内在动力时,外部激励如何产生问题,尤其是那些需要全商的任务。[18]古拉克伯格把研究对象分为两组,他们都需要通过批判性的思维尽可能快速地解决问题。两组都被告知会被计时,一组被告知他们只是用来反映一般人解决这个问题的平均时间;这个信息表明并不需要表现出色,因为这个数据只是用来展现兴趣。另一组给予金钱奖励:"如果速度排名在前25%之内,就能拿到5美元;今天测试中最快的一个,可以拿到20美元。"[19]你觉得谁能够更快地解决问题?被给予金钱奖励的还是没有金钱奖励的?事实上,被给予金钱奖励的那组花费的时间更多——比没有奖励的那组平均多了3.5分钟。这项研究证明了通过奖励驱动的动力并不能提高创造性思维和解决问题的能力。事实上,它反而会阻碍甚至削弱批判性思维和创造力,因为它会让人狭窄地关注奖励。

当任务简单时,逼迫、要求或者哄骗可能会得到结果,但是当任务变得复杂,涉及创造力,需要批判性思维时,这些外在激励就很难起作用。当然,受贿赂或者威胁所驱动的孩子可能会达到某种不错甚至很好的水平。比如孩子越被逼着去练芭蕾,并施以奖励,在短时间内,她可能会成为很好芭蕾舞者。但是胡萝卜与大棒并不能替代自主性、掌控力以及目标成为内在动力的基石。他们不可能带来满足感与愉悦感。通过努力满足好奇心则能够带来满足感,并带来更多的愉悦感。当孩子渐渐长大,他们必须要通过发展内部激励而不是外部激励,来发展内在动力,实现真正的独立。成为伟大的人需要适应性和全商。当然,如果技术技巧是成为世界某方面高手的所有所需,靠外部奖励驱动的孩子,只要没有现实生活障碍阻挡去路,他们就能实现这一点。然而,通常情况是,经历第一次重大伤病,遭遇嫉妒的队友,或是碰到可怕的老板，或者是失去了父母的保护所带来的压力，这些都会让这些孩子失去方向。很多时候，对于短期目标的过度关注往往会阻碍长远成功。

虎式教育最关注掌控力这一部分，而只有当孩子（而不是父母）觉得某项事情非常重要时才会想要掌控它。而最糟糕的情况是，虎式教育完全无法培养孩子的内在动力。

如果我们希望我们的孩子拥有内在动力，我们自己也需要展示这种内在动力。这意味着我们必须停止由恐惧驱动的外在动力。如果我们想要成为自我激励的榜样，我们必须过平衡的生活，它包括玩耍、探索、社交以及贡献。我们必须也能够冒风险，走出我们的安全区，挑战自我，不让恐惧或失败阻止我们。

孩子们必须相信，不完美是正常的。让你的孩子自己穿衣服——即便他们搭错或者穿反了。向你的孩子坦白你的缺点。他们总是能够看到它们的，所以你不妨告诉他们，你接受自己的缺点但是愿意做出改变。我的孩子总很喜欢指出我的小失误："妈妈，你又忘了你的电话！"

犯错误是绝好的学习经验。任你的孩子偶尔搞砸一次作业。这样他们才能学会下次该怎么做。但说起来容易做起来难，不过深呼吸总是有助于此。孩子需要知道每个人都会犯错，错误可以被纠正，而我们从错误中吸取教训。成年人需要通过从他们自己的错误中学习成长，来示范这种认识。

我的一位年轻患者曾经有一段时间难以摆脱激素——他用来提高自己的运动成绩。一天他来我的办公室，并对我说："我全戒掉了。"当我询问发生了什么变化，他告诉我他的篮球教练最近告诉他，自己曾经也犯了在比赛中服用药物的错误。因为他与教练走得很近，并钦佩他的运动能力，他决心要从教练的错误中吸取教训，不再犯同样的错误。

必须来自内心

人们想要自己引导自己的生活，我们想要自主性、自己做掌控，以及实现自己的目标——而这些都不可能由任何人（甚至包括父母）从外部强加于我们。它们对我们而言，就像我们的指纹一样，是专属我们的，独一无二的。

内在动力是孩子健康、幸福和成功所必需的。内在动力来自三个方面：（1）可以带来自主性、掌控力和目标的平衡生活；（2）通过全商来应对真实生活中的起起伏伏的能力（那就是我们必须要与真实社会接触的原因）；以及（3）自我控制的意识，这来自平衡而富有权威的养育行为。你已经看到，但培养内在动力与独立性时，不平衡的虎式教育是会适得其反的。

通过做出榜样、引导和平衡的生活，海豚式父母展示了虎式父母无法呈现的内在动力。对孩子每个阶段的变化，通过合作而不是命令，支持而不是强加，引导而不是指导，以及及时反应而不是漠视，我们可以让我们的孩子变得强大，并发挥他们的潜能。

所有这一切都说明，每一项这样的行为都不会带来一个顺从的孩子。顺从是老虎所要求的。而参与则是海豚所希望的。随着孩子的参与，可能会出现矛盾及抵抗的情形，这是孩子再正常不过的反应。毕竟,有多少孩子愿意学习,练习钢琴,帮助洗碗或者整理自己的房间?但是如果你可以度过这些波动,并知晓它带来的结果——充分发展的内在动力——会让你的孩子(以及你自己)过得更加幸福,更加成功,那么养育之旅将会变得更尽如人意。

引导着在21世纪迈向成功

我们知道,支持孩子的自主性,减少我们的干预,能够带来更好的学习成绩和情绪反应。[20] 而这正是海豚式父母要做的事情。当你构建好了平衡的生活,和孩子肩并肩,并认识到了内在动力,你正在慢慢培养全商的四个要素、适应力、独立性,并在21世纪迈向成功。以下锦囊,可以帮助你更好前进。

让学习充满乐趣

乐趣是强大的学习工具。提高学习效率的方法之一就是把积极的情绪带入任务之中。我们都直观地感觉和快乐的人一起工作要比和一个情绪低落的人一同工作的动力更强。所以,不如在开始任务之前,先看张可爱的图片?日本研究者在一次要求具有灵活性的实验中对一群学生做了测试,研究者给学生们一些可爱的宝宝、小狗或小猫的照片。他们发现因为"可爱"的图像所触发的积极情绪能够有效地提高表现。[21]

很多孩子都不喜欢数学计算,而长大了的我们也是如此。我父亲深知这一点,并用玩乐的方法来教他的年龄跨度有12岁的5个孩子。

父亲擅长倒立,为了让我们高兴,在快要翻倒时他的表情总是特别夸张,这让我们觉得非常滑稽好玩。这是他的秘密娱乐武器,他用来教我们数学。通常,在长时间当班开出租车后,父亲拖着劳累的身体回到家,但是他的口袋里总是充满了惊喜。他会在客厅里倒立,我们放下手中的事情,围到他的身边。我们会说出素数以及某个数字的平方根,答对了他就从裤子里抖落几枚硬币让我们平分。我们知道他只能坚持那么几分钟,所以我们没有讨论或争吵的时间,而只能进行创造性的合作(我的哥哥姐姐会举起他们的手扶着爸爸来让我有更多的时间)。现在,几十年过去了,我仍旧喜欢数学,并永远会记住157是素数,永远记得那时我灿烂的笑脸。

对积极行为提供正面强化

所有的动物,包括人类,都能从正面强化中获益——尤其是当这种强化来自与其有内在连接的人时。使用正面强化来治疗孩子口吃的行为,这项令人振奋的研究几乎完全颠覆了整个治疗领域。以往,语言治疗师会对口吃的孩子有困难的词汇与语句进行分解,花上好几个小时来训练孩子正确地说出词汇与语句。现在,新的方法只是简单地强调对正确语句的正面强化,而完全忽视发言中的不正确部分。其结果是惊人的,尤其当父母们在日常生活中使用这种技巧的时候。孩子们被纠正的次数和成功纠正的速度之间存在负相关——这意味着越强调孩子所犯的错误,错误反而越多![22] 不过这种治疗方法和仅仅为了称赞而称赞完全不同,后者,正如下一个锦囊所示,存在一定的缺陷。

避免过度或空洞的称赞，称赞过程而非结果

斯坦福大学的心理学教授卡罗尔·德伟克（Carol Dweck）发现有两种基本的心理思维模式：固定型和成长型。[23]固定型思维模式的孩子只能通过过度称赞或强调正确的答案来鼓励。这些孩子认为他们是"聪明的"或"有才华的"，因此不太愿意冒风险来破坏这种固定的自信。他们可能不那么好奇，也不太问问题，因为他们并不知道某样东西不符合他们的模式。他们也不太愿意应对更为严峻的挑战，因为这肯定意味着要犯错误。

与此相反，德伟克发现，那些具有成长型思维模式的孩子们更愿意"努力学习新的东西"。他们接受挑战，并持之以恒，失败了也能重新振作。[24]成长型思维模式的孩子可以通过强调努力、解决问题的能力、一致性和过程来进行鼓励。

在一个说明固定型思维模式和成长型思维模式的区别以及"空洞"的称赞的负面效应的实验中，孩子们被要求做简单的智力拼图，大多数人都可以不太费力地拼出来。[25]但是随后德维克告诉少数几个孩子他们是多么聪明多么能干。结果显示，那些没有被告知他们很聪明的孩子们，在解决逐渐增加难度的拼图时更有动力。这些孩子在解拼图时进步更快，更有兴趣，同时也表现了更大的自信。他们只是喜欢工作本身，而不是结果。

虽然这似乎有悖常理，称赞孩子的能力以及结果，似乎反而摧毁了他们的自信心。不过，如果你强调孩子们是如何得出这个答案的，而不是关注这个答案是否正确，他们更可能做出努力，愿意承担风险，并尝试用新方式。比如，如果欣赏你的孩子解决数学难题所付出的努

力，而不是去看答案正确与否，他会更愿意从经验中学习，并再次进行尝试。

我的大儿子养成了记自己进球数的习惯，还向所有人公布（很可能是由于我们对结果而非过程过度而盲目地称赞）。然而，他对进球数的过度关注很显然开始影响他在防御、传球以及战术安排上的表现。关注进球数事实上对于他这个还在成长的球员来说是伤害。尽管我们总会忍不住称赞他又进球了，现在我们尽量关注他在比赛中付出的努力。基于海豚教育法秘诀，我们说："又进球得分了当然好极了（强调），但是你想要成为更好的球员，支持你的队友（强调孩子的目标）。如果你不是只想着进球，你肯定两者都能兼得（支持成功）。"

介入并提供反馈之前，让孩子先尝试

在给出任何指示或建议之前，让你的孩子先做尝试。随后，指出他做得对的地方，告诉他还需要什么以获得成功。然后，让他再试一次。重复这样的过程，知道你的孩子可以自己解决问题。如果任务比较复杂而且时间紧迫，让他先描述他自己会如何解决。在哈佛，当我询问我的导师该如何做一些事情，他总是让我自己先来——即便我对怎么开始完全没有任何头绪。这让我非常挫败，我可是跨越这个大陆来寻求他的指导的！不过，当我先尝试着解决，再来寻求他帮助时，他会花时间来帮助我寻找存在逻辑缺陷的地方，并让我从那个地方重新开始尝试。通过这个过程，我很快学会了复杂的研究方法，而且也目睹了他在努力让我发挥潜能，这让我愿意更加努力地工作，自己搞清楚问题。

我的儿子经常自己都还没开始尝试就来找我帮助他做家庭作业。

我解释说,家庭作业的目的不是找到正确答案——而是在于查漏补缺。使用我的海豚教育秘诀,我告诉他:"我知道直接告诉你会轻松很多(强调),但是这对你的独立毫无好处(确定孩子的目标)。我相信你如果自己花点时间,肯定能够搞清楚(支持成功)。"我还告诉他:"功课就是练习、犯错误,由此知道你还需要学习的内容。"两周以来我不得不每天都这样说,并像一个优秀的政客一样,一直提醒自己,无论他耍什么伎俩来让我帮助他,我都坚持这套说辞。最后,他意识到除非他自己先试着做作业,否则我是无论如何都不会帮他的。你猜怎么样?当他弟弟来找他帮忙时,大儿子完美地上演了我的剧本。

帮助分解问题而不是解决问题

举个例子,假设你的孩子被一道题难住了,他尝试了好几种方法都没能解答,因此沮丧不已。询问他困在哪一步,并提醒他原因,而不是告诉他怎么来解题。之后,鼓励他把作业分解成小的步骤。如果需要的话,给他一点提示和小建议。在解题的过程中,如果他卡住了,你可以说"已经很接近了"或者说"我来看看,或者如果试试那个呢"来帮助他。

克洛伊热爱科学,但是她并不善于社交。科学竞赛近在眼前了,她的老师建议她提交项目,但是克洛伊明确拒绝了。她父亲想要鼓励克洛伊参加比赛,但是他不想逼她。使用海豚秘诀,他说:"我看得出来你对报名参加科学竞赛有点儿胆怯(强调),但是你也告诉过我,你不想让胆怯阻挠你(确定孩子的目标)。你如此热爱科学,不过我肯定不会逼你参加的。"当克洛伊意识到一切由她说了算,她就会敞开心扉,告诉父亲她的项目可能会遇到的障碍。他并不会代替她解决这些问题,而是引导她该如何自己来解决。比如,她觉得在陌生人(评委)面前介绍自己的项目会让她紧张,所以他建议女儿可以用其他方式来展示自己的项目,比如打印出来,用艺术的形式,或者通过视频演示。克洛伊很喜欢视频演示这个主意,不过不知道该如何实现。父亲就把这个过程分解,并引导她把她的演示录制下来。父亲还把笔记本电脑借给克洛伊用来播放。在这个项目中,克洛伊的爸爸是她的引导人和队友,而不是队长,这个项目还是她的,而通过展示这个项目得到的喜悦,也是属于她的。

允许并鼓励合理的风险

"伟大冰球手"韦恩·格雷茨基(Wayne Gretzky)总是喜欢说:"若不尝试,你只会错失所有的良机。"对于学习机会也是如此:如果你不去尝试,你永远不知道你可能会错过什么。比如你玩曲棍球的儿子可能会觉得他并不喜欢瑜伽,但是尝试了之后,他可能会发现这对于他的健身计划很有帮助。引导他,保持好奇心,尝试新鲜事物,并愿意冒一定的风险。

12岁的阿尼卡本性谨慎,讨厌"新事物",是个风险规避者。结果她不愿意去公园,到邻居家,或者参加学校活动。她的父母希望引导她,让她出门探索,并勇于冒险。使用他们的海豚秘诀,他们告诉她:"的确,冒险挺令人害怕的(强调)。但是你想做好多事情呢(明确孩子的目标),这包括走出你的舒适区。我们知道你可以做到的,而我们会帮助你(支持成功)。让我们试一试,怎么样?"

阿尼卡的海豚式父母得到她的允许,带她走出舒适区。他们询问她从哪个街区开始她会觉得自己走回家没有问题,之后每次下课后,就从那里把她放下,让她自己走回家。每天,尽管她觉得有点儿紧张,她发现走着回家变得越来越容易做到。阿尼卡的父母在增加阿尼卡探索范围这点上意志坚定,但是当阿尼卡觉得不知所措或者感到累的时候,他们也非常变通。一个月以后,阿尼卡喜欢上独立的感觉,也喜欢被父母所信任。到了年末,阿尼卡可以从七个街区以外步行回家。她可以自信地应对路况,路上的陌生人,甚至可以跑跑腿,从回家路上的杂货铺捎点牛奶回家。通过探索而建立起新的舒适感,阿尼卡还询问她是否可以参加学校演出,并参加一些她曾经拒绝参加的社会活动。

放手——让你的孩子体会自然后果

如果你每天都使用海豚策略,你就会很好地帮助你的孩子发展内在动力和全商。但是有的时候也可能会遭遇险阻,而你需要特殊的工具来应对出现的问题。每个人都有这个特殊工具,它被称为放手。让孩子拥有机会,体会他们的行为带来的自然后果,而不是把他们从这样的后果中拯救出来,这点非常重要。

一定程度的苦恼可能会促使一个人采取积极行动。这种苦恼也可能是缺乏动力的后果。比如,一次考试失败可能会让孩子苦恼,"老师会觉得我不聪明","爸爸妈妈会没收我的游戏机",或者"我还不够努力,这让我觉得糟糕透了"。这些可能的结果都可能足以促使孩子为下一次考试做出更多努力(即,苦恼可能会带来行为上的改变)。知晓某一行为带来的好处与坏处——孩子通过自然后果学习成长——可以让孩子改变这种行为。说"我不喜欢做作业,但是我知道它的好处多于坏处"的孩子,就很好地掌握了某项行为及其结果可以影响他的生活以及他的自我利益。

是的，我们仍然可以没收游戏机，取消已经答应好的宴请，或者提供正确的奖励。但是我们不能永远做这些事情，所以最好不要把它们当作首要或唯一的策略。可能你会难以忍受，但是如果令人苦恼的事情发生（比如作弊被抓），其自然后果可以有效地帮助孩子们建立内在控制核，并避免在未来再度发生这样的事情。

在生活中，越早让孩子体验到自然后果，这些后果的杀伤力会越低。一年级时我的大儿子没有完成第一次家庭作业，我很想去帮助他。我很想放下手中的所有事情，坐下来，帮助他一起完成。即便我很想让他在新老师面前留下好的第一印象，我还是控制住了自己。第二天，儿子放学回家的第一件事情就是做作业。很显然，他的老师要求他在课间休息时间补上作业，这可是他和最珍爱的朋友一起玩足球的15分钟。我轻轻地走开，没有大喊大叫，或者催促他，而他找到了完成作业的内在动力。这就是自然后果的力量！

正如你看到的，海豚教育法尊重我们的生物学需求，并助益植根于我们的人类价值。海豚教育法是基于直觉的，但如果我们处于恐惧模式的话，就难以获知这些直觉。它很简单，但并不容易。生活中最简单的，往往是最有力量的——而且是完全值得践行的！

---

[1] "Professor Sir John Gurdon DPhil DSc FRS, Nobel Prize in Physiology or Medicine, 2012," Gurdon Institute, last modified October 9, 2012, http://www.gurdon.cam.ac.uk/jbg-report.html.

[2] K. Cherry, "What Is the Difference between Extrinsic and Intrinsic Motivation?" About.com, accessed November 3, 2013, http://psychology.about.com/od/motivation/f/difference-between-extrinsic-and-intrinsicmotivation.htm

[3] "Stages of Change Model," University of Ottawa, Last modified July 31, 2009, http://www.med.uottawa.ca/sim/data/Stages_of_Change_e.htm; M. Gold, "Stages of Change,"

PsychCentral.com, accessed January 7, 2014, http://psychcentral.com/lib/stages-of-change; "The Stages of Change," *Virginia Tech Continuing and Professional Education*, accessed January 7, 2014, http://www.cpe.vt.edu/gttc/presentations/8eStagesofChange.pdf.

[4] "The Stages of Change," *Virginia Tech Continuing and Professional Education*.

[5] http://www.brainyquote.com/quotes/quotes/e/eleanorroo161633.html

[6] M. J. Kang, M. Hsu, I. M. Krajbich, G. Loewenstein, S. M. McClure, J. T. Wang, and C. Camerer, "The Wick in the Candle of Learning: Epistemic Curiosity Activates Reward Circuitry and Enhances Memory," *Psychological Science*, 20, no. 8 (2009): 963-973.

[7] J. Lehrer, "The Itch of Curiosity," *Wired Science Blogs/Frontal Cortex*, August 3, 2010, http://www.wired.com/wiredscience/2010/08/the-itch-of-curiosity/.

[8] http://www.wittyprofiles.com/q/3811156.

[9] M. Popova, "Autonomy, Mastery, Purpose: The Science of What Motivates Us, Animated," *Brain Pickings*, accessed January 12, 2014, http://www.brainpickings.org/index.php/2013/05/09/daniel-pinkdrive-rsa-motivation/.

[10] Lehrer, "The Itch of Curiosity."

[11] S. Dominus, "Is Giving the Secret to Getting Ahead?" *International New York Times*, March 27, 2013, http://www.nytimes.com/2013/03/31/magazine/is-giving-the-secret-to-getting-ahead.html?ref=magazine&_r=1&pagewanted=all&.

[12] Ibid.

[13] J. Lipman, "Why Tough Teachers Get Good Results," *Wall Street Journal*, September 27, 2013.

[14] Ibid.

[15] C. Bergland, "The Athlete's Way," *Psychology Today*, December 26, 2011, http://www.psychologytoday.com/blog/the-athletes-way/201112/the-neuroscience-perseverance.

[16] Ibid.

[17] A. L. Duckworth, "Angela Lee Duckworth: The Key to Success? Grit," TED.com, April 2013, http://www.ted.com/talks/angela_lee_duckworth_the_key_to_success_grit.html.

[18] D. Pink, "Dan Pink: The Puzzle of Motivation," TED.com, July 2009, http://www.ted.com/talks/dan_pink_on_motivation.html.

[19] Ibid.

[20] M. Levine, "Raising Successful Children," *International New York Times*, August 4, 2012, http://www.nytimes.com/2012/08/05/opinion/sunday/raising-successful-children.html?pagewanted=all&_r=0.

[21] J. Gross, "What Motivates Us at Work: 7 Fascinating Studies That GiveInsights," TED Blog, April 10, 2013. http://blog.ted.com/2013/04/10/what-motivates-us-at-work-7-fascinating-studies-that-give-insights.

[22] B. Guitar and T. J. Peters, *Stuttering: An Integrated Approach to Its Nature and Treatment*, Baltimore, MD: Williams & Wilkins, 1998.

[23] C. S. Dweck, *Mindset: The New Psychology of Success*, New York: Random House, 2006: 248.

[24] "Carol Dweck, Stanford University Professor, On Why Telling Your Children They're Smart Is Actually Bad for Them," *Huffington Post*, August 2, 2013, http://www.huffingtonpost.com/2013/08/02/caroldweck-mindset_n_3696599.html.

[25] Ibid.

第 10 章

海豚式教育的孩子有什么特点？

伊莎贝拉是一个易怒且有点儿古怪的17岁女孩，她经常逃学，成绩越来越差，总是不能集中精力，父母对此很失望，于是带她来见我。而之前，伊莎贝拉曾经是一名优秀学生。

当伊莎贝拉第一次来我这里时，她刚刚结束学校的数学和科学课程，显得急躁、阴郁、孤僻。我问她是否喜欢学校的什么，无论哪方面都可以。她说她"有点儿"喜欢选修的喜剧类课程。我希望她多谈谈这个，她开始谈如何喜欢挑战扮演不同角色。在她描述的过程中，她开始与我进行目光接触，坐直身体，也开始更为投入。当她说到她非常擅长表演，而这是她唯一真正所爱时，她充满了激情。然而，她突然失声痛哭，她说父母肯定不会接受她对表演的热爱。"他们想要我成为一名医生，或者是别的什么！"（我知道，这听起来非常糟糕，不是么？）

我以为伊莎贝拉的父母可能对追求艺术有些偏见。但是你可以想象得到我见到她的父母时有多么惊讶——他们俩都是演员，而且是在舞台上认识了彼此！实际上，这是个表演与艺术世家。

尽管他们非常热爱自己的职业，但伊莎贝拉的父母觉得她"足够聪明"，有能力成为一名医生。他们希望她能够从事比他们更为"安全"的行业，那样她就不需要应对几乎左右着演员生涯的激烈竞争和随机运气。这些都非常合理，但是伊莎贝拉的父母并没有考虑到的是，他们的女儿对于数学、科学或者医学都毫无兴趣。她厌倦其他的课程，因此并不开心，而且有点叛逆，她也非常焦虑，因为她不得不远离真正的激情。

现在，14年过去了，伊莎贝拉茁壮成长。她的父母不再逼迫她学习科学，并为她的艺术之路大开绿灯。不过，伊莎贝拉虽然上了许多表演课程，她还是受父母观念的影响，最终并没有成为一名演员——至少不是传统意义上的演员。她找到了属于她的路。大学第一年伊莎贝拉选修了法律课程，从中她发现了法庭上的戏剧张力——而出于她自己和所有人的意外，她去了法学院。

当她成为一名律师后，伊莎贝拉在法庭里不断探索并体会不同的戏剧风格，来提出论点，并赢得陪审团的认同。她发展出各种富有创意的方法，在她很年轻的时候，就经常被邀请去为其他律师介绍法庭表演。她还成为了电视媒体上的法律事务专家。伊莎贝拉成为一名富有活力和成功的律师，而且她健康、快乐。

我相信伊莎贝拉能够成为一名医生——即便她对此毫无兴趣，她的科学成绩相当不错。但是何者更好呢——是一名郁郁寡欢的平庸医生，还是快乐而成功的律师？伊莎贝拉与最好的自我建立了联结。

成为最好的自我意味着在某方面最富有激情和天赋，同时拥有发挥该方面独特能力的内在动力（BEST意味着个人精神与才能的最好表达）。在我看来，以最好的自我状态生活，就是发挥你大脑、身体与精神的全部潜能，达到最佳使用状态。

我经常与我的孩子——以及所有愿意倾听的人——谈论以最好的自我状态生活的重要性。最近，7岁的儿子告诉我，他知道所谓让思想或者书本发挥最大的功效是怎么回事了。家里的一个沙发的凳脚坏了。我丈夫拿了几本书垫在那个地方，把沙发支撑起来，准备过段时间再进行修理（这在我家里，估计是遥遥无期的事情）。儿子问我，为什么这些书会垫在沙发凳脚上，我解释说这是拿来撑着沙发用的。"但是，妈妈，书不应该拿来这样用的。你怎么可以这样对待那些书呢？"他是对的，书不是用来替代沙发凳脚的，它们根本就不是为了这个目的而设计的，而这也不会是它们的最佳使用方式。

很多来我办公室的人，就像那些支撑着我家沙发的书。他们独特的才华与激情已经被他们被迫做的事情完全压垮。显然，大脑并不是一团粘土，父母可以选择任意的方式来锻造它们。它是已知宇宙中最为复杂的东西。数不尽的神经元交互连接，编码成为功能地图，而激情、才华以及动力都从中展现。

健康、幸福、富有内在动力以及成功生活的基石

毫不奇怪，如果你处于最好的自我状态，你就最有可能过健康、幸福、充满内在动力的生活。我想我们对海豚情有独钟，是因为它们最好的自我状态正是我们所追求的。在自然界，老虎当然也处于它最

好的自我状态，但是人并不想过老虎那样的生活——它们孤独，为了夜间捕杀猎物存续最多的精力，白天把大量的时间用于睡眠。而我们，我们需要玩耍、探索、与朋友出去闲逛、回报社会，并拥有海豚跃出水面时那张永恒的笑脸所展示的愉悦的感觉。

正如我一直所说的，如果你不健康，便很难拥有幸福与内在动力，而获得健康最重要的因素，就在于在生活中平衡各种基本要素。

健康之后便是休闲娱乐。娱乐能让我们确定我们的激情所在，我们的长处与短处，我们的爱与恨。对某项事情拥有激情能让你在沮丧时依旧保持动力，积极尝试。毕竟，我们愿意面对挑战与超越——但是并不是所有事情都能激发斗志。我们只希望在我们擅长并感兴趣的领域实现超越。

青少年时期的玩耍与探索，有助于我们在成年后发现自己最好的自我状态。而在成年时处于最好的自我状态让我们继续——包括在职场——玩耍与探索。如果伊莎贝拉的父母阻止她在戏剧世界的探索，如果伊莎贝拉没有进行多种角色的扮演这种玩耍娱乐，她可能永远无法发现自己闪光的地方。她可能还陷于科学与医学的世界之中，它们无法给予她幸福的感觉与真正的成功。

玩耍与探索之后，则是群体与贡献。我们与社会连接，如果没有群体与贡献，没有人与我们分享，我们的自我状态只会处于停滞状态。与朋友一同玩耍，与他人分享我们的生活，为我们的生活经验增加了快乐与深度。这并不是说我们无法自己寻找到快乐。但是如果我们以牺牲群体意识为代价，过于好胜，我们就无法吸引并保持与他人的紧密联系。我们可能会达到某种社会地位，但是无法感受到密切而有意义的社会联系。正如我在第7章所说的，任何时间长度的孤立与隔绝，和患上大病一样会对人产生严重损害。

如果伊莎贝拉缺乏表演社群的支持（以及她对那个社群的贡献），她可能永远不会继续追求她的激情，并让她成为最好的自我。当她的家人在她的身边，支持她，她能够体味与家人分享她的生活——家人们特别热爱且深刻体会的生活——的快乐。如果没有伙伴的支持，她也不把自己视为集体的一员，伊莎贝拉可能永远无法体会她现在的幸福，获得已有的成功。

群体与协作之后是内在动力。这正是美妙之处：如果我们过平衡的生活，并寻找到或接近最好的自我状态，动力往往完全而且毫不费力地内在于我们。我们不需要任何外在力量的推动，因为我们在做我们感兴趣与想要做的事情。我们完全拥有内在动力，哪怕事情变得艰难，我们也可以适应并积极推进。

在学习科学时，伊莎贝拉需要被监督、被催促，父母得围绕在她身边盯着她。当她切换到她所热爱的事情，父母一句话都不需要说。不过他们需要确保和她站在一起，且不能完全占据她的未来规划空间，这样她才能真正地走入自我。

伊莎贝拉实现这个目的的唯一途径就是平衡。首先，平衡的父母允许她做内部控制。其次，平衡的生活方式确保拥有健康的身体及内在动力。而这些都会带来平衡的大脑，这对于发展全商至关重要。但是，在我们对全商做更多的介绍之前，让我简单地解释一下平衡的大脑如何带来健康、幸福、动力以及真正的成功。

平衡的大脑

人体的大多数器官都是成对出现的——肺、乳房、肾脏——它们执行相同的功能，当其中一个出现问题时，另一个成为后援支持。左右脑却并不在此列。

我们的左脑被认为是逻辑性、分析性的。它擅长单点聚焦，独立分析，并"将事务分解"。左脑过滤出"有用"及明确的信息。左脑处理语言与逻辑，从而提供次序与计划。一般而言，左脑处理"确定性"——意味着它讲究计划或方向。

与此相反，右脑被认为是我们的情绪性、直觉性的大脑。它更擅长于整体性、统一性、情感性的"大局"思维。右脑从身体与环境来获取信息，并寻找"相关性"与隐含的内容。语言的意义解读，比如对隐喻的理解就发生在右脑，右脑为我们提供目的与意义。

所以你可以看到我们的左右脑不仅是完全不同的，而且是相互补充的。如果左脑是力量，右脑就是灵活性。你可以说，来自学习所获得的知识（或"书本智慧"）是属于左脑的，而从生活经验获得的知识（或"生活智慧"）则属于右脑。因此，如果我们只有一个半脑进行运作的话，很显然会处于某种劣势。我们既需要左脑也需要右脑，来与外界的积极方面相互连接，同时限制由恐惧所引发的反应倾向。

我们的左右大脑是否处于完美的平衡状态？或者说，和身体的其他器官一样，即便我们身体的左侧或者右侧占据优势，通过对各个部分的集成、沟通以及持续的校正，会形成总体平衡？有关左脑还是右脑占据主导，存在着诸多争议。直到最近，左脑被认为是主导或者主要的，而右脑被认为是从属的或次要的。毕竟，现代世界显然更注重逻辑与分析，而不是情绪与直觉——不是么？这就是为什么我们需要科学研究来"证明"新鲜空气与阳光有利于人类健康的原因！有意思的事情在于，一方面（从左脑而言），我们逻辑上认同这种结论，然而，从另一方面（或者从右脑而言），我们直觉上并不同意这种判断。我们的左右脑时常在相互斗争！不过，在这两者之间，右脑占据主导的情况可能比我们想象得要多。爱因斯坦就深知这一点，他曾说过"直觉思维是神圣的礼物，理性思维是它忠实的仆人，而我们现在却创造了一个社会——它给"仆人"以荣耀，却忘记了自己神圣的礼物"。[1]

我们的左侧身体拥有美丽的心脏，或许只有赋予右侧的身体主导情绪与直觉的大脑才算公平。然而，我们现在知道每一种功能，包括推理、情感、语言以及想象，都不是某半个大脑单独运作的，而是两者的集合。我们这样来看待，如果我们的右脑负责情商（EQ），左脑负责智商（IQ），那么对左右大脑的集合统一，就带来了我们在迅速发展的21世纪最需要的全商（CQ）。批判性思维既需要看到整体情况，也需要注意具体细节。沟通能力需要语言的逻辑，也需要有情绪的表达。合作需要分解与整合的能力。创造性需要左右半脑——明确的与隐喻的——共同合作。

当左右大脑以这种方式进行整合，我们将拥有高全商并能不断适应世界的变化。请不要忘记我们非常重要的神经可塑性：大脑在形式与功能上的适应能力。过平衡的生活，我们的大脑就能提高平衡与整合能力。

高全商

我们回顾一下全商的四个要素:创造力、批判性思维、沟通与协作。全商既无法自然产生,也不能外在强加;它只能通过内部进行开发。如果你是外在驱动型的,那么发展高全商的可能性就会大大降低。你的全商越高,适应力越强。而适应力越强,你就越健康、幸福、成功。记住,乔治·维伦特关于成人发展的类型研究认为成年人适应类型是成功的关键因素(见第3章)。

让我们来看看全商的各要素如何有助于我们孩子的未来成功与幸福。

创造力和批判性思维

"它比我们聪明。"凯利·佳可拉(Kelly Jakkola)说,她是佛罗里达群岛海豚研究中心的研究室主任。佳可拉说的是一只叫坦纳的宽吻海豚,他们把它的眼睛蒙上,让它模仿训练师的动作。坦纳无法看到训练师的行为,它却创造性地解决了这个问题:它踏着水发出声音,然后利用回声定位,确定训练师的动作,并完美地重复了这些动作。[2]

很多人会说,创意是一种天赋。事实上,创造力和天赋并没有非常大的关系,却和你如何对待你的天赋密切相关。在这点上,研究数据已经非常明确：许多科学家深入地研究过这个问题，他们的结论是，智商有70%纯粹是遗传决定的。不过，创造力只有30%是由遗传决定的，而70%来自环境以及学习方式。[3]换言之，它来自学习的过程。《创意游戏书》(The Big Book of Creativity Games)的作者罗伯特·爱波斯坦（Robert Epstein）就说："没有任何证据表明一个人天生比另一个人更富有创意。"[4]相反，他说，创造力是每个人都可以培养的东西，而它正是通过玩耍与探索形成的。[5]

另外一种常见的看法是，创意只和艺术——音乐、戏剧以及文学——相关。当然，艺术是富有创意的，但是并不是每个艺术家都具创造性。比如，有些年轻的音乐家——可能还是你自己的孩子们——他们技术卓越，但是缺乏演奏的灵魂。相反，有些热爱数学的学生，受数字与符号的启发，能创造很多富有创意的东西。创意，广义而言，意味着创造新的东西——新的交响曲，新小说，或者是研究数学的新方法。不过，通常，它表示以全新的方式处理已经存在的事务。演员并不需要重新撰写莎士比亚的罗密欧与朱丽叶来获得满堂彩，而作曲家也不需要修改贝多芬的第五交响曲来让音乐变得耳目一新。创意就是把你的激情注入已有的活动之中，从而为世界做出原创性的贡献。

另一种常见而错误的想法是，企业是创造力的对立面。毕竟，还有什么东西比供给、需求、利润以及财务报表更没有创造力的（尽管每次新的财务丑闻出现时，我们都听到很多"创造性的会计方法"！）？商业世界不断地适应客户需求以及经济世界的变化。商业领域经常会创造全新的产品，不过更常见的是，这种"新"产品也可能是已有产品特征的融合或是已有产品的创新型组合。很多人都会认可史蒂夫·乔布斯（Steve Jobs）是我们这个时代最有创意的人。但是他并没有发明个人电脑、手机或者平板电脑。他所做的，就是运用他的创造力，让这些产品变得更好。

有些时候，批判性思维和创造力之间的界限模糊了，而解决问题成为创造性思维的代名词。批判性思维需要对大量的信息进行分析——包括相互矛盾的想法，以及与我们自己的想法相对立的想法——并过滤出有用的信息、寻找模式、得出结论、保持开放的心态、富有健康的怀疑意识。在联系日益密切的全天候的世界里，从各种各样的观点，甚至与我们相左的看法中解析数据，这种能力尤其重要。一个真正的批判性思考者，放弃过时的假设，对"如果"秉持开放的态度，诚实地探索全新的思路，并跳出盒子思考问题，对他而言是一件很舒服的事情。批判性思维是通过自由的提问，而不是被动的指导滋养而成的。创造力和批判性思维都需要大脑处于平衡状态。众所周知，缺乏自由时间、紧张以及外部压力都是扼杀创造性的因素。相反，足够的睡眠、玩耍以及社会伙伴关系，则是创造力和批判性思维强大的催化剂。

悲伤、恐惧、愤怒和焦虑会限制创造力。一项针对本科生的研究表明，悲伤会导致他们害怕犯错，并阻碍他们产生新的想法。[6]情绪的改进显然与创造力以及批判性思维的提高相互联系，比如应对发散性思维任务、为故事撰写新的结局、建立新的词汇联想，甚至解决道德困境等。[7]创造力领域的领先学者卡伦·加斯珀（Karen Gasper）就建议，当你觉得思想卡壳或没有动力时，"出去走走，看场戏剧，和朋友出门晃晃……这些休息可以帮助你感觉更好，并用全新的视角来看待自己的工作"。[8]这种关系反过来也同样存在。创造力本身与高度的工作满意度、高质量的休闲活动与体验、持续增加的积极情绪以及总体福利与幸福水平的提高密切相关。研究表明，如果前一天更为快乐的话，人们更有可能有创造性的突破。[9]

如今，创造力不仅可以增加我们的幸福感，也有助于我们找到一份好工作。《哈佛商业评论》最近发表的一份调查中，1500名世界顶级CEO把创造力列为未来领导能力的首位。[10]

沟通

长期以来，关于海豚们发出的口哨声、吱吱声、吠叫声、卡塔声以及气泡声和其他声音是否足够复杂以形成一套语言，科学家们一直有所争论。不过，海豚们使用这些声音，配合肢体语言来进行沟通，这是毫无疑问的。每只海豚都用特定的"标志性"哨声来让自己与其他海豚相区分，海豚还有模仿摩托艇乃至人类笑声的惊人能力。优秀的沟通技巧让海豚们可以成群地猎取食物，并防卫诸如鲨鱼这样的天敌。无疑，海豚父母们通过沟通，向自己的孩子们展示如何在野外保护自己、进行追捕，并茁壮成长。

在所有的全商技能中，沟通是在当今世界进行互动最为重要的技能。动物们需要通过有效沟通进行生存，而人类是最为社会化的动物，无疑最需要沟通。你可能绝顶聪明，具有发散性思维，情商极高，但是如果你无法有效且以幽默的方式表达自己，没有人会知道你的才能。

有效的沟通能够大大提高你的领导技能，能让你拥有鼓励他人以及充分向他人传达信息的能力。良好的沟通可以帮助你避免或处理压力，并增加你与他人——你的朋友，或者其他重要的人物——建立联系的能力。

在这个电子通讯盛行的社会，那些无论是在个人沟通还是在线上沟通上具有强大能力的人无疑会脱颖而出，并成为明日的领导者。

沟通首先需要良好的倾听技巧，不仅仅是接受内容，更包括情感上的反馈。如果你在成长过程中从来没有真正被聆听，那就很难知道该如何倾听他人了。因为在孩童时期就学习如何进行沟通非常重要。沟通的很多方面，特别是非语言交流，是直觉性的。细微的行为——比如眼神接触、点头、微笑、轻拍背部或者是偶尔肯定的表述——表明你在认真倾听。然而，这一定是自然而然地表现出来的，否则就是沟通的干扰了。事实上，如果我们并不相信自己要说的事情，非语言信号会无意识地发送相互矛盾的信息来泄露这一点。比如，嘴巴上说着"我接受任何想法"，可身体却向后靠，并把双手交叉在胸前，这就是一种沟通矛盾。另外，你也可以无意识地使用你的肢体语言来强调你的想法——比如感到紧张时你会有意地踮着脚让自己看起来更高些，同时肩膀往后耸。这样做你会看起来更为自信，你的大脑和身体不断地通过内部沟通，也让你觉得更为自信。

沟通技巧通过玩耍、探索、参与社会群体以及进行贡献得到发展。看看表10.1，这是雇主们认为刚毕业的学生进入职场时所需要具备的"非常重要"的实用技能。你会发现这些"非常重要"的技能都与沟通密切相关。

表 10.1　雇主认为毕业生获得职场成功需要的使用技能

技能	重要性百分比
语言沟通	95%
团队精神/团队协作	94%
职业精神/职业道德	94%
书面沟通	93%
批判性思维/解决问题	92%
英语水平	88%
伦理/责任	86%
领导力	82%
信息技术	81%
创造力/创新	81%
终身学习/自我指导	78%
多样性	72%

来源：Conference Board of Canada, *Are They Really Ready to Work?* Ottawa: Author, 2006. Table 2, p. 20. http://www.p21.org/storage/documents/FINAL_REPORT_PDF09-29-06.pdf.

当学校、研究院校与大学还在强调分数与等级，大学毕业生却已经被扔进强调全商技能的职场世界，而他们几乎没有受过这方面的训练。

协作

海豚因其相互协作的生活方式而著称。进行捕食时，它们经常将鱼群追逐形成"球形鱼饵"，之后，一个接一个地，海豚们轮流穿行这个球，张开嘴饱食这些吓坏了的鱼。没有这种协作，海豚不可能生存。我们也无法离开协作而生存，即便我们觉得我们可以——而这是虎式教育的人最常见的想法了。

通过与他人协作，实现一个共同的目标，我们能够产生更好的想法，并寻找更好的解决问题的方法。无论是与兄弟姐妹、朋友、同学或者是同事，我们都有大量的机会进行协作。不过协作并不仅仅是与他人共事，它还包括尊重他人、靠谱以及能干；使用我们的社交技能；相互鼓励、挑战，相互启发。协作技巧可以通过在不同的环境下，与不同的人共同工作、交换意见而得到加强。协作是社会联接的基础，而它无疑让我们变得更快乐！

孩子可以深入探讨合作的第一个地方就是课堂。很多21世纪的课堂正试图创造更多的合作机会。只要老师保持海豚的角色（既不是老虎，也是纵容的海蜇），这些课堂就能够提供真正的优势：

师生之间知识共享　在协作型课堂里，教师与学生之间的信息流不是单向的。是的，教师更多地了解某一个特定主题，但是学生也有一些实践经验与想法有助于学习过程。还有什么能比向你的同龄人教授知识更有助于建立信心呢？

师生之间权限共享　权限共享有助于让学生对自己的学习承担责任。通过参与制定目标与时间表，并设置节点，这些分享的权限教会孩子们在不久的将来需要掌握的独立工作的技能。

引导而非指导　当师生之间共享知识与权限，教师更多地像一个向导而不是导师。学生们被鼓励独立地解决问题，使用创造力与批判性思维来探索替代方案。当然，教师依旧在一旁，适当地推进、重设方向，必要时进行掌控。

如果我们的孩子长大后要在协作型的世界里发挥功能，他们在年幼的时候就要学会如何协作。而孩子们大量的时间都在学校，课堂无疑为教导和培养协作能力提供了很好的机会。

在学校里，那些牺牲了别人而表现突出的孩子们往往会惹来麻烦。在职场中，如果你有一个无法相处的同事，你常常得自己搞清楚如何与这个悲惨的人共同工作。这也就难怪合作能力——尤其是与不同群体合作——是雇主最重视的能力之一了。[11]

海豚：大大的成功

你有没有意识到，表10.1中所罗列的技能正好构成了全商——创造力、批判性思维、沟通以及协作（加上其他海豚的属性，如道德/责任以及终身学习/自我指导等）。

在职场，全商技能经常被称为"软技能"。21世纪的职场复杂多样，人们相互依存又相互联系。拥有"软技能"的人通常具有较强的社会能力：能与不同的团队良好合作；可以清晰地进行沟通；面对人力资源、技术、工作条件的变化能迅速调整适应；拥有创新能力。

所有这些软技能带来强大的领导力，这是种人人都希望拥有的难以捉摸的品质。所以，21世纪谁更有领导力？是过于求胜心切的"老虎"？还是孱弱不堪的"脆酥"或"茶杯"？都不可能！21世纪必然是属于海豚的。海豚的全商技能——创造力、批判性思维、沟通以及协作无疑是强大领导力的组成部分。

当这些技能与共情、社区意识、利他等海豚特质结合，就变得势不可挡，大获全胜了。与领导力相关的某些特质包括诚信（即便无人监督也会做正确的事）、责任（对别人和自己负责）、尊重（尤其是对与你相左或相异的人）、共情（试图从他人的角度理解他人），以及公民意识与利他行为（为了更大的利益工作）。

强大的、成功的生活仰赖这些与全商相关的特性：在工作、家庭及社区中的可信度；对家人、朋友、同事和邻居的尊重；对手头工作的责任感；以及对他人的公平感。此外，当你对他人表现出海豚所展示的同情心与责任感，奇妙的事情就会发生。俗话说"好人有好报"，这是真的，也是竞争性利他主义的精髓。在一个社会里，我们珍视那些把别人放于首位的人。对利他行为的研究表明，把集体利益置于个人利益之前的人更能获得声誉与地位。[12]

人是社会的动物。技术的变革让世界变得越来越小，因此，从很多方面而言，我们的未来会变得更加社会化。这一事实让海豚具有竞争优势。海豚式生活更具可持续性，而且是双赢的：海豚为它们的群体做出巨大贡献，而同时它们因为这样而茁壮成长。

你也许会想，我认识很多所谓的成功人士，他们没有软技能或者其他的什么，他们每周工作80个小时，没有休闲娱乐，也不具有创造力，而且只关心他们自己。是的，"老虎"也会成功，但只会获得最有限意义上的成功。我在办公室里每天都能看到这些"成功"的故事。伴随着他们的"成功"的是不平衡的生活引发的抑郁、心脏疾病、不道德的行为、成瘾甚至死亡。

"老虎"对于成功的定义，通常仅限于职业与财富，而"海豚"

认为成功还包括健康、快乐、诚信、社会关系、群体联接以及贡献。我知道社会常常会肤浅地给予老虎式的职业与财富的成功相当的重视。我们经常会听到有些人说："哦，那个某先生真的很成功。"但这并不意味着这位某先生是幸福的，是一位好父亲，是极具创意或者乐于助人的。这通常意味着某先生有很多钱。而实际上，某先生甚至可能是个毫无原则的混蛋。

请记住，"海豚"对孩子的预期要高得多，他们知道那些在各方面都成功的人是通过维持自身的平衡来达成的。他们有高质量的睡眠，经常锻炼身体、休闲、探索，与社会联接，为群体做贡献并自我激励。我们不太听到这些成功的案例，是因为不具戏剧性的故事往往没有传播性。相反，那些可卡因成瘾和滥用药物的富豪们则常不绝于耳。这就是为什么我们经常会耳闻这些有问题的人，却很少听到那些健康、快乐生活的人。可能这种情况正在改变。《赫芬顿邮报》最近推出了博客"第三尺度：成功的标准不只是金钱和权力"，并举办同主题会议进行讨论。博客的重点是重新定义成功还包括健康、幸福，以及对社会的回馈。[13]

寻找海豚般的幸福

父母们最希望的莫过于孩子幸福。奇怪的是，对于虎式父母而言，幸福似乎是事后结果。虎式父母们关注于他们的孩子所需要掌握的能够在社会中追求物质奖励的工具；而当他们能够获得一份高薪的工作之后，才可自由地追求幸福。这就是问题所在。虎式父母们做出了错误的假设，他们觉得在成年之前不需要追求幸福，而他们的孩子成年之后会自然而然地知道如何"获得"幸福。我们知道童年为成年生活的方方面面奠定了基础。我们也知道不快乐的童年是众多心理问题的危险因素——难于与人相处、缺乏洞察力以及无法应对压力，这些仅仅是一小部分。[14]不快乐的童年容易使人患上诸如心脏疾病、炎症等疾病，并会加速细胞衰老。

幸福是什么？很多人思考过这个问题，每个人都有不同的答案。让我们先来看看幸福不是什么？

首先，让我们将幸福和心理健康进行区分。抑郁、焦虑以及药物滥用等心理健康问题和不幸福并不是同义语，尽管它们相互联系。抑郁症是一种有诸如睡眠障碍、注意力不集中、记忆力衰减、精力不足、萎靡不振、情绪低落等症状身体病症。这些症状得到治愈的话，和大病初愈的人一样，患抑郁症的人会觉得有更强烈的幸福感。

幸福肯定不等于金钱。我们总是很难区分需求与欲望，常常认为更多更好的东西意味着更大的幸福。但是，我们已经知道，事实并非如此。最近一份研究表明，在美国，当年收入达到75 000美元后，财富上的增长并不会对幸福产生影响；有些研究则把这个神奇的数字设定在年收入50 000美元。[15]另外，过去的30年，美国的GDP持续增长，但是人们的幸福感并没有随之攀升。更多的收入，更大的房子，更炫的车，更酷的小玩意儿以及名牌服装都没有为幸福添加价值。1978年进行的一项著名实验对彩票中奖者和未中奖的人以及遭受意外的人进行了幸福度的比较。彩票中奖者并没有比未中奖或遭受意外的对照组更为幸福；事实上，彩票中奖者在日常生活中反而很少觉得快乐。[16]

我20多岁时，在去著名的世界卫生组织日内瓦总部实习之前，我离开医学院先到印度贫困村庄工作了一段时间。对我而言，贫穷的印度显然比富足的日内瓦要幸福得多。尽管我所工作的印度农村贫穷落后，疾病横生，还充斥着腐败，人们的快乐和活力却令人印象深刻。也许快乐与活力来自人对所拥有的东西的感恩，以及对于未来的乐观。想想看非洲绝大多数国家都是世界最贫穷的地区，非洲人却一直是世界最乐观的。[17]盖洛普一项针对53个国家的民意调查显示，尼日利亚位列最乐观的前7%，而相比之下，英国人则深陷消极悲观的情绪。[18]这些结果表明视角的强大力量。我们都知道束缚的感觉令人抓狂，而拥有正面的看法会为我们带来动力，并让我们感觉兴奋。生活在贫困地区（比如尼日利亚）的人们对他们的个人环境无能为力，但是他们可以控制自己如何看待这些环境与条件。我们总是能够控制自己的想法与观点。当我们看着这个世界，知道我们掌控着自己的感觉与行为，我们的压力会更小，能增加对生活的满意度，甚至能享有更长的寿命。[19]困难之处或许就在于我们难以区分欲望与需求，人们把对更多"物"的追求等同于更好的生活，而幸福成为了经济增长的牺牲品。还记得富贵病么？这对孩子们尤其不利。为什么？孩子过度沉迷于物质生活，往往会导致他们追求更多的物质奖励，而离以幸福为目的的平衡生活越来越遥远，后者才是让他们真正幸福的东西。

地位和幸福之间的关系较为复杂。对地位的渴望促使我们"爬上社会阶梯"并赢得他人的尊重。努力获得他人的尊重本身并没有问题，它有助于我们更诚信、更道德，甚至更有爱心。但是，对地位过度关注，并害怕失去地位会引发地位焦虑，而在我看来，这是虎式父母的关键驱动力。

如果幸福不是没有患上抑郁症，不是拥有金钱或地位，那么，幸福到底是什么？2011年7月，联合国大会通过了一项决议鼓励各个国家提高国民的幸福。[20]随后，2012年4月在联合国纽约总部举办了一场主题为"幸福和福祉：界定一个新的经济模式"的会议，世界各国领导人和全球各个领域的专家参与了此次会议。大会的目标是启动下一步行动，实现一种包括诸如国民福祉总值与国民幸福总值在内新全球视角。大会参与者探讨影响福祉与幸福的因素，并得出衡量评估一个国家福祉与幸福的标准。对于幸福的定义存在很多争议。当然，健康——生理与心理的——是首先被提及的，还包括良好的睡眠、丰富的营养以及足够的运动。平衡生活的主题非常突出，尤其强调了时间的使用是有质量生活的最重要因素——尤其是与家人和朋友一起休闲娱乐与交流的时间。[21]之后是"社区活力"，包括紧密的社区关系，对社区的付出与善举等。当然，玩乐、参与文化活动以及发展艺术技巧的机会也被认为是非常重要的因素。这些都是海豚教育法的核心特征：平衡的基础，包括健康、玩耍、社区以及贡献。

图10-1介绍了著名的马斯洛需要层次理论，也同样展示了这次大会的很多发现。如果你仔细看看每个需求的类别，你会注意到很多是与海豚教育法重合的。

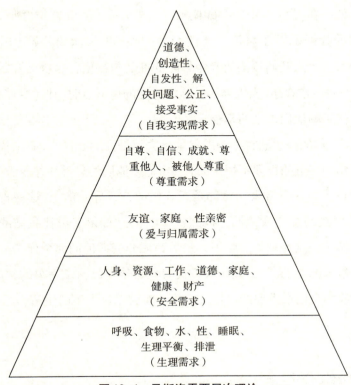

图10-1 马斯洛需要层次理论

马斯洛用简单而优雅的五层次模型勾画出了人类动机的模式，包括满足生存的最基本需求，到满足创造力、解决问题的能力、自发性的最高需求，其中道德是幸福的必要需求。

这些需求的满足是平衡生活的组成部分。当我们尊重我们的基本生存和健康，自由地玩乐，大胆地探索，与社会联结，竭诚贡献，不断地挑战，我们就为幸福的核心要素奠定了基础。

有趣的是，一项关于英国和美国福祉的综合研究表明，幸福感随着年龄产生变化，并形成U形曲线。[22]很多父母的年龄正好处于曲线的最低处。在美国，对生活的满意度在男性49岁、女性45岁时最低，而欧洲的数据是男性44岁、女性43岁。随后U形曲线开始上升，它可能是由于个人开始逐渐放弃年轻时的抱负与欲望，让自己开始享受生活。[23]我经常在想，当人处于生活满意度的最低点时，却还要养孩子，这会如何影响他们未来的幸福。

或许，你的孩子获得幸福的最佳机会就是你扪心自问，我幸福么？我在工作中接触的很多不快乐的青少年们，他们的父母往往压力很大，不堪重负（而在我看来，这都是虎式生活方式导致的）。这些青少年们说："我真的想变成他们那样么？"以及："如果父母让我做的事情我都去做了，这些训练、学习，最后我无非变成他们那个样子，而这正是我最不愿意的。"由此，我敦促每位希望自己孩子幸福的父母们，让幸福成为自己最重要的事情。而第一步就是过平衡的生活。

把一切组合起来

亚伦13岁的时候被人介绍给我。他对事情逐渐失去兴趣，成绩下降，他的医生想知道亚伦是否患上了抑郁症。

与往常一样，我开始询问病史。越是深入了解，我越是意识到，亚伦并没有患上临床抑郁症，但是无疑过得不健康、不快乐，也并没有走在成功的道路上。我询问生活中让他感到有压力的地方，他列举出了一个清单："我的科学老师糟糕透了；我马上就要参加辩论赛了；一切都很无聊；我的父母总是干涉我的生活。"

我循例回答："谢谢，我知道了，还有别的什么吗？"长长的沉默之后,亚伦意识到我会一直等下去,直到他回答我,他轻轻地说:"哦,还有,我哥哥亚当,加入了橄榄球校队。"

"那么,"我说,"你给每一个因素打分,1到10,10表示压力最大。"

这是亚伦给压力项所打的分。科学老师＝9,"我的老师完全毁了我喜欢的这门课。她只会把知识强加给我们,完全不做实验,而且还不允许我们问问题"。辩论赛＝4,"我倒不是很紧张。如果我多做练习,不会有什么问题。我很擅长辩论,但是我并没有从中获得乐趣"。一切都很无聊＝9,"科学课已经被毁了,我没发现有什么有趣的事情。反正一切都没意义。所有这些都不过让我最后像我的父母一样罢了——不快乐,像仓鼠一样在鼠笼里没止境地跑"。哥哥进了橄榄球校队＝10,"没什么好说的"。

后来,在一次单独的对话中,我请亚伦的父母列出他们认为亚伦的压力项,并给每一项排序。我把这称为"配对游戏",它往往会揭露父母们在什么因素让孩子们苦恼不堪的方面存在的误解。亚伦的父母一开始只觉得科学老师和辩论比赛是亚伦的潜在压力源。以下是亚伦父母的排序。科学老师＝5,"他考得不错,所以不可能很糟糕"。辩论赛＝9,"他可能很紧张"。一切都很无聊(父母很无趣)＝5,"他什么都有;我们还刚刚给他买了个新的iPad!"哥哥入选橄榄球校队＝4,"他可能有点儿羡慕"。

当我们交换他们的排序之后,亚伦对于父母的看法并不意外,不过父母却对亚伦感到很震惊——尤其是他给哥哥进了橄榄球校队打了10分。他们直觉反应是亚伦对亚当有点儿嫉妒;他们甚至安慰他,说他应该为哥哥感到骄傲,而且"有一天你也会入选橄榄队的"。但是**嫉妒**并不是问题。问题在于亚伦很担心他的哥哥。他知道亚当在过去的一年偷偷地服用了一个周期的激素，而他现在担忧，在沉重不堪的学术负担之外，每周再加上15个小时的负重训练，会把亚当压垮的。而且，亚当已经显露了紧张的迹象，越来越烦躁。而除了担忧之外，最为重要的是，亚伦很想念他的哥哥。他们才相隔两岁，两兄弟从小就睡在同一个房间，甚至同一张床。他们从小玩在一起，彼此是最好的朋友。亚伦并不嫉妒，他很伤心，他对他最为重视的兄弟感到担心，而这让他很不快乐。

亚伦试图重新平衡自己的生活，而这让他感觉好起来。亚伦的父母不再在他身边喋喋不休，在亚伦想要掌控的事情上不再过多指导。不过，他们帮助亚伦和他的科学老师沟通，告诉老师他希望在科学课上有更多的创造性的体验。在老师的合作帮助下，父母为亚伦找到了一个由当地高校研究生主持的课后项目。他用曼妥思糖和可乐罐以及纸飞机做火箭；这些活动让他感到学习的快感，以及和他人分享的愉悦感。亚伦继续参加辩论队，不过他决定一年之后就慢慢退出，这样能够有更多的时间投入科学的学习中去。

亚伦的父母帮助他和哥哥找到更多相处的时间，一起享受自己爱好的活动：和爸爸一起打高尔夫球，和妈妈一起远足。一家人都放慢速度，并花更多的时间待在一起。兄弟们每周一起打一次篮球，全家人尽量每周能一起吃几顿饭，不过这也非常难。最好的方式是在周末的时候一起，并在周六早上一起吃早饭。即便每个人周五都累坏了，亚伦会和哥哥一起睡，而到了第二天他们俩都会抱怨对方"抢了枕头"。他们不太说话，但是亚伦说，只是待在他哥哥旁边，就有助于帮他平复肠胃绞痛的感觉。

拥有了玩耍与探索的时间，亚伦开始发现最好的自我。在科学实验中，他设计并和他人分享，和父母与哥哥重新建立联结让他觉得很快乐。能够做自己喜欢的事情并投入到学校的项目中，亚伦感到兴奋。他的成绩、表现和总体健康也大大提高。从各方面，亚伦（以及整个家庭）都更为快乐。

正如我已经试过在本书中展现的，给他们"最好的东西"并不是让孩子的生活走向成功的正确方法，而帮助他们变得健康、快乐、有上进心，才能获得真正的成功。

当我开始写这本书，我和父母们坐下来，让他们告诉我，从内心而言，他们希望他们孩子的未来是怎么样的。很多父母谈到了品德、聪颖、创造性、贡献、友爱、成功以及幸福或是以上的组合。这些特质都更像是海豚，而不是老虎。

---

[1] https://www.goodreads.com/quotes/7090-the-intuitive-mind-is-a- sacred-gift-and-the-rational.

[2] S. Laboy, "Dolphins Problem-Solve Like Humans, New Study Shows" (Video), *Huffington Post*, August 9, 2013, http://www.huffingtonpost .com/2013/08/09/study-dolphins-problem-solve-humans_n_3731435 .html.

[3] J. H. Dyer, H. B. Gregerson, and C. M. Christenen, "The Innovator's DNA," *Harvard Business Review*, December 2009, http://hbr.org/2009/ 12/the-innovators-dna.

[4] R. Epstein, *The Big Book of Creativity Games*, New York: McGraw-Hill, 2000.

[5] Ibid.

[6] "The Science of Creativity," http://www.apa.org/gradpsych/2009/01/creativity.aspx.

[7] K. Gasper, "Permission to Seek Freely? The Effect of Happy and Sad Moods on Generating Old and New Ideas," *Creativity Research Journal*, 16, no. 2 (2004), 215-229.

[8] Novotney, "The Science of Creativity."

[9] B.L.Fredrickson, *Positivity*, NewYork:RandomHouse, 2009; B.Breen, "The 6 Myths of Creativity," *Fast Company*, December 2004, http://www.fastcompany.com/51559/6-myths-creativity.

[10] "IBM 2010 Global CEO Study: Creativity Selected as Most Crucial Factor for Future Success," *IBM*, May 18, 2010, http://www-03.ibm.com/press/us/en/pressrelease/31670.wss.

[11] Conference Board of Canada, *Are They Really Ready to Work?* Ottawa: Author, 2006. Table 2, p. 20. http://www.p21.org/storage/documents/final_report_pdf09-29-06.pdf.

[12] C. L. Hardy and M. Van Vugt, "Nice Guys Finish First: The Competitive Altruism Hypothesis," *Personality and Social Psychology Bulletin* 32, no. 10 (2006): 1402-1413.

[13] HuffPost's The Third Metric: Redefining Success Beyond Money & Power, http://www.huffingtonpost.com/news/third-metric.

[14] K. Batcho, "Childhood Happiness: More Than Just Child's Play," *Psychology Today*, January 13, 2012, http://www.psychologytoday.com/ blog/longing-nostalgia/201201childhood-happiness-more-just-childs- play.

[15] D. Kahneman and A. Deaton, "High Income Improves Evaluation of Life But Not Emotional Well-Being," *Psychological and Cognitive Sciences*, July 4, 2010; J. Sanburn, "Why $50,000 May Be the (New) Happiness Tipping Point," *Time*, April 19, 2012.

[16] P. Brickman, D. Coates, and R. Janoff-Bulman, "Lottery Winners and Accident Victims: Is Happiness Relative?" *Journal of Personality and Social Psychology* 36, no. 8 (1978): 917-927, http://www.ncbi.nlm.nih.gov/ pubmed/690806.

[17] "World's Poorest Countries," *Infoplease*, accessed January 14, 2014, http://www.infoplease.com/ipa/A0908763.html.

[18] Ibid.

[19] J. Rodin and J. E. Langer, "Long-Term Effects of a Control-Relevant Intervention with the Institutionalized Aged," *Journal of Personality and Social Psychology* 35, no. 12 (1997): 897-902.

[20] United Nations, *World Happiness Report 2013*. New York: United Nations, 2013, http://unsdsn.org/files/2013/09/WorldHappinessReport 2013_online.pdf.

[21] "Community Sustainable Happiness Week," *The Happiness Initiative*, 2011, http://www.happycounts.org/community-sustainable-happiness- week/.

[22] D. G. Blanch flower and A. J. Oswald, "Well-being over Time in Britain and the USA," *Journal of Public Economics* 88 (2004): 1359-1386.

[23] Blanch flower and Oswald, "Well-being over Time"; United Nations, *World Happiness Report 2013*.

第 11 章

回到人本身

我女儿四个月大的时候，邻居凯特来看我。她给我带来了美味的水果沙拉，我为她泡了特制的泰茶。她抱起宝宝，和我说，抱着刚出生的宝宝，心里觉得是如此地平静，而我则享受着刚刚生产后朋友的陪伴。

我烧开水准备泡茶，并顺势伸展了一下后背，凯特说她因为16岁的女儿萨曼莎烦恼不已。在她看来，萨曼莎几乎失控了，而凯特感觉走到了人生的尽头。尽管萨曼莎是一名极有才华的体操运动员，而且保持着全A的成绩，但在凯特看来，她"失去了动力"，很不快乐，而且总是冲撞父母。

最近的一次冲突缘于萨曼莎想多和朋友们待在一起，包括在一个度假村里认识的一些"拥抱树木的人"。凯特觉得把时间花在学术和训练之外的事上会害了萨曼莎。可能最让她抓狂的事情是，大学入学申请已经临近，她担心萨曼莎会毁了这么长时间以来的辛勤付出，而无法进入她首选的大学。

凯特至少用5种不同的方式感慨了5遍"我都不知道该怎么办！"我知道，和很多处于这种情况的父母一样，她想让我告诉她该怎么办，尤其我还是青少年动机方面的"专家"。不过萨曼莎不是我的孩子，我也不是凯特，这是她们的家。所以，我怎么可能知道什么是最适合她和她家人的呢？

我尽我所能来实践我所宣传推广的东西。我尽量不告诉别人该怎么做，而是引导他们寻找到自己的动力与解决方案。我当然有一些想法，知道什么是能有所帮助，什么是毫无作用的，但是我也知道凯特肯定会有自己的想法。所以我问凯特："那么，你的直觉告诉你的是？"

"我很困惑，"她叹了口气。"我本来以为理清了思路，但后来看了一些有类似问题的妈妈写的博客，我不知所措了。所以我并不相信我所剩无几的那点儿直觉。"

整个过程中，凯特的动作与神态又是那么地美妙。她把我的宝贝女儿搂在怀里，轻柔地摇晃，每次当宝宝扭动时，她就用温柔而平静的语调对她说话。她用自己的脸轻触宝宝的脸，隔一会儿就闻闻我女儿的额头，感叹着："这种香味真让人放松。"

抱着我的宝宝，凯特毫不自知地全然遵从她的内在直觉！当我告诉她这点时，她待在那里，低头看了看我刚出生的女儿，又疑惑地抬头看着我，说："天哪，面对我女儿的时候，这种直觉哪儿去了？！"

当然，凯特的直觉并没有"去"任何地方。它一直呆在原处：在每一个父母的内心深处。我这样告诉凯特，她回答说："现在，我唯一的直觉就是把萨曼莎关起来，或者把她送到内布拉斯加的那个小镇和她祖父母住在一起。这可不对，是么？""不，这当然不对，把萨曼莎关在房间里,或者把她送到遥远的地方是典型的战斗或者逃跑反应,这是由恐惧驱动的。问题在于,当我们由于恐惧、病痛或者孤独而失去平衡时,我们的本能就会照着它们走。"

直觉是指不自觉地处理、思考或观察而得出的观点。相较而言,本能是不自觉地处理、思考或观察的冲动。直觉和本能相互联系,而且经常可互为交换。当我询问父母他们的直觉是什么,其实我想问的是:我想知道他们以某种特殊形式行事时的先天知识(innate knowledge)。

我们本能的问题在于,当生活失去平衡,它们会把我们带往错误的方向。恐惧是让本能误入歧途最糟糕的诱因,因为我们的大脑被设定成,当我们害怕时会进入战斗、僵立不动或是逃跑的模式。当面对生死存亡的情景时,战斗、僵立不动或者逃跑是完全情有可原的,但是当面对的是青少年过他们这个年龄本来就该有的生活时(即便你可能感觉这事关生死大事),这就令人无法理解了。凯特要做的事情就是重新找到自己的直觉,而这显然不是基于恐惧的。直觉是上天赋予我们的先天知识,只有在平静之时才能感知它。本能可能会错,但是直觉永远是对的。

我再次看着凯特,她从喋喋不休中调整出来,双脚不断地发抖,而我的宝宝已经甜甜地入睡。她好像正在权衡两个相同的东西,慢慢让自己找到平衡。她的肩膀原先耸得有耳朵那么高,也开始慢慢地松弛下来,而紧皱着的双眉舒展开来,放松了。

我拿出凯特带来的水果,沏了两杯茶,摆了一盘坚果,并给我们俩一人倒了一杯水。

"在你做任何事情之前,我请你先深呼吸,"我对凯特说。我对她说,她也的确做到了，发抖的身体渐渐地平复。"来，吃点东西，喝杯茶。"

凯特承认自己没有睡好，整个早上都觉得压力巨大，她什么都没有吃。她坐在沙发上，怀里抱着我的女儿，女儿的头轻轻地靠在凯特的肩膀上（每个女人都知道怎么抱着熟睡的孩子！）。凯特喝了一杯水，品尝了一些水果，然后吃了点坚果。

"我太需要这些了，"凯特说，"我都没有意识到我有这么饿。现在感觉好多了，简直不敢相信。"

"和我说说，在看那些博客之前你是怎么想的？"我提示说。

凯特停了一下，愁云复现，就像她在挣扎是否把她觉得非常愚蠢的想法告诉我。不过，现在的她更贴近真实的自我，最后，她终于说了出来。

"我坐在桌子前面，看着堆积成山的入学申请材料，我就在想，要想进入理想的大学，萨曼莎（还有我们）得把自己逼疯了。而即便如此，她的入学几率几乎就等于彩票中奖。"

"事实是，医生一直建议我们应该让她放弃竞争激烈的体操比赛，因为她的肌腱炎已经非常严重——我们并没有这样做，因为我们知道这样肯定会让她失去很多机会。但这不是关键。我意识到——而且我知道这是多么愚蠢——她上哪个学校其实都没有关系。它们肯定都很好！我知道她到哪里都没有问题。"凯特开始哭了起来，而我也在内心觉得眼泪要奔涌而出。

"我简直不敢相信我刚刚说的，"凯特平静呼吸后说道，"不是说她可能进不了好学校，而是我说她在哪里都会表现得很好。我居然从来没有对她说过这些，谁都没有！难怪她那么紧张。这个可怜的孩子，就像阿特拉斯[1]一样，肩负着我们所有的期望。"

当然，当她给了自己一次恢复平衡的机会，凯特的直觉又回到正轨。我不需要告诉她该做什么。她自己会想通的。我们人类就是这样不可思议！

重找直觉

老虎和海豚的隐喻并不是说这代表了两种截然不同的人。当我们生活平衡时，我们就是海豚，当我们失去平衡，就成了老虎。

摆脱老虎，并让心中的海豚浮现，这需要一个过程。而就像每个过程一样，我们的动力会发生变化。这一天我可能会遇到一个海豚妈妈，并对自己所做的选择感到高兴。下一天我可能会遇到铁石心肠的老虎妈妈，对着我呲牙，我害怕她的孩子会吃了我的孩子，于是我开始复发变成老虎。而之后，我又会回到大学，并（再次）验证了没有人会喜欢老虎（老虎也不喜欢他们自己），于是我重新回到海豚模式。起伏、波动以及轰然跌倒，都是这个过程的组成部分。奇怪的是，我们复杂的大脑让我们总是在平衡与不平衡之间切换。如果我们是小老鼠或者爬行动物，生活会简单许多！相比人类而言，爬行动物的脑容量非常小，但是它们从来不会丢弃自己的孩子，人类却会。一个可能的解释是，爬行动物不会从它们简单的大脑那里获得复杂的信息，但我们极度复杂的脑子却总是让我们迷惑不已！爬行动物的大脑只会直觉地运作，我们的大脑却极为复杂。比如，由恐惧触发的本能，比如战斗、僵立不动或者逃跑的行为，由被称为杏仁核的组织所驱动，它会促使我们忽视或轻视由前额叶皮层（大脑负责思维的区域）所发出的理性或感性的信息。比如，我们可能太害怕蜘蛛了，尽管理性告诉我们这是没有危险的，我们还是会惊慌失措。相反，从外部环境（比如学校、社会以及家庭）习得的东西,则会让我们采取违背本能（睡觉、休息、玩耍）的行为。

缺乏充足睡眠，没有喝足够的水，没有均衡的饮食，而且会做诸如开车的时候发短信或者吼叫着让孩子"安静！"这样愚蠢而疯狂事情，人类或许是唯一一种这样的动物。我刚刚听说有一个人为了破自己的摩托车速度世界纪录而惨遭非命的事。尽管他知道要破自己的世界纪录很可能意味着生命危险，但他无法控制自己。只有人会做这样荒谬的事情。

与低等生物不同，我们总是会将我们的直觉与通过高层次的学习所获得知识综合在一起。直觉就是基于先天与后天获得知识。直觉根据实际的生活经验会进行微调。直觉让资深的警官能够马上察觉犯罪现场存在可疑的地方；让经验丰富的医生无需进行检测就能够判断某个病人患有心脏疾病；让有20年教龄的老师在第一天就能知道某个学生正在以全然不同的方式进行学习。

直觉需要大脑的左右半球进行整合：左脑的单点聚焦与独立分析必须与右脑的情感性与统一性相结合。直觉也需要大脑的低阶区域（杏仁核）与高阶区域（前额叶皮层）相结合。不过直觉不仅仅是大脑本身。事实上，"人类直觉系统"被认为不仅仅来自大脑的某个特定区域，而且来自大脑以及身体的其他部分，包括心脏与肠道的整合。心脏与肠道也包括在其中，这最合理不过了。毕竟，我们经常会"扪心自问"，或者"心知肚明"。

你准备好听听一些令人兴奋的科学知识了么？越来越多的证据表

明，心脏和肠道其实有自己的大脑！肠脑（或称为肠神经系统）由超过一亿个嵌入在肠道内层组织的鞘中的神经元组成。这个"第二大脑"，正如其名称，与中枢神经系统（大脑和脊髓）相连接，但也可以自动发生作用，因为它显然包含了所有能够进行集成的神经元。这个系统中有超过30个不同的神经递质，而大多数都和大脑中发现的神经递质，如多巴胺和血清素，完全一样。事实上，人体内95%的血清素——众所周知的睡眠、精力、注意力、食欲、情感与情绪的调节器——都在肠道内。[2]

1991年，科学家们发现心脏拥有复杂的神经元、神经递质、蛋白质以及其他支持性细胞，就像大脑一样运作，心脑与颅脑连接，或者完全独立于颅脑运作。[3]"心脑"包括4万个感觉神经元，将信息传递到颅脑，而且心脏传递给大脑的信息要多于大脑传递给心脏的。心脑拥有短期和长期记忆，而它向大脑传送的信号会影响我们的情绪体验。或许我们的心脏发出的电磁场是我们可以直觉地知道某个人精力是否充沛的基础。

那么，一切都是如何相互连接的呢？在肠道和心脏的神经元通过迷走神经（vagus nerve）这一强大通路与大脑进行沟通。迷走一词来自拉丁词根，表示"游走"，就像流浪汉一样。这条神经通路在我们的身体里游荡，收集并向大脑传送我们身体器官状况的信息。事实上，迷走神经纤维所传输的信息90%是单向的，从肠道和心脏传递给大脑。[4]由此，来自肠道和心脏的感觉要比我们对它们的认知解释更为准确。我们的肠道和心脏会最早知道一些信息。比如，迷走神经穿行于喉咙与内耳，它能够在我们的大脑作出反应前"听到"另一个人内心恐惧的声音，即便那个人看起来非常冷静。研究表明，通过功能性磁共振成像对大脑的血流进行检测发现，在我们预知危险时，身体血压的升高要早于大脑。[5]

焦虑可能会导致心跳加速和胃部不适，压力会影响血压和食欲。我们认为这些过程是单向的，从大脑到身体，而不是其他的方式。我们正处于一个新的科学前沿，它指向我们的身体和心灵如何进行连接和整合，从而形成我们健康、幸福和成功最值得信赖的基础——直觉。

即便我们对于直觉的理解很有可能是错误的，但是我们的直觉永远不会错。它来自相互联系的复杂系统。参与者包括负责逻辑与学习的左脑、负责情绪与本能判断的右脑、迷走神经、心脏、我们所感官的环境，以及其他镜像神经元和它们所处的磁场。

在人类历史的绝大多数时候，我们都仰赖于直觉——将我们先天知识及从所处环境中获得的经验教训相结合。我们狩猎采集的祖先们知道上百种植物与动物，什么东西是可以吃的，什么是有毒的，而什么可以拿来药用，他们可不是上网查到的这些知识。人类学家们就认为狩猎采集的生活是"人类目前所知最为稳定的生活方式"。[6]

而我们所处的时代可能是人类所知最不稳定的生活了，因为我们如此地远离我们的直觉。

当我们的决定是出于恐惧而做出的，那就真的遇到麻烦了。21世纪的挑战再加上自古以来为人父母固有的担忧，是多么的不幸呀！但是这些恐惧可能被放大了。结果是，我们被自己的恐惧所控制，让我们大脑的低阶区域坐上了驾席，而把其他司机——睡眠、玩耍以及建立联系——都赶到了后座。我们可能没有意识到，如果生活在恐惧之中，我们自己会失调，而无法认知到真正的危险。我那些有药物问题的病人们，他们很多人都已经成瘾，在父母们发现之前就有生命危险了。我们也会无法认知到，基本的生存、玩耍和探索，群体生活与贡献是作为一个人的基本需求。那些干扰孩子、过度保护以及过度竞争的父母们就是无法察觉这点，即便很多事实都近在眼前，这多么令人惊讶呀。当然，父母们处于极大的压力之下，在这种情况下，你很难做到深呼吸，保持冷静，并听从直觉来纵观全局，来关注真正重要的东西。然而，我们比任何时候更需要采取行动。

身为父母，每一天我们都要做数不清的决定。我是该现在叫他起床还是再让他睡5分钟？我带着女儿冲向学校的时候该如何对待她的态度？我该先放她一马么？我是应该温柔地告诉她，我提醒她带上课本是在帮她，还是今天该对她恶劣的态度采取点措施了？我是不是要在办公室里多待一个小时，把工作做完？我是该买无麸面包，还是无麦面包，或者是全麦的？七穗的？黑面包或是白面包，还是杂粮面包？永无止境。身为父母，我们如何才能逻辑分析每天要做的所有决定呢？如果能与直觉建立联结，我们将摆脱这些困扰。感到不堪重负而带来的困惑使大脑的低阶区域进入恐惧模式，让我们本能地进行战斗、僵立不动或者是逃跑。我们应该用整个大脑来思考，知晓自己的选择，做得更好。当我们亲嗅着婴儿的额头，蹲下来和孩子们对话，或者自发地拥抱我们的孩子，我们便与天生智力（宿慧）建立了联系，我们并不明白这种智力，也不需要了解，就像海豚一样。我们可以选择滋养我们的直觉，培养真正的内在本质。不要担心——你还是可以偶尔恐慌，对于大脑的低阶区域而言这再正常不过了，你也可以看看育儿博客或是育儿书籍（谢谢你买了现在这本书！），那是我们的左脑需要的。不过当你建立平衡，并将大脑和身体整合起来，专注于我们的直觉，你会轻松自如地做出正确的决定。

海豚式父母：平衡而综合的方法

　　海豚式父母努力实现平衡与全面——他们将与生俱来的智慧与从环境获得的知识进行整合，听从他们的直觉。海豚式父母知道21世纪的育儿很容易就会陷入失衡状态，我们的孩子也会如此。他们可能对自己说，是的，我知道别人都这样做，但是我觉得这样不对，而且对于我的家人而言，这毫无意义。海豚式父母不断地适应世界的变化，并遵从他们的生物反应，不愿意影响自己的价值观。

　　让我们回顾一下海豚式父母是如何应对21世纪的父母压力的。

- **海豚式父母是权威主义而非专制主义的**。海豚式父母并不害怕他们和孩子之间的代沟，他们也不会是纵容的海蜇式父母，或者专制的虎式父母。
- **海豚式父母欢迎全球化**。海豚式父母鼓励他们的孩子结交不同国家与文化的孩子、建立网络、进行沟通以及参与竞争。他们知道未来是文化互联与全球互通的世界，适应各种各样的社会群体、学校以及职场等外部环境有助于提高文化智慧。
- **海豚式父母知道技术是必不可少的**。海豚式父母和他们的孩子讨论技术的威力和危险，并引导他们正确而有效地使用技术。他们鼓励以平衡的方式使用技术，并借此提高全商。他们严禁任何盲目、不负责任、非平衡地使用技术。海豚式父母设定限度，并坚持所做的设定，让孩子们依旧能够适应技术的快速变化，从而建立对技术的健康心态。

- **海豚式父母使用媒体信息与娱乐,但是设立限度。**海豚式父母意识到24小时滚动播出的新闻、电视直播、社交媒体以及商业广告给已经压力山大的生活带来恐惧和焦虑。面对眼花缭乱的各种促销商品和活动,他们会深呼吸,仔细考虑利弊以及这些东西的价值。当他们真的心动于某个促销和噱头,他们也会询问更有经验的人。
- **单亲或者缺乏家庭支持的海豚式父母把与他人联系作为优先事项。**海豚式父母和他人接触,并在诸如照看小孩和开车送孩子等事情上相互协作。他们创造性地建立社群,并坚持如此,即便这可能很花费时间。他们还顺应直觉,在允许自己的孩子受他人影响之前建立信任感。
- **海豚式父母设法解决重大的工作与生活平衡的问题。**海豚式父母不允许自己放弃任一方面。他们并不要永远保持完美,会逐渐减轻自己的负担,在需要时请求或者给予帮助。
- **海豚式父母为最好的学校做准备。**对于海豚式父母而言,"最好"的学校并不一定是排名最高的学校,而是最适合他们孩子的学校。那是能够滋养孩子天性的学校。他们考虑那些入学程序不会毁了他们孩子的健康、幸福、内在动力以及全商的学校。海豚式父母知道童年是人生的唯一基础,因此具有足够的生存活动的平衡的童年是不可妥协的东西——即便是哈佛也不行。这是否意味着海豚式父母并不追求最顶级的学校?

　　当然不是!海豚教育的孩子每天都在最顶级的学校之中。他们知道,无论是短期还是长期而言,保持健康的身体、平衡的生活,运用全商是出类拔萃的最好途径。

　　想象一下,哪怕只是片刻,如果大学录取程序截然不同,我们会是怎样的父母，我们的孩子会成为怎样的独立成人，世界会变成什么样？想象一下我们共同的未来会是什么样子，除了一定的学术标准之外，如果入学的唯一问题是："你如何使世界变得更美好？"想象一下哪些为了让入学申请的材料变厚的所有的时间、金钱、精力以及资源，都被用来创造一个更美好的世界！我们会不会看到人类心灵与精神的真正潜力？会不会看到一个更好的世界？

- **海豚式父母使用海豚教育法**。海豚式父母听从直觉，并用直觉来感知他们的孩子。他们关注与孩子建立联结，并借此来有效地引导他们。他们自己就维持平衡的生活方式。他们深呼吸，他们采取自己知道的方式行动：平衡、直觉、示范以及引导是最好的育儿方法。这些方法是我们自身的组成部分，我们主动去做，并因此获得回报。这种回报就是当父母看到他们的孩子健康、幸福、富有内在动力并真正获得成功后的那种快乐的感觉。当"感觉不对劲儿"时，他们将之视为违背直觉并走向失衡的信号。海豚式父母在现实世界中养育孩子，并持续适应不断变化的现实环境。

他们对孩子在生活的各个方面取得成功抱有最高的期待。他们全力支持他们的孩子。尽管他们设立较高的目标，做海豚式父母却要比做虎式父母简单得多。如你所知，简单并不意味着容易，但是，简单却意味着强大。

扔掉待办列表

当我们过平衡的生活，会发生什么呢？我们不会过度安排、过度催促、过度引导或者总是在孩子身边喋喋不休。我们觉得生活不是比赛，生活是一次不断变化的水域里的旅程。我们不会想要去攀比，不会过度采集、过度保护或者过度竞争。我们有良好的睡眠，健康的饮食，保持活跃，并总能做深呼吸。我们知道世界在不断变化，需要不断地适应这些变化，而不是回到那个不再属于这个世界的生活方式中。我们重视全商，而不是死记硬背，因为前者能让我们更有适应力，让我们更为充分地居住在这个让我们变得独特的世界。我们重视玩耍与探索，就如同我们重视传统的学习一样。我们与社会保持联系，并回报社会；通过为他人着想，我们向孩子们示范如何与他人建立联系，找到自己的定位，建立信任，获得尊重，并关心他人以及他们所生活的世界。

我们让孩子们自己做选择——即便那可能并不是最好的——因为控制源和动力都内在于孩子心中，而不是在我们这里。我们希望我们的孩子，以及我们自己，过着健康、快乐、拥有内在动力的成功的生活。

相信我，我知道说起来容易做起来难。我衷心希望这本书没有在你的待办事表上又加上了更多的事项。相反，我希望我们能帮你理清楚什么是最重要的——那些自然而然维持我们自身的东西。它们不需要被写出来，也不需要任何说明。

当你需要支持的时候，这本书可以作为指南。基于这一点，让我最后再说说可能能够帮助你更好地开始转型之旅的几点想法。

首先，任何寻求改变的旅程都有起起落落。但每次经受颠簸，你都会变得更加强大，也更能接近真实的转变。对我的病人我谈及了旅程的4个阶段：反应、缓解、恢复与重建。比如你对这本书的反应可能是马上剔除身上的老虎的角色。随后当老虎症状消失后（但仍旧有复发的风险），你可能会感到缓解。你觉得得到了恢复，老虎一去不复返了，而你找到了平衡，找到了真正的自我，"原来的我"又回来了。如果你一直坚持这种平衡的生活，你会感到全新的从未有过的生命力。

帮助您经历这些阶段，要做几件事情。首先，找到一些同行者。研究表明人们想要进行改变的时候，与他人共同完成能让你受益匪浅（无论是减肥还是戒烟）。你可能会在www.thedolphinway.net上找到一些朋友，而我会在那里与你并肩前行！然后，找到一个榜样——你视为父母或者导师的人。榜样可以是朋友、认识的人，或者著名人物。榜样是你陷入困境的时候想到或者想要打电话寻求帮助的人，你会问自己：遇到这种情况他会怎么做呢？

最后，也是最重要的，记住身为父母最真实的目的：养育一个健康、快乐、真正成功的孩子。健康是位于首位的，因为这是一切生活的基础。平衡的生活是确保健康的最好途径。在这个压力倍增的世界，平衡与健康必须是每位父母最明确的目标，没有什么能够剥夺它们。之后是幸福。这很简单，如果你的孩子不快乐，你也不快乐——而那种焦灼感在你确信你的孩子感觉变好之前是不会消失的。从我们成为父母的那一刻起，我们的幸福就与孩子们捆绑在一起。正如你现在知道的，我所说的成功并不是那种狭隘地在纽约、伦敦或者香港找到一份工作。成功是健康（生理、心理以及社交），拥有内在动力以及幸福——知道你是谁，你所处的社区以及你可以为这个世界做出何种独特的贡献，无疑是最出彩的地方。

当我失去平衡，或者不知道在某种处境中的意图时，我会想起我的父母，以及他们的育儿方式和生活方式。我过去觉得，即便我的妈妈如此简单，没有受过教育，目不识丁，她依旧是好妈妈。不过，现在我觉得，正是因为我妈妈如此简单，没有受过教育，目不识丁，她才是个好妈妈。可能这让她保持并发展与生俱来的直觉——大自然赋予每一个人的知识与智慧。面对巨大的生活压力，她能够排除噪音，关注最重要的，因为她使用自己的直觉。她重视常识与"草根智慧"，甚至可能觉得这个比书本智慧更为重要。她从来不做"不对劲儿"的事——尤其是在养孩子这件事上。她自小就学会向内心寻找答案，这给她带来平衡。我母亲是一个精神富足的人，她把直觉称为精神。不管它是什么，或者不管你如何称呼它，答案就在我们心中，即便它可能需要我们向外部寻求帮助或引导。无论我们是否相信更高的存在、进化、宇宙、大自然，或者是随机混沌，我们都认同这一点，所有的动物天性知道该怎么办。

现在我们知道所知道的了，我们其实不需要这种老虎和海豚的比喻，因为人类完全有能力成为最伟大的父母——我们那令人难以置信的复杂的生物构造让我们成为比任何动物都要好的父母。我们被自然所驱动，而且，健康、幸福以及适应性正是人类该有的状态。孩子们向父母学习，而作为父母，我们也向孩子们学习。孩子们证明了活力、爱以及好奇心是人类最自然的禀性。他们还证明了我们都需要良好的睡眠、活动我们的身体，在外玩耍，探索世界，建立社会联系，相互帮助。我们的孩子们提醒我们什么是纯粹的喜悦。成为好父母，我们需要做的，就是补充我们直觉所需要的东西。

与自然为盟，我们可以引导我们的孩子，在生活的各个方面都变得健康、快乐，并获得真正的成功。我不认为任何其他动物能做到这一点。

---

[1] 阿特拉斯，希腊神话里的擎天神，被宙斯降罪来用双肩支撑苍天。（译者注）

[2] H. Brown, "The Other Brain Also Deals with Many Woes," *International New York Times*, August 23, 2005, http://www.nytimes.com/2005/08/23/health/23gut.html?pagewanted=all&_r=0.

[3] "The Mysteries of the Heart," *HeartMath*, accessed January 4, 2014, http://www.heartmath.org/templates/ihm/articles/infographic/2013/mysteries-of-the-heart/index.php.

[4] A. Hadhazy, "Think Twice: How the Gut's 'Second Brain' Influences Mood and Well-Being," Scientific American, February 12, 2010.

[5] "Intuitive Policing: Emotional/Rational Decision Making in Law Enforcement," FBI Law Enforcement Bulletin, February 2004, 1, http://www.au.af.mil/au/awc/awcgate/fbi/intuitive.pdf.

[6] P. Gray, "Why Children Protest Going to School: More Evo. Mismatch," *Psychology Today*, November 10, 2011, http://www.psychologytoday.com/blog/freedom-learn/201111/why-childrenprotest-going-school-more-evo-mismatch.

致 谢

一生我都被人引导着践行海豚教育法，我要向很多人表达我诚挚的谢意。我无法一一列出他们的名字，但是他们可以用这个词来概括：吾师。吾师来自方方面面：我挚爱的丈夫，虔诚的父母，启发我灵感的兄弟姐妹，鼓励我成长的朋友，支持我发展的同事，我可以信任依靠的导师，我谦逊好学的孩子们。当我们向他人畅开心扉，乐于接受他人所给予的，你会惊奇地发现，我们能从别人身上学到那么多。

作为新手作家，有几个人毫不畏惧地引导我进入这个令我害怕的出版世界。我特别感谢加拿大版编辑尼克·加里森（Nick Garrison），他卓越的写作技艺为这本书贡献良多，他也成为我"最喜欢的老师"；感谢美国版编辑萨拉·卡德尔（Sara Carder），她对这本书所传达的信息充满信心，而她对装帧的独到眼光也异常重要；感谢阿丽尔·依克斯塔特（Arielle Eckstut）和大卫·亨利·斯特里（David Henry Sterry），他们这对恰好在正确的时间出现的"守护天使"！我要感谢阿明·布洛特（Armin Brott）和苏珊娜·玛格丽丝（Susanna

Margolis）为本书写作的最初阶段做出各种努力；感谢克劳迪娅·佛加斯（Claudia Forgas）和玛丽·安·布莱尔（Mary Ann Blair），在完稿阶段时帮我斟酌语句，关心指导我。我受惠于我胆识过人的经纪人吉姆·莱文（Jim Levine），他用他的智慧、清晰的判断和善良，为我打开了大门，并伴随我，引导我。感谢阿什利·奥德令（Ashley Audrain）、翠西·巴奈特（Trish Bunnett）、查瑞迪·约翰斯顿（Charidy Johnston）、韦斯娜·密西可（Vesna Micic）、伊丽莎白·费舍尔（Elizabeth Fischer）以及布里安娜·山下（Brianna Yashamita），他们耐心地教授我出版、销售、营销的知识，感谢你们无限的热情与活力。斯科特·卢墨（Scott Loomer）和贝斯·洛克利（Beth Lockley）在幕后默默工作，让我第一次和企鹅出版社面谈时就认定它是正确的选择。莱文格林伯格文学经纪公司（纽约）、加拿大企鹅出版社（多伦多）、企鹅塔切尔出版社（纽约）以及谢尔顿互动（奥斯丁）的所有优秀员工们，感谢你们的辛勤工作与付出，感谢你们的团队精神！我还要感谢我聪明而富有创新精神的研究助理萨扬·吉尔（Sajan Gill），她是《海豚育儿哲学》的核心人物。

最重要的是，我衷心感谢我的家人和朋友为我提供的帮助，他们尽心尽力，与我通力合作，鼓励我开始这段旅程，在我要沉溺时拉我一把（这种情况可并不少见）！简而言之，他们的活力，毫无条件的支持与全心的爱，帮助我度过了过去的这几年。我必须要说明，这本书不是我一个人的。这本书还属于所有在我身上留下烙印的人。它所揭示的科学来自那些杰出的研究人员，他们发现了生活的真相。而这本书的精髓——它所传达的信息，它带来的希望，它所展示的精神——则属于大自然，是大自然赋予了我们内在的智慧，给我们带来无限的喜悦。

图书在版编目(CIP)数据

海豚育儿哲学：养育健康、幸福、有学习兴趣的孩子/[加]康(Kang, S.)著;赵信敏,沈婵婧,黄晨译.—上海：复旦大学出版社,2015.11
(复旦家长课堂)
书名原文：The Dolphin Parent
ISBN 978-7-309-09905-8

Ⅰ.①海… Ⅱ.①康… ②赵… ③沈… ④黄… Ⅲ.儿童教育-家庭教育 Ⅳ.G78

中国版本图书馆 CIP 数据核字(2015)第 224492 号

THE DOLPHIN PARENT
by Shimi Kang
Copyright© 2014 by Shimi Kang
Simplified Chinese translation copyright © 2015
By Fudan University Press Co., Ltd.
Published by arrangement with author c/o Levine Greenberg Rostan Literary Agency
Through Bardon-Chinese Media Agency
ALL RIGHTS RESERVED
登记号:09-2014-998

海豚育儿哲学：养育健康、幸福、有学习兴趣的孩子
[加]康(Kang, S.) 著 赵信敏 沈婵婧 黄 晨 译
责任编辑/郑越文

复旦大学出版社有限公司出版发行
上海市国权路 579 号 邮编:200433
网址:fupnet@ fudanpress.com   http://www.fudanpress.com
门市零售:86-21-65642857   团体订购:86-21-65118853
外埠邮购:86-21-65109143
上海春秋印刷厂

开本 787×1092 1/16 印张 19 字数 208 千
2015 年 11 月第 1 版第 1 次印刷

ISBN 978-7-309-09905-8/G · 1520
定价:38.00 元

如有印装质量问题,请向复旦大学出版社发行部调换。
版权所有 侵权必究